Big Enough Productions
www.bigenough.co.uk/books

15 COSE CHE LA SCUOLA NON TI INSEGNA

CIÒ CHE CI VIENE INSEGNATO NON È CIÒ CHE DOVREMMO DAVVERO SAPERE

MARCO CABRIOLU

Copyright © 2025 by Marco Cabriolu

Diritti d'Autore

Tutti i diritti riservati. Nessuna parte di questo libro può essere riprodotta, copiata, distribuita, trasmessa o archiviata in qualsiasi forma, sia digitale, vocale o cartacea, senza il preventivo consenso scritto dell'editore o del titolare del copyright. La diffusione non autorizzata di questa pubblicazione è severamente vietata.

Limitazione di Responsabilità

L'accuratezza e l'integrità delle informazioni contenute in questo libro sono state verificate con attenzione, tuttavia l'autore e l'editore non si assumono alcuna responsabilità per eventuali errori, omissioni o interpretazioni errate. L'utilizzo delle informazioni fornite è interamente a discrezione e responsabilità del lettore. L'editore e l'autore non potranno in alcun caso essere ritenuti responsabili per eventuali danni, perdite o conseguenze derivanti, direttamente o indirettamente, dall'uso del contenuto di questo libro.

Nota Legale

Questo libro è protetto da copyright ed è destinato esclusivamente all'uso personale. È vietato modificare, distribuire, vendere, citare o parafrasare qualsiasi parte del contenuto senza il consenso scritto dell'autore o del titolare dei diritti. Ogni violazione sarà perseguita secondo le disposizioni di legge vigenti.

Disclaimer

Il contenuto di questo libro è fornito esclusivamente a scopo informativo, educativo e di intrattenimento. Sebbene siano state adottate misure per garantire l'accuratezza delle informazioni, non vengono fornite garanzie espresse o implicite. Le opinioni espresse dall'autore non sostituiscono consulenze legali, finanziarie o professionali. I lettori sono invitati a consultare esperti qualificati prima di prendere qualsiasi decisione basata sulle informazioni contenute in questo libro.

Per diritti e permessi, si prega di contattare:

Big Enough Productions Ltd.

71-75 Shelton Street Covent Garden

London - UK WC2H 9JQ

publishing@bigenough.co.uk

"Il denaro che si possiede è strumento di libertà; quello che si insegue è strumento di schiavitù."

JEAN-JACQUES ROUSSEAU

INDICE

Premessa	9
Introduzione	11
Dubbi, Errori, Successi e Lezioni di Vita	17
1. Come pensare	23
2. L'importanza di viaggiare	37
3. Le basi del successo	57
4. Come costruire una carriera	85
5. Come creare un business	103
6. Come essere un buon partner	127
7. Come comunicare bene	147
8. Come creare un impatto	171
9. Come gestire il tempo	203
10. Come negoziare	223
11. Come vendere	243
12. Come gestire il denaro	263
13. Come investire il denaro	277
14. Come ottenere la libertà economica	303
15. Come affrontare un fallimento	323
Conclusione	351

PREMESSA

Questo libro non offre una formula magica per diventare ricchi, né vuole suggerirti consigli miracolosi su come investire il tuo denaro e garantirti il successo. Ciò che troverai qui è piuttosto un modo diverso di vedere le cose rispetto a quello che ti è stato insegnato durante gli anni della scuola, un nuovo punto di vista che potrà aprirti gli occhi e aiutarti a guardare oltre le solite convinzioni.

Durante la lettura di questo libro, ti accorgerai che alcuni concetti ritornano più volte in capitoli differenti. È una scelta intenzionale: credo fortemente che la ripetizione aiuti a fissare meglio le idee principali nella tua mente, rendendole più semplici da ricordare e applicare.

Ogni capitolo è autonomo e può essere letto separatamente. L'ho strutturato in questo modo proprio per darti la libertà di leggere gli argomenti nell'ordine che preferisci. Potrai quindi saltare da una sezione all'altra senza problemi, tornare indietro o avanzare, scegliendo liberamente il percorso di lettura che più ti piace.

Questo libro non è un consiglio finanziario né una raccomandazione di investimento. Tutte le informazioni condivise hanno esclusivamente scopo informativo ed educativo, basate sulla mia esperienza personale e su osservazioni maturate nel corso degli anni.

Le decisioni finanziarie e di investimento comportano sempre dei rischi e dovrebbero essere prese con consapevolezza, facendo le dovute ricerche e, se necessario, consultando professionisti qualificati.

L'obiettivo di questo libro è aiutarti a sviluppare una mentalità imprenditoriale e strategica, fornendo spunti di riflessione su come approcciarsi al denaro, agli investimenti e alla costruzione di rendite. Tuttavia, ogni scelta finanziaria è personale e deve essere valutata in base alle proprie esigenze, obiettivi e competenze.

INTRODUZIONE

Fin dai primi anni della scuola, mi sono sempre chiesto se quello che stavo imparando sarebbe stato davvero utile nella vita reale. Ricordo che, seduto nel mio banco, mentre l'insegnante spiegava la trigonometria o la sintassi latina, la mia mente vagava altrove: *Mi servirà davvero tutto questo per costruirmi un futuro?*

Credo che la maggior parte delle persone abbia avuto lo stesso dubbio. Perché a scuola ci insegnano a risolvere equazioni complesse, a memorizzare date di eventi storici, a recitare poesie, ma non ci spiegano come guadagnare e gestire i soldi, come avviare un'attività, come creare ricchezza o semplicemente come affrontare il mondo là fuori.

Io ho sempre avuto un approccio un po' diverso. Ho imparato a leggere a quattro anni e un anno più tardi scrivevo già dei piccoli temi, grazie a mia madre, un'insegnante di scuola elementare, che ha capito fin da subito la mia inclinazione per la creatività. Non mi ha mai imposto di seguire un percorso rigido, ma mi ha spinto a esplorare. Mi dava un foglio bianco e una sfida: creare una storia da zero, per esempio partendo solo da un luogo e due personaggi. Così è iniziata la mia passione per la scrittura creativa.

Ma non era solo la scrittura a stimolarmi. A sei anni, quando parenti e amici ci facevano visita, me ne andavo in giro con il mio bel taccuino in cui annotavo tutti i miei progetti. Ricordo ancora il giorno in cui ho mostrato ad uno zio a me molto caro, geometra di professione, il mio progetto di un aereo biplano con elica a pedali. Avevo immaginato e disegnato quell'aereo nei minimi dettagli e lui non si è messo a ridere, anzi, mi ha incoraggiato, mi ha dato preziosi consigli sulle proporzioni e sulle misure. E poco tempo dopo, con l'aiuto di mio nonno, quel biplano ha preso forma, realizzato con tavole di legno e pezzi di una vecchia bicicletta. Non sempre i miei progetti funzionavano come li avevo immaginati nella mia mente, ma ogni errore era una lezione. Ho imparato che la creatività senza azione è solo un'illusione. Se vuoi costruire qualcosa di concreto, devi sbatterci la testa, fare tentativi, correggere il tiro.

Crescendo, mi sono reso conto di una cosa: il mondo là fuori non premia i sognatori. Almeno, non se quei sogni restano solo nella loro testa.

Durante la mia infanzia, come molti della mia età, vivevo in un mondo costruito dalla mia immaginazione, dove tutto era possibile e la fantasia era il motore che alimentava ogni idea. Crescendo, però, ho visto troppe persone smettere di sognare, lasciandosi intrappolare dalle aspettative della società, che impone percorsi predefiniti da seguire. Oggi osservo i giovani e noto come la loro curiosità sembri affievolirsi. Non pongono più domande per il semplice desiderio di capire, ma accettano tutto passivamente, come se ciò che viene loro insegnato fosse un dogma indiscutibile, senza alternative possibili.

Spesso mi sentivo un idiota a fare così tante domande in classe; a volte lo facevo per reale interesse verso la lezione, altre perché per natura tendo a dubitare di tutto e a non dare mai nulla per scontato. Solo più tardi ho realizzato che fare domande era importante e mi aiutava a ricordare meglio le lezioni. Mi bastava leggere una o due volte le pagine assegnate ed ero a posto. Il motivo per cui ricordavo facilmente le lezioni non era perché avevo una memoria straordinaria, ma perché ponevo domande, perché cercavo di connettere tutto a qualcosa di concreto.

Ma ciò che spesso mi chiedevo era: *Mi serve davvero saper fare le operazioni con i radicali o saper tradurre dal latino? Il pensiero di Kant mi aiuterà a pagare le bollette? La trigonometria sarà davvero utile per guada-*

INTRODUZIONE

gnarmi da vivere? O ancora, studiare la storia dell'arte, conoscere a memoria A Silvia di Leopardi o I Sepolcri di Foscolo, fare la versione in prosa della Divina Commedia di Dante Alighieri, ...e così via?

Tutto ciò che impariamo a scuola potrebbe non sembrarci necessario nel momento in cui lo studiamo, ma in maniera indiretta prima o poi ci tornerà utile nella vita. Tutte le risposte a questi quesiti mi sono arrivate solo più tardi, quando ho varcato la soglia del mondo del lavoro.

Dal latino alla storia dell'arte, la filosofia e tutte le altre materie, in qualche modo hanno contribuito a sviluppare il mio pensiero, a darmi una conoscenza di base sul mondo, su ciò che ci circonda, ad apprezzare ciò che mi si presenta davanti. Nel mio caso, in particolare, che lavoro principalmente in un settore artistico come il cinema, la poesia, l'arte e la cultura generale, è una continua fonte di ispirazione per me e il mio lavoro.

Ma di tutto ciò che ci viene insegnato a scuola, vi è ben poco di pratico e quando usciamo da lì dobbiamo cavarcela da soli. Capiamo solo più tardi che la scuola non ci ha preparato alle vere sfide della vita.

Nessuno ci ha mai spiegato come guadagnare denaro in modo indipendente, gestire le nostre finanze per evitare difficoltà, avviare un'attività e farla prosperare, o investire in modo intelligente affinché il denaro lavori per noi. Nessuno ci ha insegnato l'importanza di saper trattare con le persone, negoziare, vendere o comunicare in modo efficace. Eppure, queste sono le competenze essenziali per affrontare il mondo reale, ciononostante, sui banchi di scuola, non sono mai state nemmeno sfiorate.

Quando terminiamo la scuola dell'obbligo ci ritroviamo spaesati e confusi, nella maggior parte dei casi veniamo messi di fronte a una scelta con l'orologio che batte il tempo. Perché dobbiamo decidere quale università frequentare in un'età in cui si è davvero indecisi e non possiamo prenderci una responsabilità così grande. Questa scelta definirà il nostro futuro, o almeno così ci viene raccontato. Ma quanti realmente finiranno l'università? Quanti riusciranno a fare il lavoro per cui hanno studiato tanto?

INTRODUZIONE

Ci è sempre stato detto: *Prendi una laurea e troverai un ottimo lavoro!* Siamo sicuri di questo? Perché i fatti e le statistiche dicono tutt'altro.

Migliaia di laureati che non trovano un impiego nel loro settore; giovani costretti a fare lavori sottopagati pur avendo titoli accademici; un sistema che forma dipendenti, ma non insegna a essere indipendenti.

Avere una laurea non equivale necessariamente a essere più intelligenti.

Spesso si confonde la cultura con l'intelligenza. L'intelligenza si misura nella capacità di ragionare, di collegare cause ed effetti in base a ciò che si conosce o imparando ciò che è necessario sapere. La cultura, invece, rappresenta un bagaglio di conoscenze che, nella maggior parte dei casi, può dipendere semplicemente da una buona memoria.

Se guardiamo al mondo degli affari, ci rendiamo conto che molti degli imprenditori di maggior successo non hanno mai conseguito una laurea. Steve Jobs, co-fondatore di Apple, ha abbandonato l'università dopo pochi mesi; Richard Branson, fondatore del Virgin Group, non ha mai completato gli studi superiori; Mark Zuckerberg ha lasciato Harvard per dedicarsi a Facebook; Amancio Ortega, il visionario dietro Zara, ha lasciato la scuola a soli 14 anni... e la lista è davvero lunga. Esistono persino imprenditori che, avendo frequentato solo la scuola di primo grado, sono riusciti a costruire imperi economici, dimostrando che il successo non dipende da un pezzo di carta, ma dalla capacità di pensare in modo innovativo e di agire con determinazione.

Non fraintendermi, non sto dicendo che studiare sia inutile. Sto dicendo che **non basta.**

La scuola ci prepara a essere ingranaggi di un sistema, ma non ci insegna a costruire un sistema nostro. E questo è il vero problema.

La scuola non offre un'alternativa a tutto questo. Non possiamo procurarci da vivere semplicemente citando Dante Alighieri o recitando un sonetto di William Shakespeare.

C'era un tempo in cui non esistevano supermercati, negozi di alimentari o centri commerciali. Se volevi mangiare, dovevi imparare a cacciare. Se volevi un tetto sopra la testa, dovevi costruirtelo con le tue mani. Non c'erano negozi di caccia e pesca in città, né ferramenta dove

INTRODUZIONE

acquistare strumenti già pronti. Dovevi crearli tu, dalla materia grezza che la natura offriva.

Le conoscenze necessarie alla sopravvivenza non venivano apprese sui banchi di scuola, ma tramandate dagli anziani. I giovani imparavano osservando, facendo esperienza diretta, sbagliando e correggendosi, fino a diventare abbastanza abili da non dover più dipendere da nessuno per la propria sopravvivenza.

Oggi ci riempiono la testa di nozioni teoriche, ma sappiamo davvero come affrontare la vita da soli? L'indipendenza non si conquista solo con un titolo di studio, ma con la capacità di guadagnare e gestire il proprio denaro, comprendere il sistema fiscale per non diventarne vittime, investire con consapevolezza, costruire una carriera e prendere decisioni ponderate. Nessuna di queste competenze viene insegnata nelle scuole. Così ci ritroviamo a varcare la soglia del mondo del lavoro con un diploma in mano e un mare di incertezze davanti a noi.

Questo libro nasce da una riflessione su questo paradosso. Su ciò che ci viene insegnato e su ciò che dovremmo davvero sapere. Perché, alla fine, saper sopravvivere non significa solo procurarsi il cibo, ma anche capire come vivere in un mondo che, se non impari a dominarlo, finirà per dominare te.

Desidero quindi trasmettere **15 lezioni fondamentali** che la scuola non ci insegna, e che secondo me sono essenziali per affrontare la vita e il mondo del lavoro, offrendo spunti pratici e motivanti a chiunque voglia realizzare un proprio progetto, costruire la propria ricchezza in autonomia, a chi è pronto a cambiare prospettiva e iniziare a pensare da imprenditore. Il mio obiettivo è motivare i lettori a essere finanziariamente indipendenti e a costruire una base solida nel lungo termine. Non si tratta solo di guadagnare, ma di imparare a mettere i soldi al lavoro.

Se vuoi continuare a credere che la scuola abbia già tutte le risposte, allora questo libro non fa per te.

Ma se sei pronto a guardare le cose da un punto di vista diverso e a costruire il tuo successo nella vita e nel lavoro, allora iniziamo questo viaggio insieme.

DUBBI, ERRORI, SUCCESSI E LEZIONI DI VITA

Mi piace definirmi un imprenditore creativo, ma in realtà sono semplicemente qualcuno che ha trasformato le proprie passioni in una strada da percorrere ogni giorno. Sono cresciuto in una famiglia italiana come tante, con una mamma insegnante e un papà analista chimico. Due persone meravigliose che, però, non avevano alcuna esperienza di imprenditoria da trasmettermi. Non avevo modelli da seguire, né manuali da studiare. Avevo solo tanta curiosità e un'inarrestabile voglia di creare qualcosa di mio.

Da sempre provo un forte interesse per il mondo degli affari. A sette anni mi divertivo ad allestire veri e propri mercatini all'angolo della mia strada. Prendevo fumetti, vecchie riviste, bomboniere, giocattoli e oggetti dimenticati ma in ottime condizioni, e qualsiasi cosa non servisse più in casa o dai nonni, gli davo un prezzo e cercavo di venderlo a chiunque passasse di lì.

Non lo facevo solo per spasso, anche se per me era un gioco, ma perché mi piaceva l'idea di guadagnare qualcosa. La mia nonna materna mi aveva regalato il mio primo salvadanaio e dovevo riempirlo. Con quei pochi soldi potevo permettermi di comprare pezzi di ricambio per la mia bici, andare al negozietto di generi alimentari nella via principale per prendere un gelato e le gomme da masticare alla fragola, o acquistare in edicola le figurine per completare l'album dei calciatori.

Ero un venditore in erba, e senza nemmeno rendermene conto avevo già capito un principio fondamentale del business: vendere in stock era più profittevole e veloce. Così, quando trovavo un cliente, o meglio, qualcuno abbastanza gentile da sostenere il mio gioco di piccolo imprenditore, gli proponevo un pacchetto di acquisti vantaggioso, spiegandogli quanto fosse conveniente comprare più cose insieme. Ma la mia trovata migliore furono le *buste sorpresa*. Ero affascinato dall'idea di sfruttare la curiosità degli altri bambini e capii subito che l'ignoto vendeva meglio del noto. Così creavo delle buste con dentro un mix di adesivi, figurine, piccoli giocattoli o vari oggetti curiosi. Il mistero rendeva l'acquisto più eccitante, e in poco tempo le buste sorpresa divennero il mio prodotto di punta. Le vendevo più velocemente di qualsiasi altra cosa e con un margine di guadagno molto più alto.

Quel gioco iniziava a dare risultati concreti. Senza saperlo, stavo già imparando concetti di marketing, strategia di vendita e pricing che mi sarebbero tornati utili molti anni dopo. A pensarci oggi mi viene da sorridere.

Più avanti, quando iniziai a suonare la batteria, la mia città e i paesi vicini erano pieni di band e, ovviamente, di batteristi. Ben presto mi resi conto che dovevo imparare ad arrangiarmi da solo: sostituire pelli dei tamburi, cambiare meccaniche, riparare piatti crepati... perfino ridipingere le batterie per dargli una nuova vita.

Nel tempo, sempre più amici batteristi iniziarono a chiedermi di sistemare i loro strumenti, e così, quasi senza accorgermene, avevo trovato un altro modo per guadagnare qualche soldo extra. Tra un concertino e l'altro (che all'epoca erano pagati pochissimo o niente), mi venne un'idea: perché non acquistare batterie usate, rimetterle a nuovo e rivenderle?

Così, insieme al mio amico batterista Williams, che sapeva il fatto suo con vernici e finiture, il mio garage periodicamente si trasformava in un piccolo laboratorio di restauro. Compravo batterie usate che, dopo essere state riparate e ridipinte, venivano rivendute ricondizionate. E funzionava davvero!

Ogni volta che scoprivo un'opportunità per fare qualche soldo in più, per me era come un gioco. Non si trattava solo di guadagnare, ma di sperimentare, capire come funzionavano le cose, provare nuove strade. E, soprattutto, di non lasciare nulla di intentato.

Quando mi sono diplomato, quasi tutti i miei compagni di classe sapevano esattamente quale facoltà universitaria scegliere. Medicina, giurisprudenza, ingegneria... avevano un piano chiaro. Io, invece, no. Nessuna di quelle strade sembrava fatta per me. Sapevo solo che la mia passione era la musica. Avevo iniziato a suonare la batteria a undici anni, e con il passare del tempo il mio sogno era diventato chiaro: volevo fare il musicista, girare il mondo e trasformare la mia passione in un lavoro.

Per i miei genitori, questa idea era inaccettabile. Per loro, la strada giusta era un'altra: imparare un mestiere "vero" e trovare un posto fisso. Ma dentro di me sapevo che quella non era la mia direzione. Così ho deciso di lasciare la mia terra, la Sardegna, e partire per New York. Non avevo un piano preciso, ma avevo la certezza che conoscere l'inglese mi avrebbe aperto nuove opportunità.

A New York ho frequentato una scuola privata di lingua inglese con indirizzo business, mentre continuavo a studiare batteria in una scuola di musica. Durante il corso di inglese, ci venne chiesto di scegliere un settore in cui fare pratica lavorativa. Tra le opportunità c'era un internship in una società di casting per cinema e TV. Senza pensarci troppo, accettai. Quella scelta cambiò il corso della mia vita.

Dopo quell'avventura, tornai in Italia con una nuova visione del futuro. Volevo creare qualcosa di mio. Non ho frequentato scuole di cinema, corsi di sceneggiatura, né lezioni di regia. Ho imparato direttamente sul campo, rubando con gli occhi, sperimentando, sbagliando e ricominciando. Senza esperienza, senza capitali e con un'idea ancora da definire, a vent'anni decisi di fondare la mia prima attività, offrendo servizi per il cinema e la pubblicità proprio lì, nella mia amata Sardegna, dove sono nato e cresciuto.

Molti mi dicevano che ero pazzo: in quell'isola, il cinema non era un business. Per me era come una tela bianca ancora da dipingere. Vedevo una terra vergine, un mercato da costruire da zero, una opportunità.

Così, nel garage di famiglia, con un computer, una piccola videocamera, una macchina fotografica e una connessione internet, iniziai. Creai un database di oltre 1000 location e un archivio casting di circa 2000 generici e artisti vari, iniziai a contattare aziende e, contro ogni probabilità, arrivarono i primi lavori. Il mio business era avviato. Ma, come spesso accade, il successo iniziale portò con sé nuove sfide.

Questo tipo di business funzionava solo nei mesi caldi, mentre nei periodi morti le entrate erano scarse. Così decisi di diversificare e accettai la proposta di fondare una società per la gestione di impianti sportivi con due soci. Fu un disastro. L'unico realmente impegnato ero io, mentre gli altri due si occupavano poco della società. L'azienda non decollò, e con essa persi tempo e denaro. Ma imparai una lezione fondamentale: mai fare affari con persone che non condividono la tua visione.

Mi ritrovai con il conto in rosso e i debiti si accumulavano. Mi sembrava di essere bloccato in un tunnel senza uscita. Poi, un giorno, guardando alcune fotografie scattate a New York, mi soffermai su una di Times Square. Quegli enormi schermi pubblicitari mi accesero una lampadina: perché non portare quell'idea nella mia città?

Iniziai a fare ricerche e trovai un'azienda in Puglia che produceva schermi video a LED gestibili da remoto. Li contattai per avere informazioni su prezzi e caratteristiche. Il costo era altissimo, quanto un bilocale in periferia. Ma invece di pensare "Non posso permettermelo", mi chiesi: "Come posso permettermelo?". Iniziai a proporre in prevendita spazi pubblicitari ai commercianti della città e in meno di un mese riuscii a raccogliere abbastanza denaro per versare l'acconto e avviare il progetto. In breve tempo, avevo creato una nuova fonte di reddito.

Questa esperienza mi insegnò che il successo dipende in gran parte dal modo in cui pensiamo e reagiamo alle difficoltà. Da quel momento in poi, iniziai a vedere opportunità di business ovunque. Nel corso degli anni ho sviluppato numerosi progetti imprenditoriali: dalla creazione di una shopping card interattiva, al primo outlet di abbigliamento in Sardegna, fino alla creazione di un festival del cinema online che vendetti ad un cliente americano, e così via. Ho scritto, diretto e contribuito alla produzione di spot pubblicitari per oltre 50 marchi internazionali, e ho lavorato con talenti di tutto il mondo.

Ho vissuto in vari paesi, e lavorare con diverse produzioni all'estero mi ha permesso di collaborare con creativi di fama internazionale. Ad oggi, ho scritto oltre 40 storie e sceneggiature originali, 3 format TV internazionali e i plot di 5 serie TV. Lavoro come produttore e regista, costruendo un network che spazia tra cinema, pubblicità e televisione.

Ma c'è una cosa che ho capito più di tutto: la ricchezza non sta solo nei soldi, ma nella mentalità. Negli anni ho imparato a trasformare ogni errore in un'opportunità e a capitalizzare su ciò che ho sempre amato fare. La scrittura è diventata uno dei miei asset più importanti investendo nella proprietà intellettuale come risorsa per il futuro.

La mia vita è un intreccio continuo di musica, film, pubblicità, libri e idee imprenditoriali. Ogni passione che ho avuto, ogni interesse che ho coltivato, si è trasformato quasi naturalmente in un progetto concreto. Negli ultimi anni mi sono avvicinato anche alla scrittura di libri, desideroso di esplorare un altro modo di esprimermi, comunicare e condividere.

Oggi ho deciso di concentrarmi esclusivamente su ciò che mi piace davvero, dedicando il mio tempo a fare ciò che amo e trasmettere quello che ho imparato lungo questa prima parte del mio viaggio intenso e affascinante. E se dovessi dirti quante idee di business mi attraversano la mente ogni giorno, beh, credo proprio che non mi basterebbero 10 vite per poterle realizzare. Così eccomi qui, pronto a spartire con te un po' della mia esperienza, con la speranza che possa ispirarti a seguire ciò che ti rende davvero felice.

Questo libro nasce dal desiderio di condividere ciò che ho imparato lungo il mio percorso. Non importa da dove cominci, non importa quanti ostacoli troverai lungo la strada: ciò che conta è il modo in cui pensi, reagisci e trasformi le difficoltà in occasioni di crescita.

Se c'è una cosa che posso dirti con certezza, è questa: il successo non è una questione di fortuna, ma di mentalità e azione.

C'è chi fa accadere le cose e chi si limita a guardarle mentre accadono. Sta a te scegliere da che parte stare. Diventa protagonista della tua vita e prendi tu il controllo!

1 COME PENSARE

Tutto ciò che siamo deriva dal modo in cui pensiamo. I nostri pensieri non sono semplici impulsi mentali, ma forze potenti che plasmano la nostra realtà. Ogni esperienza che viviamo, ogni traguardo che raggiungiamo, ha origine nella nostra mente. Questo significa che la qualità della nostra vita è direttamente influenzata dalla qualità dei nostri pensieri.

Molti credono che la vita sia determinata dal caso o dalle circostanze esterne, ma la verità è che la nostra percezione del mondo è il risultato diretto del nostro dialogo interiore. Se pensiamo di essere destinati al fallimento, ci comporteremo inconsciamente in modi che confermeranno questa credenza. Al contrario, se crediamo di poter avere successo, inizieremo a prendere decisioni e azioni che ci porteranno esattamente in quella direzione.

Un esempio classico è quello di due persone che affrontano la stessa sfida: una la vede come un'opportunità di crescita, l'altra come un ostacolo insormontabile. La loro esperienza sarà radicalmente diversa non a causa della situazione in sé, ma per via del loro atteggiamento mentale.

I pensieri positivi ci danno energia, fiducia e determinazione. Alimentano la nostra motivazione e ci aiutano a superare le difficoltà.

Quando crediamo nelle nostre capacità e nutriamo una mentalità ottimista, creiamo uno stato mentale favorevole al successo.

Al contrario, i pensieri negativi generano paura, insicurezza e blocchi mentali. Ci fanno dubitare di noi stessi e ci impediscono di cogliere le opportunità. Se ripetiamo costantemente frasi come "Non sono abbastanza bravo" o "Non ce la farò mai", stiamo programmando la nostra mente per il fallimento.

COME COLTIVARE UNA MENTALITÀ VINCENTE

1. **Diventa consapevole dei tuoi pensieri** – Il primo passo per cambiare la tua mentalità è riconoscere i pensieri negativi. Fai attenzione a come parli a te stesso e sostituisci ogni pensiero limitante con un'affermazione potenziante.
2. **Visualizza il successo** – Immagina te stesso mentre raggiungi i tuoi obiettivi. La visualizzazione crea nella mente un modello mentale che facilita l'azione concreta.
3. **Circondati di positività** – Le persone con cui trascorri più tempo influenzano la tua mentalità. Scegli di stare con chi ti ispira e ti motiva.
4. **Sostituisci la paura con la fiducia** – Ogni volta che senti emergere un dubbio, ricorda che hai la capacità di affrontare qualsiasi sfida. Il coraggio non è l'assenza di paura, ma la decisione di agire nonostante essa.
5. **Pratica la gratitudine** – Essere grati per ciò che si ha cambia il focus della mente da ciò che manca a ciò che è già presente nella propria vita, aumentando il senso di abbondanza e benessere.

COME PENSARE AL DENARO IN MODO DIVERSO

Fin da piccoli, molti di noi hanno sentito frasi come "Non possiamo permettercelo" o "I soldi non crescono sugli alberi", creando una mentalità di scarsità e limitazione. Queste idee si radicano nel nostro modo di pensare e influenzano il nostro rapporto con il denaro, portandoci a credere che ci siano limiti invalicabili alle nostre possibilità economiche. Ma se vogliamo davvero raggiungere il successo finanziario, dobbiamo imparare a pensare in modo diverso.

Nel corso della mia esperienza imprenditoriale, ho capito che la chiave non è limitarsi a guardare quello che manca, ma concentrarsi su come colmare quel vuoto. Una lettura molto interessante che tratta questo argomento è *"Padre Ricco, Padre Povero"* di Robert Kiyosaki, che sottolinea l'importanza di porci la domanda giusta: invece di dire "Non posso pagarlo", dobbiamo chiederci "Come posso pagarlo?". Un semplice cambio di prospettiva può aprire un mondo di opportunità.

LA MENTALITÀ DI SCARSITÀ VS. LA MENTALITÀ DI ABBONDANZA

Questa differenza di linguaggio cambia tutto. Dire *"Non posso permettermelo"* chiude la nostra mente. È un punto fermo, un blocco che ci impedisce di cercare soluzioni. Il cervello smette di lavorare, smette di pensare in modo creativo.

Al contrario, quando ci chiediamo *"Come posso permettermelo?"*, attiviamo il nostro cervello in modo diverso. Non è più un muro che ci impedisce di andare avanti, ma una porta che si apre verso infinite possibilità. È così che iniziamo a trovare nuove strade, nuove idee, nuove soluzioni.

Ti faccio un esempio concreto. Quando tornai in Sardegna dopo aver vissuto a New York, volevo avviare la mia attività nel settore della produzione cinematografica e pubblicitaria. Avevo grandi idee, ma zero capitali. Se avessi pensato *"Non posso permettermelo"*, probabilmente avrei abbandonato tutto. Invece, mi chiesi *"Come posso avviare questa attività senza soldi?"*.

Iniziai a cercare soluzioni alternative: mi arrangiai con le attrezzature che avevo, con l'aiuto dei miei genitori trasformai il garage di casa nostra in un ufficio, creai un archivio di location con migliaia di fotografie per attirare clienti. In poco tempo, i primi lavori iniziarono ad arrivare. Non era una questione di possibilità, ma di mentalità.

IL POTERE DELLE DOMANDE GIUSTE

Se vuoi trasformare la tua relazione con il denaro e le opportunità, devi imparare a farti le domande giuste.

Se ti concentri su ciò che ti manca, troverai solo conferme ai tuoi limiti. Ma se inizi a focalizzarti sulle soluzioni, il tuo cervello troverà nuovi percorsi.

Ecco alcune domande che possono fare la differenza:

- Invece di dire *"Non ho abbastanza soldi per iniziare un'attività"*, chiediti: *"Come posso trovare le risorse per avviare il mio progetto?"*
- Invece di dire *"Non posso comprare quella casa"*, chiediti: *"Come posso creare un piano finanziario per acquistarla?"*
- Invece di dire *"Non guadagnerò mai abbastanza"*, chiediti: *"Quali abilità posso sviluppare per aumentare le mie entrate?"*

Ogni grande successo nasce da una domanda giusta posta al momento giusto. E la risposta? È sempre dentro di noi, basta solo cercarla con la mentalità giusta.

APPLICARE QUESTA MENTALITÀ NELLA VITA QUOTIDIANA

Cambiare il modo di pensare al denaro e alle opportunità non avviene da un giorno all'altro, ma con piccoli passi quotidiani. Ecco alcuni suggerimenti pratici che hanno funzionato per me:

1. **Cambia il tuo linguaggio** – Ogni volta che stai per dire *"Non posso permettermelo"*, fermati e riformula la frase con *"Come posso permettermelo?"*.
2. **Scrivi le soluzioni** – Tieni un diario delle idee che emergono quando ti poni domande costruttive. Spesso le migliori intuizioni nascono da una semplice riflessione.
3. **Sviluppa abilità finanziarie** – Impara a gestire il denaro in

modo strategico. Studia investimenti, business e gestione delle risorse.
4. **Circondati di persone con mentalità vincente** – Evita chi vede solo ostacoli e frequenta chi trova opportunità. L'energia delle persone con cui interagisci influenzerà il tuo mindset.
5. **Fai della creatività finanziaria un'abitudine** – Non aspettare di essere "ricco" per pensare come una persona di successo. Inizia ora a cercare soluzioni, indipendentemente dalla tua situazione attuale.

LA LEZIONE PIÙ IMPORTANTE

Quando ho deciso di installare il primo schermo LED pubblicitario nella mia città, non avevo i soldi per farlo. Ma invece di pensare *"Non posso permettermelo"*, mi chiesi *"Come posso permettermelo?"*. La risposta fu semplice: trovare clienti prima ancora di avere il prodotto.

Così andai in giro per la città, parlai con decine di commercianti e proposi loro spazi pubblicitari sullo schermo che ancora non esisteva. Nel giro di un mese avevo raccolto abbastanza soldi per pagare l'acconto e avviare l'installazione.

Se avessi detto *"Non posso permettermelo"*, quello schermo non sarebbe mai esistito. Eppure, in meno di due mesi, non solo avevo un nuovo business, ma avevo anche creato una rete di clienti che mi avrebbero poi affidato altri lavori pubblicitari.

Il successo finanziario non dipende solo da quanto guadagni, ma soprattutto da come pensi al denaro.

Ogni volta che senti dentro di te la frase *"Non posso permettermelo"*, fermati. Riformula. Chiediti: *"Come posso permettermelo?"*. È in questo semplice cambio di prospettiva che risiedono le soluzioni che possono cambiare la tua vita.

Ricorda: Il denaro non è mai un limite. Il vero limite è solo il modo in cui scegli di pensare.

IL POTERE DELLA MENTALITÀ

Hai mai notato che quando ti concentri su qualcosa – un problema, un desiderio o un obiettivo – sembra che tutto intorno a te inizi a rifletterlo? Non è magia, è semplicemente il modo in cui funziona la nostra mente. È quello che viene spesso chiamato **Legge di Attrazione**, un principio secondo cui i nostri pensieri e le nostre emozioni influenzano le esperienze che viviamo.

Personalmente, ho sempre creduto che la mentalità fosse uno degli strumenti più potenti a nostra disposizione. Non è stato un libro a farmi scoprire questo concetto, ma la mia stessa esperienza. Tuttavia, quando lessi *"La Legge dell'Attrazione - Chiedi e ti sarà dato"* di Esther e Jerry Hicks, trovai molte conferme su qualcosa che avevo già osservato nella mia vita.

COME FUNZIONA LA LEGGE DI ATTRAZIONE?

La Legge di Attrazione si basa su tre principi fondamentali:

1. **I pensieri generano energia** – Ogni pensiero ha un impatto sulla nostra realtà. Pensieri positivi attraggono esperienze positive, mentre pensieri negativi abbassano la nostra frequenza e ci portano a vivere situazioni difficili.
2. **L'attenzione amplifica la realtà** – Più ci focalizziamo su qualcosa, più essa si manifesta nella nostra vita. Se ci fissiamo sulla mancanza di denaro, ne avremo sempre meno. Se invece ci focalizziamo sull'abbondanza, inizieremo a notare opportunità di crescita economica.
3. **Le emozioni sono il motore dell'attrazione** – Non basta pensare positivo, bisogna anche sentirsi positivi. Le emozioni che proviamo sono il vero catalizzatore del nostro destino.

DALLA TEORIA ALLA PRATICA: APPLICARE LA LEGGE DI ATTRAZIONE

Avere consapevolezza di questi principi non basta: bisogna metterli in pratica. Ecco alcuni passi fondamentali che ho applicato nella mia vita.

1. Definisci chiaramente ciò che desideri

Se non hai una visione chiara di ciò che vuoi, come puoi ottenerlo? Quando avviai la mia prima attività, avevo un'idea generica: volevo lavorare nel cinema e nella pubblicità. Ma quando iniziai a definire obiettivi precisi – creare un archivio di location, attirare produzioni internazionali, costruire un network di clienti – le opportunità iniziarono a presentarsi.

Esercizio Pratico: Scrivi i tuoi obiettivi in modo dettagliato. Invece di dire "Voglio più soldi", formula il tuo desiderio così: "Voglio guadagnare €5.000 al mese entro la fine dell'anno facendo un lavoro che amo".

2. Visualizza il tuo successo ogni giorno

Ogni mattina, prima di iniziare la giornata, immagino di aver già raggiunto i miei obiettivi. Quando volevo installare il mio primo schermo pubblicitario a LED, lo visualizzavo già acceso, con le pubblicità in rotazione e la gente che lo guardava. Questo mi dava una spinta incredibile per passare all'azione.

Esercizio Pratico: Dedica 5-10 minuti al giorno a immaginare il tuo successo. Visualizza i dettagli: come ti senti, cosa vedi, chi è con te. Più lo fai, più il tuo cervello inizierà a lavorare in quella direzione.

3. Usa affermazioni positive

Quello che dici a te stesso ha un impatto enorme sulla tua realtà. Ho imparato a sostituire frasi come "Non ce la farò mai" con "Troverò una soluzione".

Ecco alcune affermazioni che puoi provare:

- "Sono in grado di raggiungere qualsiasi obiettivo."
- "Attiro abbondanza e opportunità nella mia vita."
- "Sono circondato da persone positive e di successo."

Esercizio Pratico: Ripetile ogni mattina e ogni sera, con convinzione ed emozione.

4. Sostituisci i pensieri negativi con positivi

Il nostro cervello tende a soffermarsi sulle preoccupazioni. Una volta, durante un periodo difficile, mi trovai a pensare costantemente: *"E se tutto fallisse?"* Questo pensiero mi bloccava. Ho dovuto rieducare la mia mente, sostituendolo con *"Cosa posso fare oggi per migliorare la mia situazione?"*.

Esercizio Pratico: Ogni volta che noti un pensiero negativo, fermati e riformulalo in positivo. Ad esempio, invece di "Non ce la farò mai", prova "Ogni giorno divento più forte e capace".

5. Pratica la gratitudine

Uno degli strumenti più potenti per attrarre positività è la gratitudine. Quando mi concentro su ciò che ho già, invece di ciò che mi manca, la mia prospettiva cambia completamente.

Esercizio Pratico: Ogni giorno, scrivi almeno tre cose per cui sei grato. Questo cambierà il tuo focus mentale da ciò che manca a ciò che già hai.

6. Agisci in linea con i tuoi desideri

Non basta pensare e sperare. Bisogna agire. Quando volevo espandere il mio business, non mi sono limitato a immaginarlo: ho contattato potenziali clienti, ho studiato strategie di marketing, ho preso rischi calcolati.

Esercizio Pratico: Se vuoi trovare un nuovo lavoro, inizia a inviare curriculum, migliorare le tue competenze e connetterti con persone nel settore. L'universo risponde a chi è pronto a ricevere.

SUPERARE I DUBBI E GLI OSTACOLI MENTALI

Molti mettono in dubbio la Legge di Attrazione perché non vedono risultati immediati. Tuttavia, il segreto è la costanza. Se per anni hai coltivato una mentalità di scarsità, non puoi aspettarti di cambiarla in un giorno. Serve tempo per riprogrammare il subconscio e allinearsi con le vibrazioni del successo.

Se incontri ostacoli, chiediti:

- Sto davvero credendo in ciò che desidero?
- Sto agendo in linea con i miei obiettivi?
- Sto lasciando che la paura o il dubbio sabotino la mia crescita?

Quando ho iniziato a investire nel settore pubblicitario, non avevo esperienza. Ma invece di focalizzarmi sui rischi, ho scelto di concentrarmi sulle opportunità. Ho studiato, ho parlato con esperti, ho fatto piccoli passi. E alla fine, il risultato è arrivato. Non è stata fortuna, ma la combinazione di mentalità giusta e azione.

La Legge di Attrazione non è magia, ma un principio basato su come pensiamo e agiamo. Se coltiviamo pensieri di successo, agiamo con fiducia e manteniamo un atteggiamento positivo, attireremo nella nostra vita ciò che desideriamo.

Ricorda: Il nostro potere più grande è la nostra mente. Usiamola nel modo giusto per creare la vita che vogliamo.

PENSARE E AGIRE COME UN MILIONARIO: L'OBIETTIVO È DIVENTARE RICCHI, NON SEMBRARLO

Molte persone sognano di diventare ricche, ma quante di loro si concentrano davvero sul costruire ricchezza piuttosto che sul sembrare ricche? La differenza tra chi accumula un patrimonio solido e chi vive solo di apparenze sta tutta nella mentalità e nelle azioni quotidiane.

I veri milionari non si limitano a ostentare lusso, ma costruiscono la loro fortuna con strategie finanziarie intelligenti, investimenti mirati e un mindset orientato alla crescita. Il segreto non sta nel guadagnare cifre astronomiche, ma nell'adottare abitudini e decisioni che portano alla vera libertà finanziaria.

Agli inizi della mia carriera imprenditoriale, ho attraversato un periodo difficile. Gli ostacoli sembravano infiniti, e mi chiedevo se avessi davvero fatto la scelta giusta. Sentivo di non avere controllo sulla mia situazione e la frustrazione cresceva.

Fu allora che il mio caro amico Davide mi regalò un libro che mi colpì profondamente: *"Il Milionario"* di Mark Fisher. Più che un manuale di finanza, è una storia che insegna come pensano le persone di successo. La lezione più grande che ho tratto? La ricchezza non è solo questione di soldi, ma di mentalità, atteggiamento e azione. Se vuoi essere ricco, devi prima pensare e comportarti come tale.

Il primo passo per diventare ricchi è eliminare le credenze limitanti. Molte persone crescono con la convinzione che fare soldi sia difficile, che sia solo per pochi privilegiati. Questa mentalità di scarsità le blocca e impedisce loro di vedere le opportunità.

I milionari, invece, pensano in modo completamente diverso:

- Credono che la ricchezza sia abbondante e alla portata di chiunque sia disposto a impegnarsi per ottenerla.
- Si concentrano sulle opportunità invece che sulle difficoltà.
- Vedono i problemi come sfide da superare e non come ostacoli insormontabili.
- Investono continuamente nella propria formazione e crescita personale.

Esercizio Pratico: Osserva i tuoi pensieri sul denaro. Ti trovi spesso a dire "Non posso permettermelo" o "Diventare ricchi è impossibile"? Prova a cambiare il tuo dialogo interiore con affermazioni positive come:

- *"Come posso aumentare le mie entrate?"*
- *"Il denaro è abbondante e posso attrarlo nella mia vita."*

LE ABITUDINI CHE PORTANO ALLA RICCHEZZA

Pensare in grande è il primo passo, ma senza azione rimane solo un sogno. I milionari non aspettano il momento perfetto: agiscono, sperimentano e imparano dai propri errori.

Ecco alcune delle abitudini fondamentali:

1. Assumersi la Responsabilità delle Proprie Finanze

Un milionario non lascia che il destino o le circostanze decidano per lui. Prende il controllo del proprio denaro, lo gestisce con attenzione e pianifica strategie per farlo crescere.

- Impara a risparmiare e investire in modo intelligente.
- Evita debiti inutili e spese superflue.
- Pianifica obiettivi finanziari chiari e monitora i progressi.

2. Investire in Sé Stessi e Nella Propria Educazione

La ricchezza non arriva per caso, ma è il risultato di competenze e conoscenze applicate nel modo giusto. I milionari dedicano tempo e risorse alla propria crescita.

- Leggono libri su finanza, business e sviluppo personale.
- Partecipano a corsi e seminari per migliorare le proprie competenze.
- Cercano mentori e modelli di successo da cui imparare.

Esercizio Pratico: Dedica almeno 30 minuti al giorno alla lettura di libri sulla gestione finanziaria e sugli investimenti. Anche un solo libro può darti idee che cambieranno la tua vita!

3. Creare Fonti di Reddito Multiple

Affidarsi a un solo stipendio è rischioso. I milionari diversificano le loro entrate per aumentare la sicurezza finanziaria e accelerare la crescita del loro patrimonio.

- Avviano business e attività secondarie.

- Investono in immobili, azioni o altre opportunità di investimento.
- Creano prodotti o servizi che generano reddito passivo.

4. Prendere Rischi Calcolati

Il successo finanziario richiede coraggio e visione. I milionari non temono il rischio, ma lo gestiscono con intelligenza.

- Analizzano bene ogni decisione prima di agire.
- Sono disposti a fallire e a imparare dai propri errori.
- Vedono il rischio come un'opportunità di crescita e non come una minaccia.

Esercizio Pratico: Identifica un'area della tua vita in cui hai evitato di prendere un rischio per paura di fallire. Fai un piccolo passo in quella direzione, valutando attentamente il rischio ma senza farti bloccare dalla paura.

5. Circondarsi di Persone di Successo

L'ambiente che ci circonda influisce enormemente sul nostro modo di pensare e agire. I milionari scelgono con cura le persone con cui passano il loro tempo.

- Frequentano individui motivati, ambiziosi e orientati al successo.
- Evitano persone negative che vedono solo problemi e limiti.
- Costruiscono una rete di contatti che li ispira e li aiuta a crescere.

Esercizio Pratico: Fai una lista delle cinque persone con cui passi più tempo. Ti stanno aiutando a crescere o ti stanno trattenendo nella tua zona di comfort?

L'ERRORE DA EVITARE

Molte persone si indebitano per comprare macchine di lusso, vestiti firmati e accessori costosi, credendo che l'apparenza sia sinonimo di successo. In realtà, i veri milionari investono prima nella creazione di ricchezza e solo dopo nel lusso.

Differenza tra sembrare ricchi ed essere ricchi:

- **Comprare cose per impressionare gli altri** vs Investire per far crescere il patrimonio.
- **Vivere sopra le proprie possibilità** vs Vivere al di sotto delle proprie possibilità mentre si costruisce la ricchezza.
- **Spendere soldi in passività** (auto, moda, vacanze lussuose) vs Spendere soldi in attività (investimenti, formazione, business).

Regola d'oro: Prima costruisci ricchezza, poi goditela. Non fare il contrario!

Ricorda: L'obiettivo non è apparire ricchi, ma esserlo davvero. E questo è possibile per chiunque sia disposto a sviluppare le giuste abitudini e a perseverare nel tempo.

IN SINTESI

Diventare ricchi non è una questione di fortuna, ma di mentalità e azione. Pensare come un milionario significa credere nelle proprie capacità e adottare una visione di abbondanza. Agire come un milionario significa prendere decisioni intelligenti, investire in sé stessi, creare fonti di reddito multiple e avere disciplina finanziaria.

2 L'IMPORTANZA DI VIAGGIARE

Il viaggio è una delle esperienze più ricche e trasformative che possiamo intraprendere nella vita. Ci apre le porte verso nuovi mondi, ci permette di vivere in prima persona diverse culture e ci dà l'opportunità di scoprire parti di noi stessi che non conoscevamo.

Analizziamo quanto sia importante viaggiare per ispirarsi, vivere, sperimentare, osservare, documentare, riflettere, trasmettere, e preparati a intraprendere un viaggio che cambierà la tua vita.

Viaggiare non è solo un'esperienza di svago, ma un potente strumento per aprire la mente, ampliare le prospettive e generare nuove idee. Ogni luogo che visitiamo, ogni persona che incontriamo e ogni cultura che esploriamo ci fornisce stimoli, intuizioni e opportunità che non avremmo mai considerato rimanendo fermi nella nostra comfort zone.

Sin dai miei primi viaggi all'estero, ho scoperto che il mondo è pieno di modelli di business, approcci lavorativi e mentalità che possono essere adattati e trasformati in opportunità di successo. Molte delle migliori intuizioni che ho avuto nella mia vita sono nate proprio osservando ciò che accadeva fuori dal mio contesto abituale.

IL VIAGGIO COME FONTE DI CREATIVITÀ E INNOVAZIONE

Cambiare scenario è un catalizzatore di creatività.
Perché viaggiare stimola nuove idee?

- Ti mette di fronte a culture e modi di pensare diversi.
- Ti allontana dalla routine quotidiana, permettendoti di vedere le cose con occhi nuovi.
- Ti espone a modelli di business, strategie e tendenze innovative che possono essere adattate alla tua realtà.
- Ti costringe ad affrontare imprevisti e situazioni nuove, stimolando il problem solving e la resilienza.

Esempi Pratici: *Richard Branson ha avuto l'idea per Virgin Airlines dopo aver vissuto un'esperienza negativa con una compagnia aerea durante un viaggio nei Caraibi. Invece di lamentarsi, ha visto un'opportunità: ha noleggiato un aereo, ha venduto biglietti agli altri passeggeri bloccati come lui e ha trasformato un problema in un business.*

Howard Schultz, fondatore di Starbucks, ha avuto l'ispirazione per creare un'esperienza di caffetteria diversa dopo aver visitato i bar italiani, dove il caffè non era solo una bevanda, ma un momento di socializzazione e cultura. Ha quindi trasformato una semplice caffetteria in un brand globale perché ha visto un'opportunità di mercato nella cultura del caffè italiano e l'ha adattata agli Stati Uniti.

Esercizio Pratico: Rifletti su un'esperienza di viaggio che ti ha fatto vedere qualcosa da una prospettiva nuova. Come potresti applicarla al tuo business o alla tua crescita personale?

OSSERVARE E ADATTARE: PORTARE IDEE VINCENTI NEL TUO PAESE

Non serve reinventare la ruota: molte idee di successo sono nate dall'adattamento di modelli già esistenti.

Come individuare idee di business all'estero e adattarle al tuo mercato?

- **Osserva cosa funziona in altri Paesi:** Quali sono le tendenze emergenti in città innovative come New York, Londra, Tokyo o Berlino?
- **Analizza come le persone vivono e consumano i prodotti:** Noti differenze significative rispetto al tuo Paese?
- **Focalizzati su bisogni insoddisfatti:** Esiste un servizio o prodotto all'estero che potrebbe avere successo nel tuo mercato locale?
- **Studia l'adattabilità dell'idea:** Quella soluzione è replicabile? È culturalmente accettabile? Può essere migliorata per adattarsi al tuo pubblico?

Esempi Pratici: *Il concetto di Escape Room, nato in Asia come esperienza interattiva basata su enigmi e risoluzione di misteri, è stato adattato in Europa e negli Stati Uniti con format innovativi, diventando una delle forme di intrattenimento più popolari degli ultimi anni.*

Glovo e Deliveroo hanno portato il concetto di food delivery on-demand, già diffuso negli Stati Uniti, in Europa, adattandolo alle esigenze locali e alle abitudini di consumo.

Esercizio Pratico: Pensa a un'idea di business che hai visto all'estero e che potrebbe avere successo nel tuo Paese. Come potresti adattarla per renderla efficace nel mercato locale?

I VIAGGI COME OPPORTUNITÀ DI NETWORKING E CRESCITA PROFESSIONALE

Viaggiare non è solo osservare, ma anche connettersi con le persone giuste.

Dove trovare opportunità di networking mentre viaggi?

- **Conferenze e fiere internazionali:** Eventi di settore sono il

luogo perfetto per incontrare investitori, partner e innovatori.
- **Spazi di coworking globali:** Ambienti condivisi dove professionisti e imprenditori possono lavorare, confrontarsi e sviluppare collaborazioni, favorendo lo scambio di idee e opportunità di networking.
- **Eventi locali e gruppi di networking:** Meetup, workshop e incontri possono darti accesso a insight unici sul mercato locale.
- **Università e acceleratori di startup:** Luoghi ideali per scoprire nuove idee e trovare talenti.

Esempio Pratico: *Molti imprenditori hanno costruito partnership strategiche partecipando a eventi come il Web Summit, il CES di Las Vegas o l'American Film Market, dove nascono connessioni globali che possono trasformarsi in opportunità di business.*

Esercizio Pratico: Pianifica un viaggio con l'obiettivo di partecipare a un evento di networking o visitare un ecosistema imprenditoriale innovativo.

ESPLORARE SENZA PREGIUDIZI: IMPARARE DALLE CULTURE DIVERSE

A volte, la lezione più grande non è in un modello di business, ma in una mentalità diversa.

Cosa puoi imparare dalle diverse culture?

- **Il senso di comunità asiatico:** Le aziende giapponesi e cinesi valorizzano il lavoro di squadra e la crescita collettiva.
- **L'innovazione americana:** Un approccio sperimentale e audace al business.
- **L'equilibrio vita-lavoro scandinavo:** Un focus sul benessere personale per migliorare la produttività.
- **L'ospitalità mediterranea:** L'attenzione alle relazioni umane e al servizio clienti.

Esempio Pratico: *In Danimarca, il concetto di 'hygge' (benessere e comfort) è stato trasformato in un trend globale che ha influenzato settori come design, turismo e lifestyle.*

Esercizio Pratico: Rifletti su un valore culturale che hai osservato in un altro Paese e pensa a come potrebbe essere applicato alla tua attività o al tuo stile di vita.

METTERE IN PRATICA LE LEZIONI APPRESE DAI VIAGGI

Viaggiare ispira, ma l'ispirazione deve tradursi in azione.
Come trasformare un'esperienza di viaggio in qualcosa di concreto?

- Scrivi un diario di viaggio con spunti di business o riflessioni personali.
- Fai una lista di contatti e rimani in contatto con le persone che hai conosciuto.
- Definisci una nuova abitudine o strategia che puoi integrare nel tuo lavoro o nella tua vita.
- Se hai individuato un'idea di business interessante, inizia a testarla in piccolo nel tuo mercato.

Esempio Pratico: *Dopo un viaggio in Asia, molti imprenditori hanno portato in Europa il concetto dei bubble tea, trasformandolo in un trend in crescita.*

Esercizio Pratico: Scrivi tre cose che hai imparato dai tuoi viaggi e come potresti applicarle per migliorare la tua carriera o il tuo business.

VIAGGIARE È MOLTO PIÙ CHE VISITARE NUOVI LUOGHI

- Osserva cosa funziona all'estero e valuta come adattarlo al tuo Paese.

- Approfitta del viaggio per fare networking e creare connessioni di valore.
- Studia le differenze culturali e impara nuove strategie di business e lifestyle.
- Trasforma l'ispirazione in azione: annota idee, sperimenta e testa nuove opportunità.

Ricorda: Il mondo è pieno di idee, innovazioni e spunti di crescita. Devi solo saperli cogliere.

VIAGGIARE PER CRESCERE, INNOVARE E CREARE OPPORTUNITÀ

Come abbiamo appena detto, viaggiare è molto più che spostarsi da un luogo all'altro: è un'esperienza che può trasformare la nostra visione del mondo, arricchire la creatività e offrire nuove prospettive personali e professionali. Ogni viaggio è un'opportunità per sperimentare, imparare, connettersi e lasciarsi ispirare da nuove culture e modi di vivere. Spesso, è proprio durante un viaggio che nascono le idee più innovative, sia in ambito imprenditoriale che nella crescita personale.

Vediamo come viaggiare consapevolmente può aiutarti a sviluppare nuove competenze, uscire dalla comfort zone e persino trovare opportunità di business che puoi adattare e portare nel tuo Paese.

VIAGGIARE CON UNA MENTALITÀ APERTA: NON FARE SOLO IL TURISTA, VIVI IL VIAGGIO

Il viaggio più significativo non è quello che fai con la fotocamera in mano, ma quello che vivi con la mente aperta.

Come trasformare un viaggio in un'esperienza di crescita:

- Immergiti nella cultura locale: Partecipa a tradizioni, scopri le abitudini quotidiane, vivi il paese come fanno i suoi abitanti.
- Sperimenta il cibo locale: Il cibo è un'espressione culturale fondamentale, prova piatti tipici e scopri la loro storia.

- Interagisci con le persone del posto: Scopri il loro punto di vista, le loro esperienze di vita e i loro sogni.
- Impara qualcosa di nuovo: Lingue, arti tradizionali, sport tipici: ogni cultura ha qualcosa di unico da insegnarti.

Esempio Pratico: *Anthony Bourdain non si limitava a mangiare nei ristoranti famosi, ma si sedeva con le persone comuni per ascoltare le loro storie e capire la cultura attraverso il cibo.*

Esercizio Pratico: Qual è un'abitudine locale che hai scoperto in un viaggio e che potresti integrare nella tua vita quotidiana?

IL VIAGGIO COME STRUMENTO PER USCIRE DALLA COMFORT ZONE

Niente ti cambia più di una sfida in un contesto sconosciuto.
Strategie per spingerti oltre i tuoi limiti:

- Viaggia da solo almeno una volta: Ti renderà più indipendente e sicuro delle tue capacità.
- Sperimenta uno stile di vita diverso: Prova a vivere in una città con abitudini molto diverse dalle tue, per qualche settimana o mese.
- Affronta gli imprevisti come opportunità: Ogni difficoltà in viaggio può diventare un insegnamento.

Esempio Pratico: *"Elizabeth Gilbert, nel libro 'Mangia, prega, ama', ha usato il viaggio per scoprire nuovi modi di vivere e trovare il proprio equilibrio interiore."*

Esercizio Pratico: Qual è un'esperienza fuori dalla tua comfort zone che potresti provare nel tuo prossimo viaggio?

APPRENDERE NUOVE ABILITÀ ATTRAVERSO IL VIAGGIO

Ogni cultura ha qualcosa di unico da insegnarti.
Esempi di abilità che puoi imparare viaggiando:

- Cucinare piatti tradizionali.
- Praticare arti marziali o sport locali.
- Apprendere tecniche di meditazione o benessere.
- Esplorare nuove tecnologie o modelli di business.

Esempio Pratico: *Molti imprenditori digitali hanno scoperto il concetto di lavoro remoto viaggiando in paesi come la Thailandia, dove la cultura del nomadismo digitale è già ben sviluppata.*

Esercizio Pratico: Scegli una destinazione e cerca un'attività locale che potresti imparare per arricchire la tua esperienza di viaggio.

VIAGGIARE PER CREARE UN IMPATTO E LASCIARE UN SEGNO

Il viaggio non è solo ricevere esperienze, ma anche dare valore.
Come rendere il viaggio significativo:

- Partecipa a progetti di volontariato o impatto sociale.
- Condividi le tue conoscenze con la comunità locale.
- Sostieni il turismo sostenibile e le economie locali.

Esempio Pratico: *Molti viaggiatori hanno trovato uno scopo nel turismo esperienziale, come il volontariato in Africa o il supporto a progetti educativi nel Sud America.*

Esercizio Pratico: Qual è un modo in cui potresti contribuire a un luogo che visiti?

Viaggiare è molto più che vedere nuovi posti: è vivere, imparare, connettersi e lasciarsi ispirare.

- Vivi ogni viaggio con una mentalità aperta e curiosa.
- Esci dalla tua comfort zone e sperimenta cose nuove.
- Osserva tendenze e idee di business da adattare nel tuo Paese.
- Fai networking e costruisci connessioni globali.
- Impara nuove abilità e applica le lezioni apprese alla tua vita.

Ricorda: Viaggiare può cambiare la tua prospettiva, il tuo business e la tua vita.

IMPARARE AD OSSERVARE: GUARDARE NON BASTA, BISOGNA VEDERE

L'osservazione è una delle abilità più sottovalutate, eppure è uno degli strumenti più potenti per comprendere il mondo, migliorare la propria capacità di apprendimento e scoprire nuove opportunità. Non basta semplicemente vedere: osservare significa cogliere i dettagli, comprendere le dinamiche e leggere tra le righe ciò che accade intorno a noi.

Che si tratti di viaggiare, fare business o migliorare le proprie relazioni personali, imparare ad osservare può trasformare il modo in cui interpreti il mondo e prendi decisioni.

C'è una grande differenza tra guardare qualcosa e osservare veramente.

Come affinare la capacità di osservazione:

- **Prenditi il tempo di rallentare:** La fretta è nemica dell'osservazione. Fermati e analizza ciò che ti circonda.
- **Sviluppa una mentalità curiosa:** Chiediti perché qualcosa è fatto in un certo modo e cerca di capirne il contesto.
- **Usa tutti i sensi:** Non affidarti solo alla vista, ma presta attenzione ai suoni, agli odori, alle sensazioni tattili.

- **Nota le abitudini e i comportamenti delle persone:** Come interagiscono? Quali schemi si ripetono?
- **Allenati a riconoscere i dettagli nascosti:** Cosa cambia in un ambiente da un giorno all'altro? Quali elementi dicono di più sulla cultura di un luogo?

Esempio Pratico: *Molti scrittori traggono ispirazione osservando attentamente le persone nei luoghi pubblici, captando gesti, espressioni e dettagli che rendono più autentiche le loro storie.*

Esercizio Pratico: Durante la tua prossima uscita, scegli un luogo affollato e osserva le persone per 10 minuti. Quali dettagli noti che normalmente non avresti colto?

L'OSSERVAZIONE COME STRUMENTO DI CRESCITA PERSONALE

Osservare gli altri ci aiuta a comprendere meglio noi stessi.
Come l'osservazione può migliorare la tua vita:

- **Ti aiuta a prendere decisioni migliori:** Notare dettagli e comportamenti ti permette di valutare meglio situazioni e persone.
- **Aumenta la tua intelligenza emotiva:** Osservando le espressioni e il linguaggio del corpo, impari a interpretare meglio le emozioni altrui.
- **Ti rende più empatico:** Comprendere le abitudini e le culture diverse aumenta la tua capacità di relazionarti con gli altri.
- **Ti permette di anticipare problemi e soluzioni:** Vedere piccoli segnali prima che diventino problemi è una capacità chiave in qualsiasi ambito.

Esempio Pratico: *Molti imprenditori di successo osservano attentamente i clienti nei loro negozi o sui social media per capire esattamente di cosa hanno bisogno e come migliorare i loro prodotti.*

Esercizio Pratico: Prova ad ascoltare una conversazione (senza interrompere) e cerca di cogliere non solo le parole, ma anche il tono di voce e il linguaggio del corpo.

OSSERVARE IL MONDO PER SCOPRIRE NUOVE OPPORTUNITÀ

Molte grandi idee nascono semplicemente osservando ciò che manca o potrebbe essere migliorato.

Come trovare ispirazione nell'osservazione:

- **Guarda ciò che accade nei mercati esteri:** C'è un prodotto o un servizio che potrebbe funzionare anche nel tuo Paese?
- **Osserva i problemi quotidiani:** Le migliori invenzioni risolvono piccoli problemi comuni. Quali inefficienze noti nella tua routine o in quella degli altri?
- **Analizza le tendenze:** Cosa sta cambiando nel comportamento delle persone? Quali nuove esigenze emergono?
- **Ascolta i feedback delle persone:** Spesso, i clienti esprimono problemi e desideri che possono trasformarsi in idee imprenditoriali.

Esempio Pratico: *Sara Blakely ha osservato che molte donne avevano difficoltà a trovare indumenti modellanti comodi e ha creato Spanx, diventando miliardaria grazie alla sua intuizione.*

Esercizio Pratico: Nella tua giornata, identifica almeno un problema comune che potrebbe essere risolto con un prodotto o un servizio innovativo.

MIGLIORARE IL BUSINESS E LA COMUNICAZIONE ATTRAVERSO L'OSSERVAZIONE

Saper osservare è essenziale anche nel mondo degli affari e delle relazioni interpersonali.

Come sfruttare l'osservazione in ambito professionale:

- **Studia la concorrenza:** Cosa stanno facendo di diverso o meglio di te?
- **Analizza le reazioni dei clienti ai tuoi prodotti o servizi:** Guardali mentre li usano, ascolta le loro opinioni, prendi nota delle loro difficoltà.
- **Sii attento ai segnali non verbali nelle conversazioni:** Spesso il linguaggio del corpo dice più delle parole.
- **Affina il tuo storytelling:** Le persone sono attratte da storie autentiche e dettagli ben costruiti. Osservare e comprendere il pubblico ti aiuta a raccontare storie più efficaci.

Esempio Pratico: *I professionisti più attenti sanno che il vero successo non sta solo nel vendere, ma nel comprendere i comportamenti e le esigenze delle persone per offrire soluzioni su misura e migliorare l'esperienza complessiva del cliente.*

Esercizio Pratico: Se hai un business, passa una giornata ad osservare il comportamento dei tuoi clienti o utenti e prendi nota di almeno tre cose che puoi migliorare.

AFFINARE LA MENTE PER NOTARE ANCHE I PICCOLI CAMBIAMENTI

Chi osserva con attenzione riesce a cogliere dettagli che sfuggono agli altri.

Esercizi per sviluppare una mente più attenta ai dettagli:

- **Prendi appunti quotidianamente:** Scrivere ciò che hai osservato rafforza la tua capacità di notare dettagli.

- **Cambia prospettiva:** Osserva un luogo familiare come se lo vedessi per la prima volta.
- **Allenati nella memoria visiva:** Dopo aver visitato un posto nuovo, prova a ricordare il maggior numero di dettagli possibile.
- **Fai domande aperte alle persone:** Ascoltare attivamente gli altri ti aiuterà a capire meglio le loro esigenze e punti di vista.

Esempio Pratico: *Un detective esperto nota piccoli dettagli che altri ignorano, come un cambiamento nell'ambiente o un'incongruenza nel comportamento di una persona, capacità che gli permette di risolvere casi complessi.*

Esercizio Pratico: La prossima volta che entri in un ambiente nuovo, prova a memorizzare il maggior numero di dettagli possibile e poi verifica cosa ti è rimasto impresso.

Imparare ad osservare è una competenza fondamentale che può migliorare la tua vita, la tua carriera e le tue relazioni.

- Osserva in modo consapevole e usa tutti i tuoi sensi.
- Sfrutta l'osservazione per comprendere meglio te stesso e gli altri.
- Usala come strumento per trovare idee e opportunità di business.
- Affina la tua capacità di cogliere dettagli per migliorare la comunicazione e il processo decisionale.

Ricorda: Il mondo è pieno di informazioni preziose: tutto ciò che devi fare è imparare a guardarlo con occhi diversi.

DOCUMENTARE, RIFLETTERE E TRASMETTERE: DARE VALORE ALLE PROPRIE ESPERIENZE

Viaggiare, esplorare e osservare il mondo sono esperienze incredibilmente arricchenti, ma ciò che le rende ancora più preziose è la capacità di documentarle, rifletterci sopra e trasmetterle agli altri. Scrivere, registrare e condividere le proprie esperienze aiuta a dare un senso ai momenti vissuti, permette di ricordare dettagli che altrimenti verrebbero dimenticati e offre agli altri ispirazione e conoscenza.

Vediamo come documentare le nostre esperienze in modo efficace, riflettere su ciò che si è vissuto e trasmettere il nostro messaggio al mondo senza perdere l'autenticità dell'esperienza.

DOCUMENTARE: PERCHÉ SCRIVERE O REGISTRARE LE PROPRIE ESPERIENZE È IMPORTANTE?

Non si viaggia solo per vedere, ma anche per ricordare e imparare.
Benefici del documentare le proprie esperienze:

- **Memoria a lungo termine:** Le emozioni e i dettagli vissuti si affievoliscono nel tempo. Scrivere aiuta a mantenere vivi i ricordi.
- **Chiarezza mentale:** Mettere nero su bianco le proprie esperienze aiuta a riflettere e a dare un senso agli eventi.
- **Raccolta di idee e spunti creativi:** Un diario di viaggio può diventare una fonte di ispirazione per progetti futuri.
- **Possibilità di condividere con gli altri:** Le storie che raccontiamo possono ispirare e aiutare altre persone a vivere esperienze simili.

Esempio Pratico: *Esploratori del passato come Marco Polo annotavano con cura ogni dettaglio dei loro viaggi, descrivendo non solo i luoghi visitati, ma anche le culture, le usanze e le emozioni provate. Grazie a queste annotazioni, le generazioni future hanno potuto conoscere mondi lontani e trarre ispirazione per nuove scoperte.*

Esercizio Pratico: Se non l'hai mai fatto, inizia un diario di viaggio. Non serve scrivere ogni giorno, basta annotare dettagli significativi o emozioni vissute.

RIFLETTERE: TRASFORMARE LE ESPERIENZE IN APPRENDIMENTO

Non basta vivere un'esperienza, bisogna comprenderne il valore e le lezioni che porta con sé.

Come riflettere sulle proprie esperienze:

- **Porsi domande significative:** Cosa ho imparato da questo viaggio? Cosa mi ha colpito di più? Quali emozioni mi ha suscitato?
- **Analizzare i cambiamenti personali:** Come sono cambiato dopo questa esperienza? Quali convinzioni ho messo in discussione?
- **Riconoscere i momenti di crescita:** Quali sfide ho affrontato e come le ho superate?

Esempio Pratico: *Dopo un viaggio in India, Steve Jobs ha riflettuto sulla semplicità e sull'essenzialità, concetti che hanno poi influenzato il design minimalista dei prodotti Apple.*

In seguito ad un periodo passato in un luogo con una cultura completamente diversa, molte persone si rendono conto di quanto siano relativi i propri punti di vista e abitudini. Questa consapevolezza li aiuta a essere più aperti, flessibili e capaci di adattarsi a nuove situazioni.

Esercizio Pratico: Dopo un'esperienza significativa, scrivi tre cose che hai imparato e come potrebbero influenzare il tuo futuro.

TRASMETTERE: CONDIVIDERE ESPERIENZE SENZA PERDERE L'AUTENTICITÀ

La condivisione è potente, ma deve essere fatta con consapevolezza.
Come condividere in modo efficace:

- **Sii autentico:** Non cercare di impressionare gli altri, racconta le esperienze così come le hai vissute.
- **Usa un linguaggio coinvolgente:** Descrivi non solo i fatti, ma anche le emozioni e le sensazioni.
- **Trova il tuo stile personale:** Che sia un diario, un blog, un podcast o i social media, scegli il metodo che meglio rappresenta il tuo modo di esprimerti.
- **Dai valore agli altri:** Condividi consigli, lezioni apprese e riflessioni che possano essere utili a chi legge.

Esempio Pratico: *Ernest Hemingway usava i suoi viaggi e le esperienze vissute come ispirazione per i suoi romanzi, trasformando la realtà in narrazione senza mai perderne l'autenticità.*

Esercizio Pratico: Prova a scrivere un breve post o un articolo su un'esperienza che ti ha segnato, cercando di trasmetterne l'essenza in modo sincero.

IL RUOLO DELLA TECNOLOGIA: SOCIAL MEDIA E CONDIVISIONE CONSAPEVOLE

I social media offrono una piattaforma per condividere, ma vanno usati con intelligenza.
Strategie per una condivisione equilibrata:

- **Vivi prima il momento, poi condividilo:** Goditi l'esperienza senza la pressione di doverla subito immortalare per i social.
- **Non cercare la perfezione:** I contenuti più autentici e spontanei spesso hanno più impatto di quelli costruiti artificialmente.

- **Sii selettivo:** Non tutto va condiviso. Scegli i momenti che realmente hanno un valore per te e per chi ti segue.
- **Interagisci con la tua audience:** Condividere significa anche ascoltare. Rispondi ai commenti, crea dialogo e scambia esperienze con gli altri.

Esempio Pratico: *Molti narratori digitali hanno costruito una comunità attorno alla condivisione di esperienze reali, mostrando il dietro le quinte delle loro avventure e offrendo consigli pratici piuttosto che immagini perfette.*

Esercizio Pratico: Sperimenta un giorno senza condividere nulla sui social e vivi il momento per te stesso. Poi, scrivi su come ti sei sentito e se questo ha cambiato il tuo modo di percepire l'esperienza.

RACCONTARE PER ISPIRARE: IL POTERE DELLE STORIE

Le storie sono il modo più potente per trasmettere un messaggio.
Come raccontare una storia che lasci il segno:

- **Crea una narrazione chiara:** Inizia con il contesto, descrivi il momento clou e concludi con una riflessione.
- **Usa dettagli sensoriali:** Descrivi colori, suoni, profumi, emozioni per far sentire il lettore dentro la storia.
- **Aggiungi un messaggio:** Ogni storia dovrebbe lasciare qualcosa a chi la ascolta o la legge.

Esempio Pratico: *Brandon Stanton ha creato 'Humans of New York' raccogliendo storie autentiche delle persone, dimostrando il potere della narrazione nel creare connessioni profonde.*

Esercizio Pratico: Racconta un'esperienza che ti ha cambiato la vita in meno di 300 parole, cercando di renderla coinvolgente e significativa.

Documentare, riflettere e trasmettere non significa solo raccontare un'esperienza, ma darle un significato e condividerlo con gli altri.

- Scrivi o registra per fissare i ricordi e dare loro valore nel tempo.
- Rifletti sulle esperienze per trarne insegnamenti e nuove prospettive.
- Condividi in modo autentico, con l'obiettivo di ispirare e creare connessioni.
- Usa la tecnologia con consapevolezza, senza lasciare che distragga dal vivere il momento.

Ricorda: Le esperienze diventano più potenti quando vengono comprese e condivise.

IN SINTESI

Il viaggio è un'esperienza che ci arricchisce e ci cambia profondamente. Ci permette di scoprire parti di noi stessi che non conoscevamo e ci spinge a vedere la vita con occhi nuovi. Viaggiare per ispirarsi, vivere, sperimentare, osservare, documentare, riflettere e trasmettere è una chiave per il successo nella vita. Attraverso i viaggi, possiamo trovare l'ispirazione, nutrire la nostra creatività e scoprire la nostra passione. Vivere appieno ogni momento dei nostri viaggi ci aiuta a sperimentare e a imparare, a uscire dalla nostra zona di comfort e ad abbracciare le sfide che la vita ci presenta.

L'osservazione attenta di ciò che ci circonda ci permette di cogliere i dettagli, le storie e le sfumature che altrimenti potremmo perdere. Questo ci aiuta a conoscerci meglio e a comprendere meglio il mondo che ci circonda. Documentare le nostre esperienze attraverso un diario di bordo o un blog ci permette di riflettere su ciò che abbiamo vissuto, di ricordare i momenti più significativi e di condividere le nostre storie con gli altri.

Condividere le nostre esperienze di viaggio con gli altri ci permette di ispirarli a intraprendere i loro viaggi e a vivere al meglio le loro vite. Utilizzando i social media, possiamo condividere le nostre foto, i nostri pensieri e le nostre emozioni, ma è importante anche vivere il presente e godersi il momento. Il viaggio è un'esperienza che va vissuta appieno, senza farsi distrarre troppo dai dispositivi tecnologici.

Quando viaggiamo, abbiamo l'opportunità di scoprire la bellezza del mondo, ma anche la bellezza che risiede in noi stessi. Ogni viaggio è un'opportunità per crescere, imparare e trasformarci. Ci permette di allontanarci dalla routine quotidiana, di esplorare nuovi orizzonti e di aprire la nostra mente a nuove idee e prospettive.

Il viaggio ci insegna l'importanza della flessibilità e dell'adattamento. Ci insegna a essere aperti al cambiamento e a cogliere le opportunità che la vita ci presenta. Ci insegna anche a essere grati per ciò che abbiamo e per le esperienze che viviamo.

Viaggiare è una fonte inesauribile di ispirazione, conoscenza e trasformazione. Viaggiare per ispirarsi, vivere, sperimentare, osservare, documentare, riflettere e trasmettere ci permette di raggiungere il successo nella vita. Ci apre le porte verso nuovi mondi, ci arricchisce e ci spinge a vivere al massimo le nostre esistenze. Non perdere l'opportunità di intraprendere il tuo viaggio e di scoprire ciò che ti aspetta.

3 LE BASI DEL SUCCESSO

Conosciamo meglio i fondamenti essenziali per raggiungere il successo nella vita attraverso la passione, l'abbandono della comfort-zone, la costanza, l'azione, la riflessione, l'innovazione e il problem solving. Preparati a scoprire il potere che queste qualità possono avere nel trasformare la tua vita.

La passione è il carburante che alimenta le nostre ambizioni. Quando ci sentiamo davvero coinvolti in qualcosa, lavorare non sembra più un sacrificio, ma un'opportunità per crescere, imparare e migliorare. Non è un caso che le persone di successo abbiano tutte una cosa in comune: amano ciò che fanno.

Ma come si trova la propria passione? E soprattutto, come trasformarla in qualcosa di concreto che possa migliorare la nostra vita e magari anche generare guadagni?

COME SCOPRIRE LA PROPRIA PASSIONE?

C'è chi nasce con una vocazione chiara e chi invece deve cercarla, provare e sperimentare fino a trovare quella scintilla. Io, ad esempio, ho sempre saputo di essere attratto dalla creatività e dall'imprenditoria, ma ci è voluto tempo per capire come incanalare questa energia in qualcosa di concreto.

Ecco alcune domande per aiutarti a scoprire la tua passione:

- Cosa faresti anche senza essere pagato?
- Quali attività ti fanno sentire vivo e pieno di energia?
- Di cosa parli spesso con entusiasmo?
- Cosa ti fa perdere la cognizione del tempo?

Esempio Pratico: *Mi sono reso conto che ogni volta che parlavo di idee imprenditoriali, il mio entusiasmo cresceva. Ho capito che non era solo un interesse, ma una vera passione.*

Esercizio Pratico: Scrivi una lista di attività che ti entusiasmano e che praticheresti anche senza guadagnarci nulla.

TRASFORMARE LA PASSIONE IN UN PROGETTO DI VITA

Avere una passione è fantastico, ma senza un piano rimane solo un hobby.

Se vuoi davvero farne qualcosa di più grande, devi trovare il modo di trasformarla in un'attività produttiva.

Come farlo?

- **Studia il settore che ti appassiona** – Leggi libri, segui corsi, impara dai migliori.
- **Trova un modo per applicarla nel mondo reale** – Può diventare un lavoro, un'impresa o un hobby redditizio.
- **Sperimenta senza paura di fallire** – Il primo passo è sempre provare.

Esempio Pratico: *Se la mia passione è il fitness, posso iniziare a condividere il mio percorso sui social, ottenere certificazioni e magari avviare una mia attività nel settore.*

Esercizio Pratico: Identifica un modo per integrare la tua passione nella tua vita quotidiana in maniera produttiva.

SUPERARE LE DIFFICOLTÀ E RESTARE FOCALIZZATI

Anche quando seguiamo la nostra passione, gli ostacoli sono inevitabili.

La differenza tra chi riesce e chi si arrende sta nella capacità di restare focalizzati nonostante le difficoltà.

Strategie per non perdere la motivazione:

- **Ricorda il motivo per cui hai iniziato** – Tieni a mente la tua visione.
- **Circondati di persone che ti incoraggiano** – Evita chi ti demotiva.
- **Accetta il fallimento come parte del percorso** – Ogni errore è una lezione di crescita.

Esempio Pratico: *Se ho una passione per la musica ma trovo difficoltà a emergere, posso ricordarmi che ogni grande artista ha iniziato dal basso e ha dovuto superare critiche e insuccessi.*

Esercizio Pratico: Scrivi una frase motivazionale da rileggere ogni volta che incontri un ostacolo nel tuo percorso.

LA PASSIONE COME STRUMENTO DI DIFFERENZIAZIONE

Chi ha passione per quello che fa si distingue automaticamente dagli altri.

L'entusiasmo e la dedizione sono evidenti in ogni progetto e rendono una persona più attraente professionalmente e personalmente.

Come usare la passione per emergere?

- **Sii autentico** – La passione non può essere simulata, sii te stesso.
- **Aggiungi valore con la tua unicità** – Fai le cose a modo tuo, con il tuo stile.
- **Diventa un punto di riferimento** – Condividi le tue conoscenze e ispira gli altri.

Esempio Pratico: *Se sono appassionato di cucina e apro un blog con ricette innovative, la mia passione trasparirà nei contenuti e attirerà un pubblico fedele.*

Esercizio Pratico: Identifica un modo in cui la tua passione può renderti unico nel tuo settore.

IL LEGAME TRA PASSIONE E SUCCESSO

Le persone di maggior successo nel mondo condividono un elemento comune: sono appassionate di ciò che fanno.

La passione fornisce l'energia necessaria per migliorarsi, innovare e affrontare le sfide.

Cosa accomuna chi ha successo?

- Non lavorano solo per denaro, ma per realizzare qualcosa di significativo.
- Affrontano le difficoltà con determinazione perché amano ciò che fanno.
- Trasmettono energia e ispirano gli altri.

Esempio Pratico: *Steve Jobs era ossessionato dalla perfezione dei suoi prodotti perché amava la tecnologia e il design. Questo lo ha reso un pioniere.*

Esercizio Pratico: Scrivi il nome di una persona che ammiri per la sua passione e analizza cosa l'ha portata al successo.

Trova la tua passione, coltivala ogni giorno e usala come leva per costruire il futuro che desideri.

Ricorda: La passione è la forza che può trasformare una vita ordinaria in una straordinaria. Non è solo un'emozione, ma un motore che, se coltivato, può portarti a risultati impensabili.

ABBANDONARE LA COMFORT-ZONE: IL PRIMO PASSO VERSO IL SUCCESSO

La comfort zone è quel luogo mentale in cui ci sentiamo sicuri. Nessun rischio, nessun imprevisto, tutto sotto controllo. Un rifugio perfetto, almeno all'apparenza. Il problema? Restarci troppo a lungo significa spegnere la crescita personale e professionale.

Ci sono stati momenti in cui mi sono trovato intrappolato in una routine che mi faceva sentire al sicuro, ma anche bloccato. Avevo paura di provare cose nuove, di fallire, di sentirmi fuori posto. Poi ho capito che ogni grande opportunità si trova al di fuori di quella zona di comfort. E lì inizia la vera trasformazione.

PERCHÉ USCIRE DALLA COMFORT ZONE È FONDAMENTALE?

Restare fermi in un ambiente prevedibile ha un costo elevato. Magari non lo percepiamo subito, ma a lungo andare ci priva di crescita e opportunità.

Perché la comfort zone può limitarti?

- **Blocca la crescita personale** – Senza nuove sfide, non si sviluppano nuove competenze.
- **Ti intrappola nella routine** – La prevedibilità eccessiva porta alla noia e alla stagnazione.
- **Riduce le opportunità** – Spesso, le migliori occasioni arrivano proprio da situazioni nuove e impreviste.

Benefici dell'uscire dalla comfort zone:

- **Aumento della fiducia in sé stessi** – Ogni ostacolo superato rafforza la nostra autostima.
- **Espansione delle opportunità** – Nuove esperienze e contatti possono aprire strade inaspettate.
- **Adattabilità al cambiamento** – Il mondo cambia rapidamente, chi impara ad adattarsi ha sempre un vantaggio.

Esempio Pratico: *Avevo paura di parlare in pubblico, evitavo ogni occasione per farlo. Ma un giorno ho accettato di tenere una presentazione. Ero nervoso, ho commesso errori, ma alla fine ho ricevuto complimenti. Da lì ho capito che l'unico modo per superare la paura è affrontarla.*

Esercizio Pratico: Scrivi una cosa che hai sempre voluto fare ma che hai evitato per paura o insicurezza. Qual è il primo piccolo passo che puoi fare per affrontarla?

COME RICONOSCERE QUANDO SEI BLOCCATO NELLA COMFORT ZONE?

Spesso, nemmeno ci rendiamo conto di essere intrappolati nella nostra routine.

Ecco alcuni segnali:

- Ripeti sempre le stesse attività senza variazioni.
- Eviti le sfide per paura di fallire.
- Ti senti annoiato o insoddisfatto, ma continui a rimandare un cambiamento.

Esempio Pratico: *Per anni ho detto che avrei imparato una nuova lingua, ma non ho mai iniziato. Non era la mancanza di tempo, era la paura di sentirmi inadeguato. Poi ho iniziato con dieci minuti al giorno e ho scoperto che bastava poco per fare progressi.*

Esercizio Pratico: Scrivi una lista di cose che hai sempre voluto fare ma che hai rimandato. Qual è il motivo dietro ogni rinvio?

STRATEGIE PRATICHE PER USCIRE DALLA COMFORT ZONE

Non devi stravolgere la tua vita in un giorno. Il segreto è fare piccoli passi costanti.

Metodi per ampliare la tua zona di comfort:

- **Sperimenta qualcosa di nuovo ogni settimana** – Un nuovo hobby, un percorso diverso per andare al lavoro, una nuova conoscenza.
- **Circondati di persone che ti sfidano** – Chi ti sprona a migliorarti sarà il tuo miglior alleato.
- **Accetta il fallimento come parte del percorso** – Ogni errore è un passo avanti, non un passo indietro.

Esempio Pratico: *Evitavo le conversazioni con sconosciuti. Poi ho iniziato con piccoli passi: scambiare due parole con il barista, fare una domanda a uno sconosciuto in palestra. Ora riesco a interagire con più sicurezza e naturalezza.*

Esercizio Pratico: Scrivi tre attività che escono dalla tua routine e impegnati a farne almeno una questa settimana.

IL RUOLO DELLA MENTALITÀ NELLA TRANSIZIONE FUORI DALLA COMFORT ZONE

Il modo in cui percepiamo il cambiamento determina il nostro livello di successo.

Se vediamo il successo come una minaccia, rimarremo bloccati. Se lo vediamo come un'opportunità, cresceremo.

Mentalità da sviluppare:

- **Mentalità di crescita** – Ogni sfida è un'opportunità di apprendimento.
- **Resilienza** – Il disagio iniziale è normale, accettalo e vai avanti.

- **Apertura al rischio** – Il fallimento non è la fine, ma parte del processo.

Esempio Pratico: *Pensavo di non essere portato per il business, finché non ho provato. Ho fallito più volte, ma ogni esperienza mi ha insegnato qualcosa di prezioso.*

Esercizio Pratico: Ogni volta che senti una resistenza mentale al cambiamento, scrivi un pensiero alternativo positivo.

IL SUCCESSO COME RISULTATO DELL'AZIONE FUORI DALLA COMFORT ZONE

Le persone di successo hanno accettato il rischio e l'incertezza.
Ecco cosa le accomuna:

- Hanno iniziato senza sentirsi pronti al 100%.
- Hanno imparato a gestire le critiche e i fallimenti.
- Hanno accettato di mettersi in gioco e hanno scoperto nuove opportunità.

Esempio Pratico: *J.K. Rowling ha scritto Harry Potter mentre affrontava difficoltà economiche e innumerevoli rifiuti da parte degli editori. Se avesse lasciato che la paura del fallimento la bloccasse, oggi non avremmo uno dei libri più iconici della storia.*

Esercizio Pratico: Scrivi il nome di una persona che ammiri e analizza come ha superato la sua comfort zone per arrivare al successo.

Uscire dalla comfort zone non significa buttarsi nel vuoto senza paracadute, ma accettare nuove sfide e affrontarle con determinazione. Ogni volta che superiamo un limite, espandiamo il nostro potenziale e apriamo la porta a nuove opportunità.

Ricorda: La crescita inizia dove finisce la tua comfort zone. Il cambiamento fa paura, ma la paura è solo il segnale che sei sulla strada giusta.

LA COSTANZA: IL VERO SEGRETO DEL SUCCESSO

Il successo non è mai un colpo di fortuna o un evento improvviso. È il risultato di un impegno costante, fatto di piccoli passi quotidiani, anche quando nessuno sta guardando. Ho imparato questa lezione nel tempo, dopo aver visto tante persone di talento sprecare il loro potenziale perché si aspettavano risultati immediati. Ho anche visto individui apparentemente "nella media" o addirittura "mediocri" raggiungere traguardi incredibili, semplicemente perché non si sono mai fermati.

Molte persone credono che il successo dipenda dal talento o dalla fortuna. In realtà, il talento senza disciplina non porta lontano, mentre la costanza, anche senza doti straordinarie, può far raggiungere risultati incredibili.

Motivi per cui la costanza è la chiave del successo:

- **Supera la motivazione momentanea** – L'entusiasmo iniziale svanisce, ma la disciplina mantiene il progresso.
- **Genera miglioramento continuo** – Anche piccoli sforzi quotidiani portano a risultati straordinari nel tempo.
- **Dimostra affidabilità e credibilità** – Essere costanti ti rende una persona su cui gli altri possono contare.

Esempio Pratico: *"Quando ho iniziato a scrivere il mio primo libro, ero carico di energia. Dopo un mese, però, la motivazione ha iniziato a calare. Ero tentato di lasciar perdere, ma mi sono imposto di scrivere almeno 500 parole al giorno. Un anno dopo, il libro era pronto. Non è stato il talento a farmelo finire, ma la costanza."*

Esercizio Pratico: Scrivi un'abilità o un obiettivo su cui vuoi migliorare e stabilisci una piccola azione quotidiana per avanzare.

COME CREARE L'ABITUDINE DELLA COSTANZA

La costanza non è un talento innato, ma un'abitudine che si costruisce. E, come tutte le abitudini, si sviluppa con il tempo e la ripetizione.

Passaggi per sviluppare la costanza:

- **Inizia con piccoli passi** – Meglio fare poco ogni giorno che sforzi enormi una volta al mese.
- **Crea una routine** – Associa l'attività a un momento preciso della giornata.
- **Evita le distrazioni** – Trova un ambiente che favorisca la concentrazione.
- **Misura i progressi** – Vedere i miglioramenti aiuta a mantenere la motivazione.

Esempio Pratico: *Mi sono sempre detto che non avevo tempo per leggere libri. Poi ho deciso di dedicare solo trenta minuti al giorno alla lettura, senza aspettare il momento perfetto. Dopo sei mesi, avevo finito diversi libri e mi sentivo più arricchito. Bastava solo essere costante.*

Esercizio Pratico: Identifica un'abitudine che vuoi sviluppare e stabilisci un momento della giornata in cui praticarla senza interruzioni.

COME SUPERARE I MOMENTI DI DIFFICOLTÀ

Anche con la migliore disciplina, ci saranno giorni in cui vorrai mollare.

La differenza tra chi raggiunge il successo e chi si arrende è la capacità di continuare nonostante le difficoltà.

Strategie per mantenere la costanza nei momenti difficili:

- **Ricorda perché hai iniziato** – Ricollegati alla tua visione iniziale per ritrovare motivazione.
- **Adatta il tuo approccio** – Se un metodo non funziona, cambia strategia invece di arrenderti.

- **Trova supporto** – Circondati di persone che ti incoraggiano e ti tengono responsabile.
- **Accetta i giorni "no"** – Anche se non riesci a dare il massimo, fare qualcosa è sempre meglio di niente.

Esempio Pratico: *Durante l'avviamento della mia prima attività, ci sono stati momenti in cui tutto sembrava andare storto. Avrei potuto mollare, ma ho scelto di concentrarmi su piccoli passi quotidiani. Alla fine, quel piccolo impegno costante ha portato al successo.*

Esercizio Pratico: Scrivi un piano per affrontare i momenti di difficoltà legati a un obiettivo che stai perseguendo.

IL SUCCESSO È LA SOMMA DI PICCOLE AZIONI RIPETUTE

Molti abbandonano i propri sogni perché vogliono risultati immediati. Tuttavia, i veri successi si costruiscono nel tempo.

Esempi di successo grazie alla costanza:

- Gli atleti di alto livello si allenano ogni giorno, anche quando non hanno voglia.
- Gli imprenditori di successo migliorano i loro prodotti e strategie giorno dopo giorno.
- Chi raggiunge la libertà finanziaria lo fa investendo con costanza, non con colpi di fortuna.

Esempio Pratico: *Warren Buffett non è diventato miliardario con un solo investimento fortunato. Ha costruito la sua ricchezza con disciplina e investimenti costanti nel tempo.*

Esercizio Pratico: Scrivi un obiettivo a lungo termine e identifica le azioni quotidiane o settimanali necessarie per raggiungerlo.

LA COSTANZA COME VANTAGGIO COMPETITIVO

Viviamo in un mondo in cui molte persone iniziano qualcosa con entusiasmo per poi abbandonarla dopo poco tempo.

Essere costanti ti renderà automaticamente diverso e più competitivo rispetto alla maggioranza.

Come usare la costanza come vantaggio?

- **Continua anche quando gli altri mollano** – La persistenza ti porterà avanti.
- **Diventa una persona su cui gli altri possono contare** – Questo rafforza la tua reputazione.
- **Dimostra affidabilità e disciplina** – Le opportunità arrivano a chi dimostra impegno costante.

Esempio Pratico: *Molti aprono un blog o un canale YouTube e lo abbandonano dopo pochi mesi. Chi continua per anni costruisce un vero pubblico e successo.*

Esercizio Pratico: Identifica un'area della tua vita dove puoi distinguerti semplicemente essendo più costante degli altri.

Il segreto del successo non è iniziare con entusiasmo, ma continuare anche quando l'entusiasmo svanisce. La costanza è ciò che ti permette di raggiungere i tuoi obiettivi, costruire nuove competenze e superare la concorrenza.

Ricorda: Non è chi corre più veloce a vincere la gara, ma chi continua a correre fino alla fine.

L'AZIONE: LA CHIAVE CHE TRASFORMA I SOGNI IN REALTÀ

Le idee da sole non bastano. Ho conosciuto persone con intuizioni brillanti, capaci di rivoluzionare un intero settore, eppure non hanno mai combinato nulla. Perché? Perché non hanno mai agito. Passavano il tempo a pianificare, a pensare, a perfezionare i dettagli, aspettando il momento perfetto per iniziare.

Il problema è che quel momento perfetto non esiste.

Il successo non è qualcosa che accade all'improvviso, è il risultato dell'azione costante. Anche il progetto più geniale rimane solo un'idea se non viene messo in pratica. Ora vediamo come superare l'inerzia, sviluppare l'abitudine all'azione e affrontare la paura di sbagliare.

L'AZIONE È PIÙ IMPORTANTE DELLA PERFEZIONE

Molti rimandano l'azione perché vogliono essere perfetti prima di iniziare. Ho imparato a mie spese che l'azione è il vero motore del miglioramento.

Ecco perché è meglio agire subito:

- **L'azione porta esperienza** – Non puoi imparare a nuotare leggendo un libro, devi buttarti in acqua.
- **La perfezione è un'illusione** – Aspettare di essere pronti al 100% significa spesso non iniziare mai.
- **Fare è meglio che pensare troppo** – Il successo arriva a chi sperimenta, corregge e migliora strada facendo.

Esempio Pratico: *Quando ho deciso di avviare il mio primo business, non avevo tutte le risposte. Ma sapevo che se non avessi iniziato, sarei rimasto fermo. Così ho lanciato il progetto, ho sbagliato, ho corretto, ho migliorato. Se avessi aspettato di avere un piano perfetto, sarei ancora lì a pianificare.*

Esercizio Pratico: Scegli un obiettivo che hai rimandato da troppo tempo e fai il primo passo oggi stesso. Anche piccolo, ma fallo.

SUPERARE LA PAURA DI SBAGLIARE

L'errore più grande che puoi fare è non fare nulla per paura di sbagliare.

Il fallimento non è la fine, ma una lezione preziosa che ti avvicina al successo.

Come affrontare la paura di agire?

- **Accetta che gli errori fanno parte del percorso** – Ogni successo è costruito su fallimenti superati.
- **Inizia con azioni piccole** – Non serve fare passi enormi, basta iniziare con qualcosa di gestibile.
- **Cambia il tuo modo di vedere il fallimento** – Non è una sconfitta, ma un passo necessario per migliorare.

Esempio Pratico: *Quando ho deciso di realizzare il mio primo film da regista, avevo mille dubbi. E se non fosse stato all'altezza? E se nessuno avesse apprezzato il mio lavoro? Per troppo tempo ho rimandato, aspettando di avere il budget perfetto, l'attrezzatura migliore, il cast ideale. Alla fine, mi sono detto: 'Meglio girare qualcosa di imperfetto che non girare affatto'. Quel primo passo è stato fondamentale per trasformare un'idea in realtà.*

Esercizio Pratico: Scrivi un errore che hai commesso in passato e identifica cosa hai imparato da esso.

DALL'INTENZIONE ALL'AZIONE: COME CREARE UN PIANO ESECUTIVO

Avere un obiettivo è essenziale, ma senza un piano chiaro si rischia di rimanere bloccati.

L'azione efficace nasce da una strategia concreta.

Alcuni suggerimnenti per trasformare un'idea in un'azione concreta:

- **Definisci il tuo obiettivo con chiarezza** – Più è specifico, più sarà facile raggiungerlo.
- **Scomponi l'obiettivo in piccoli passi** – Un grande traguardo può sembrare irraggiungibile, ma piccoli passi lo rendono gestibile.
- **Stabilisci delle scadenze** – Senza una data limite, rimanderai all'infinito.

- **Agisci subito su un primo compito** – Inizia con qualcosa di semplice per creare slancio.

Esempio Pratico: *Volevo aprire un'attività online, ma continuavo a rimandare. Poi ho deciso di spezzettare il processo: primo giorno acquisto il dominio, secondo giorno creo il logo, terzo giorno butto giù una bozza del sito. Dopo un mese, ero operativo.*

Esercizio Pratico: Scrivi un obiettivo importante per te e suddividilo in cinque piccoli passi che puoi iniziare subito.

COSTRUIRE L'ABITUDINE ALL'AZIONE

L'azione deve diventare un'abitudine, non un'eccezione. Più agisci, più diventa naturale passare all'azione senza esitazioni.
Strategie per sviluppare l'abitudine all'azione:

- **Fai qualcosa ogni giorno, anche piccola** – Non importa quanto, l'importante è non fermarsi.
- **Elimina le scuse** – Trova sempre un motivo per agire, non per rimandare.
- **Sviluppa una mentalità orientata alle soluzioni** – Invece di focalizzarti sui problemi, concentrati su come superarli.

Esempio Pratico: *Quando volevo migliorare la mia forma fisica, trovavo mille scuse. Poi ho deciso di iniziare con 20 minuti di esercizio al giorno. Non sembrava nulla, ma quella piccola abitudine ha cambiato tutto.*

Esercizio Pratico: Identifica un'attività che vuoi trasformare in un'abitudine e stabilisci una piccola azione quotidiana per iniziare.

L'AZIONE COME DIFFERENZA TRA CHI RAGGIUNGE IL SUCCESSO E CHI NO

Molte persone hanno grandi sogni, ma poche agiscono per realizzarli.

La differenza tra chi ha successo e chi rimane indietro è semplicemente questa: uno agisce, l'altro no.
E' bene ricordare le caratteristiche delle persone di successo:

- **Agiscono prima di sentirsi pronti.**
- **Sanno che il miglioramento avviene lungo il cammino.**
- **Trasformano ogni errore in un'opportunità di crescita.**

Esempio Pratico: *Molti volevano creare un canale YouTube, ma hanno aspettato troppo. Altri hanno iniziato con video pessimi, migliorando strada facendo. Oggi sono tra i più grandi creatori di contenuti del mondo e guadagnano ingenti somme di denaro.*

Esercizio Pratico: Scrivi tre azioni che puoi compiere oggi per avvicinarti ai tuoi obiettivi.

Il successo non arriva a chi ha le idee migliori, ma a chi agisce con costanza e determinazione. Agire significa superare la paura, accettare il fallimento e migliorarsi continuamente.

Ricorda: L'azione è la chiave che trasforma i sogni in realtà. Smetti di aspettare il momento perfetto e inizia ora.

LA RIFLESSIONE: IL SEGRETO PER CRESCERE E MIGLIORARSI

Nel mondo frenetico di oggi, siamo spesso spinti a correre da un obiettivo all'altro senza mai fermarci a riflettere. Tuttavia, senza riflessione non c'è crescita reale, perché rischiamo di ripetere gli stessi errori e di perdere la direzione.

La riflessione è ciò che trasforma l'esperienza in saggezza. Non è solo un esercizio di memoria, ma un'abitudine strategica che permette di analizzare il proprio percorso, valutare successi e fallimenti, e apportare miglioramenti continui.

PERCHÉ LA RIFLESSIONE È ESSENZIALE PER IL SUCCESSO?

Molte persone lavorano duramente ma non si fermano mai a valutare se stanno procedendo nella direzione giusta.

Benefici della riflessione:

- **Migliora il processo decisionale** – Capire cosa ha funzionato in passato aiuta a prendere decisioni migliori per il futuro.
- **Aumenta la consapevolezza di sé** – Riflettere su emozioni, reazioni e comportamenti aiuta a conoscersi meglio.
- **Permette di evitare errori ripetuti** – Senza riflessione, rischiamo di commettere gli stessi sbagli più volte.
- **Aiuta a rimanere focalizzati sugli obiettivi** – Analizzare i progressi aiuta a mantenere la direzione giusta.

Esempio Pratico: *Dopo aver scritto la mia prima sceneggiatura, ho capito quanto fosse fondamentale rivedere ogni aspetto del processo. Ho analizzato cosa funzionava nella storia e cosa poteva essere migliorato: dalla struttura narrativa al ritmo dei dialoghi. Questa riflessione mi ha permesso di affrontare i progetti successivi con maggiore consapevolezza e sicurezza.*

Esercizio Pratico: Prenditi cinque minuti alla fine della giornata per scrivere una cosa che hai fatto bene e una cosa che potresti migliorare.

COME PRATICARE LA RIFLESSIONE IN MODO EFFICACE

Non basta semplicemente pensare al passato: la riflessione deve essere strutturata per portare risultati concreti.

Tecniche per riflettere con metodo:

- **Scrivere un diario di riflessione** – Annotare successi, difficoltà e lezioni apprese aiuta a mettere in ordine i pensieri.

- **Fare domande mirate** – Chiedersi: Cosa ho imparato oggi? Cosa avrei potuto fare meglio?
- **Usare la regola dei tre passi** – 1) Analizza un evento, 2) Trova la lezione, 3) Decidi come applicarla in futuro.
- **Creare momenti di silenzio** – Trovare tempo per riflettere senza distrazioni favorisce la chiarezza mentale.

Esercizio Pratico: Ogni settimana, scrivi tre cose che hai imparato e come puoi applicarle nel futuro.

LA RIFLESSIONE COME STRUMENTO DI CRESCITA PERSONALE

La riflessione non serve solo a migliorare il lavoro, ma anche la nostra mentalità e il nostro benessere.

Come usare la riflessione per la crescita personale:

- **Analizzare le proprie emozioni** – Capire le proprie reazioni aiuta a migliorare la gestione dello stress e delle relazioni.
- **Individuare schemi ripetitivi** – Se un problema si ripresenta spesso, la riflessione aiuta a trovare soluzioni più efficaci.
- **Prendere decisioni più consapevoli** – Più riflettiamo sulle nostre esperienze, più sviluppiamo la capacità di scegliere con saggezza.

Esempio Pratico: *Se noto che ogni volta che gestisco un team tendo a essere troppo perfezionista e a controllare ogni dettaglio, posso riflettere su come dare più autonomia ai miei collaboratori per ottenere risultati migliori.*

Esercizio Pratico: Ogni sera, scrivi un momento della giornata in cui hai provato un'emozione forte e analizza cosa l'ha scatenata.

EVITARE L'AUTOANALISI PARALIZZANTE

La riflessione è utile solo se porta ad azioni concrete, altrimenti può diventare un freno. Pensare troppo può bloccare l'azione.

Come evitare di cadere nell'overthinking:

- **Dare un tempo limite alla riflessione** – Pensare troppo a un errore senza agire non serve a nulla.
- **Focalizzarsi sulle soluzioni, non solo sui problemi** – Riflettere deve portare a miglioramenti pratici.
- **Accettare che non tutto ha una risposta immediata** – Alcune lezioni si imparano nel tempo.

Esempio Pratico: *Dopo un errore sul set, invece di passare giorni a rimuginarci sopra, mi sono chiesto: 'Cosa posso fare ora per evitarlo la prossima volta?' Questo approccio mi ha permesso di trasformare gli errori in strumenti di crescita.*

Esercizio Pratico: Se ti accorgi di pensare troppo a un problema, scrivi tre azioni pratiche che puoi fare per affrontarlo.

CREARE UN'ABITUDINE DI RIFLESSIONE COSTANTE

Per ottenere il massimo dai benefici della riflessione, è necessario trasformarla in un'abitudine regolare.

Come integrare la riflessione nella vita quotidiana:

- Usa un diario o una nota digitale per annotare pensieri e progressi.
- Rifletti ogni fine settimana sui successi e sulle sfide affrontate.
- Condividi le tue riflessioni con qualcuno di fiducia per avere nuove prospettive.

Esempio Pratico: *Ogni domenica sera, dedico 10 minuti a scrivere cosa ho imparato nella settimana e cosa voglio migliorare nella prossima. Questo semplice esercizio mi ha aiutato a crescere sia a livello personale che professionale.*

Esercizio Pratico: Imposta un promemoria giornaliero per dedicare qualche minuto alla riflessione personale.

La riflessione è un potente strumento di crescita che aiuta a trasformare esperienze ed errori in opportunità di miglioramento. Chi riflette in modo strategico ha un vantaggio su chi procede senza analizzare il proprio percorso.

Ricorda: Il vero cambiamento avviene quando impariamo dalle nostre esperienze. Rifletti, impara e migliora costantemente.

L'INNOVAZIONE: IL SEGRETO PER DISTINGUERSI E CRESCERE

In un mondo in continua evoluzione, l'innovazione è ciò che distingue chi si adatta e cresce da chi resta indietro. Non basta seguire le regole del gioco: bisogna riscriverle.

L'innovazione non significa solo inventare qualcosa di completamente nuovo, ma trovare modi migliori, più efficienti e creativi per fare le cose. Chi innova non si limita a seguire gli altri, ma crea nuove strade, nuove soluzioni e nuove opportunità.

Il mondo cambia costantemente. Se non innovi, rischi di rimanere indietro.

Perché è fondamentale innovare?

- **Ti differenzia dalla concorrenza** – Se fai ciò che fanno tutti, otterrai gli stessi risultati di tutti.
- **Ti permette di risolvere problemi in modo più efficace** – L'innovazione trova soluzioni nuove a problemi vecchi.
- **Ti aiuta a sfruttare le opportunità prima degli altri** – Le migliori opportunità nascono per chi è pronto al cambiamento.

Esempio Pratico: *Quando ho scritto la mia prima sceneggiatura, mi sono reso conto che la mia idea non rientrava nei canoni tradizionali del settore. Invece di farmi scoraggiare, ho deciso di adottare un approccio innovativo, concentrandomi su una narrazione più visiva e meno convenzionale. Per* *testare l'efficacia della mia scelta, ho organizzato una lettura con amici e colleghi, raccogliendo feedback utili per perfezionare la storia. Il risultato? Una sceneggiatura che si distingueva per il suo stile unico e che ha catturato l'interesse di potenziali produttori, aprendomi nuove opportunità nel settore.*

Esercizio Pratico: Identifica un'area della tua vita o del tuo lavoro dove potresti applicare un approccio più innovativo.

COME SVILUPPARE UNA MENTALITÀ INNOVATIVA

L'innovazione non è solo per gli imprenditori o gli scienziati: chiunque può sviluppare una mentalità creativa e aperta al cambiamento.
Caratteristiche di una persona innovativa:

- **Curiosità infinita** – Domandati sempre "Perché facciamo così?" e "Come potremmo fare meglio?".
- **Apertura al cambiamento** – Chi rifiuta il nuovo si blocca nel passato.
- **Sperimentazione costante** – Non avere paura di provare cose nuove.
- **Capacità di collegare idee diverse** – Le migliori innovazioni nascono mescolando concetti di settori differenti.

Esempio Pratico: *Quando ho lavorato al mio primo film, avevo un budget molto limitato, ma ho trovato un modo innovativo per girare scene spettacolari con risorse limitate. Ho sperimentato nuove tecniche di ripresa, utilizzato luci naturali e trovato location insolite che hanno dato un carattere unico al film.*

Esercizio Pratico: Ogni giorno, sfida te stesso a trovare un modo migliore o più efficiente per fare qualcosa nella tua routine.

INNOVAZIONE PRATICA: COME APPLICARLA NELLA VITA E NEL BUSINESS

L'innovazione non è solo teoria: deve essere applicata concretamente per portare risultati.

Dove applicare l'innovazione?

- **Nel lavoro** – Automatizza attività ripetitive, usa nuovi strumenti digitali, trova modi più efficaci per gestire il tempo.
- **Negli affari** – Analizza cosa fanno i tuoi concorrenti e pensa a un modo per farlo meglio o diversamente.
- **Nella vita personale** – Cambia abitudini, trova nuovi metodi per essere più produttivo, esplora nuove idee.

Esempio Pratico: *Quando ho realizzato una pubblicità per un cliente importante che voleva distinguersi, ho deciso di rompere gli schemi tradizionali. Invece di creare un annuncio convenzionale, ho stampato la sua pubblicità a tutta pagina sottosopra in una delle riviste che producevo. Questo ha suscitato curiosità nei lettori, spingendoli a girare fisicamente la rivista per capire se fosse un errore. Il risultato? La pubblicità ha ricevuto molta più attenzione rispetto a quelle tradizionali, dimostrando che un tocco di innovazione può fare la differenza.*

Esercizio Pratico: Scegli un'area della tua vita o del tuo lavoro dove vorresti ottenere un miglioramento e scrivi tre modi in cui potresti innovarla.

SUPERARE LA PAURA DEL CAMBIAMENTO

Molte persone resistono all'innovazione perché hanno paura del cambiamento o del fallimento.

Come superare la paura di innovare?

- **Accetta che l'errore fa parte del processo** – Ogni innovazione nasce da tentativi ed errori.

- **Non aspettare la perfezione per agire** – L'innovazione richiede sperimentazione continua.
- **Circondati di persone aperte al cambiamento** – Le influenze giuste favoriscono la creatività.

Esercizio Pratico: Identifica una situazione in cui hai evitato il cambiamento per paura e scrivi un'azione che potresti fare per affrontarlo.

CREARE UN VANTAGGIO COMPETITIVO CON L'INNOVAZIONE

Le persone e le aziende più di successo sono quelle che innovano costantemente.

- Amazon ha rivoluzionato l'e-commerce con la logistica avanzata.
- Tesla ha cambiato l'industria automobilistica puntando sull'elettrico prima degli altri.
- Steve Jobs ha innovato la tecnologia di consumo trasformando il telefono in un ecosistema digitale.

Come usare l'innovazione per distinguersi?

- Osserva il mercato e trova punti di miglioramento.
- Studia cosa fanno le aziende di successo e adatta le loro strategie al tuo contesto.
- Sii sempre alla ricerca di nuove opportunità, senza paura di provare.

Esercizio Pratico: Scrivi un'idea innovativa che potresti applicare al tuo lavoro o a un progetto personale.

L'innovazione non è un lusso, ma una necessità per chi vuole emergere e avere successo. Non serve essere un genio per innovare: basta essere curiosi, aperti al cambiamento e disposti a sperimentare.

Ricorda: Non limitarti a seguire le regole del gioco. Crea nuove regole e trasforma le tue idee in realtà.

IL PROBLEM SOLVING: LA CHIAVE PER SUPERARE LE SFIDE

La vita e il lavoro sono pieni di sfide. Il successo non dipende dall'assenza di problemi, ma dalla capacità di affrontarli con efficacia. Il problem solving è una competenza essenziale che distingue le persone di successo da quelle che si bloccano di fronte alle difficoltà.

Sviluppare un approccio strategico alla risoluzione dei problemi permette di trasformare gli ostacoli in opportunità, di prendere decisioni migliori e di superare situazioni difficili con sicurezza e lucidità.

IL PROBLEM SOLVING COME MENTALITÀ DI SUCCESSO

Molte persone vedono i problemi come ostacoli insormontabili. Chi ha successo, invece, li considera sfide da risolvere con creatività e logica.

Come cambiare il modo di vedere i problemi?

- **Vedi il problema come un'opportunità di crescita** – Ogni difficoltà insegna qualcosa di nuovo.
- **Sviluppa una mentalità orientata alle soluzioni** – Concentrati su cosa puoi fare, non su cosa non puoi controllare.
- **Non farti sopraffare dall'emozione** – Affronta i problemi con logica e calma, senza farti travolgere dallo stress.

Esempio Pratico: *Spesso, quando scrivo una sceneggiatura, devo affrontare un problema apparentemente semplice ma in realtà molto complesso: come rendere la storia originale e coinvolgente senza disporre di un budget elevato. Invece di lasciarmi scoraggiare, sfrutto i limiti come un'opportunità. Scelgo di ambientare la storia in pochi luoghi, concentrandomi su dialoghi intensi e* *costruzione della tensione. Alla fine, questa scelta rende la sceneggiatura molto più forte e incisiva.*

Esercizio Pratico: Pensa a un problema recente e scrivi cosa puoi imparare da esso per il futuro.

RISOLVERE UN PROBLEMA

Il problem solving non è solo improvvisazione: seguire un metodo chiaro aiuta a trovare soluzioni efficaci.
5 passaggi per risolvere qualsiasi problema:

1. **Definire il problema** – Qual è la vera causa del problema?
2. **Analizzare le opzioni** – Quali soluzioni possibili esistono?
3. **Valutare rischi e benefici** – Qual è la soluzione più efficace e sostenibile?
4. **Agire rapidamente** – Una soluzione perfetta domani vale meno di una soluzione buona oggi.
5. **Valutare i risultati** – La soluzione ha funzionato? Cosa posso migliorare la prossima volta?

Esempio Pratico: *Se il mio business sta perdendo clienti, posso analizzare i feedback, individuare il problema (prezzo, qualità, servizio) e testare strategie per riconquistarli. Ad esempio, potrei offrire un servizio personalizzato o migliorare la comunicazione con i clienti.*

Esercizio Pratico: Applica questi 5 passaggi a un problema attuale che stai affrontando.

PENSIERO CRITICO VS. PENSIERO CREATIVO NEL PROBLEM SOLVING

Esistono due approcci principali per risolvere i problemi: il pensiero critico e il pensiero creativo.

Pensiero critico:

- Analizza i dati e i fatti con logica.
- Valuta i pro e i contro in modo razionale.
- Elimina le opzioni irrealistiche e punta su soluzioni pragmatiche.

Pensiero creativo:

- Trova soluzioni fuori dagli schemi.
- Sperimenta approcci innovativi.
- Usa l'intuizione e il brainstorming per generare nuove idee.

Esempio Pratico: *Se un ristorante ha pochi clienti, con il pensiero critico si può analizzare la qualità del servizio e il prezzo. Con il pensiero creativo, si può introdurre un menù tematico o eventi speciali per attirare più pubblico.*

Esercizio Pratico: Scegli un problema e prova ad applicare sia un approccio critico che creativo per trovare soluzioni diverse.

COME SUPERARE LE DIFFICOLTÀ NEL PROBLEM SOLVING

A volte, anche con il miglior metodo, i problemi sembrano impossibili da risolvere. Ecco come affrontare gli ostacoli più comuni.
Strategie per superare i blocchi:

- **Scomponi il problema in parti più piccole** – Risolvere un pezzo alla volta lo rende meno opprimente.
- **Cambia prospettiva** – Chiediti: "Come affronterebbe questa situazione qualcuno di successo?".
- **Chiedi aiuto o feedback esterno** – A volte, un punto di vista diverso può sbloccare una soluzione.
- **Evita la procrastinazione** – Rimandare non fa sparire il problema, lo peggiora.

Esempio Pratico: *Quando lavoravo a una produzione pubblicitaria, ho avuto problemi con la logistica: il luogo scelto per le riprese non era disponi-*

bile all'ultimo minuto. Invece di entrare nel panico, ho subito contattato alternative, rivalutato il piano di produzione e trovato una soluzione in tempo record. Il risultato? Uno spot riuscito nonostante le difficoltà.

Esercizio Pratico: Scrivi un problema complesso e suddividilo in 3-5 micro-problemi più facili da gestire.

IL PROBLEM SOLVING COME VANTAGGIO COMPETITIVO

Nel mondo del lavoro e dell'imprenditoria, le persone più ricercate sono quelle che sanno risolvere problemi.
Perché essere un problem solver ti rende più competitivo?

- Le aziende vogliono persone che trovano soluzioni, non che si lamentano.
- Chi sa risolvere problemi si adatta meglio ai cambiamenti del mercato.
- Il problem solving è la base dell'innovazione e della leadership.

Esempio Pratico: *Steve Jobs ha affrontato il problema dell'interfaccia utente complicata nei computer. In un'epoca in cui i PC erano difficili da usare, ha introdotto il Macintosh con un'interfaccia grafica intuitiva e il mouse, rivoluzionando l'industria tecnologica e rendendo i computer accessibili a tutti.*

Esercizio Pratico: Identifica un problema nella tua azienda o settore e scrivi una possibile soluzione innovativa.

Il problem solving è una delle abilità più potenti che puoi sviluppare. Chi trova soluzioni invece di lamentarsi ha sempre un vantaggio sugli altri.

Ricorda: Non esistono problemi senza soluzioni, solo problemi che non sono ancora stati analizzati con il giusto approccio.

IN SINTESI

Abbiamo esplorato i fondamenti essenziali per raggiungere il successo nella vita. La passione, l'abbandono della comfort-zone, la costanza, l'azione, la riflessione, l'innovazione e il problem solving sono strumenti potenti che puoi utilizzare per trasformare i tuoi sogni in realtà. Ricorda che il successo richiede impegno, determinazione e una mentalità aperta al cambiamento. Sii pronto a uscire dalla tua zona di comfort, ad affrontare le sfide con coraggio e a innovare costantemente. Con questi strumenti a tua disposizione, sarai in grado di affrontare qualsiasi ostacolo e raggiungere il successo che meriti nella tua vita.

4 COME COSTRUIRE UNA CARRIERA

Esaminiamo come superare la paura di chiedere, l'importanza delle pubbliche relazioni e come trasformare le opportunità in profitto. Imparando queste competenze fondamentali, sarai in grado di sfruttare al massimo ogni possibilità che si presenta nella tua vita.

Molte persone rinunciano ai propri sogni non perché non abbiano talento o capacità, ma perché non osano chiedere. Siamo spesso bloccati dalla paura del rifiuto, dell'umiliazione o del giudizio altrui. Eppure, chiedere è il primo passo per ottenere.

Le persone di successo non aspettano che le opportunità cadano dal cielo: le cercano attivamente, facendo domande, chiedendo aiuto, negoziando condizioni e creando connessioni.

PERCHÉ CHIEDERE È FONDAMENTALE PER IL SUCCESSO

Se non chiedi, non ottieni.
Perché è essenziale imparare a chiedere?

- **Apre nuove opportunità** – Molte possibilità esistono solo per chi ha il coraggio di chiederle.

- **Permette di ottenere supporto e risorse** – Nessuno può farcela completamente da solo.
- **Aiuta a negoziare condizioni migliori** – Chiedere può farti ottenere vantaggi che altrimenti perderesti.
- **Dimostra fiducia in sé stessi** – Le persone rispettano chi ha il coraggio di esprimere le proprie necessità.

Esempio Pratico: *Quando ho deciso di aprire la mia prima società di servizi, avevo una buona idea ma mi mancavano i fondi. Invece di lasciare che questa difficoltà mi fermasse, ho chiesto aiuto. I miei genitori sono stati i primi a supportarmi, ma presto ho ottenuto anche il sostegno di colleghi del settore, sia in Italia che all'estero, da Roma a New York. Inoltre, ho avuto la possibilità di ricevere in prestito attrezzature fondamentali per avviare l'attività. Se non avessi osato chiedere, il mio business non sarebbe mai decollato.*

Esercizio Pratico: Scrivi tre cose che vorresti ottenere e identifica una persona o un contesto in cui potresti chiederle.

COME SUPERARE LA PAURA DEL RIFIUTO

La paura di chiedere nasce spesso dal timore del rifiuto. Ma il rifiuto non è un fallimento, è semplicemente una risposta.

- **Accetta che il rifiuto fa parte del processo** – Ogni "no" ti avvicina a un "sì".
- **Non prenderlo sul personale** – Un rifiuto non definisce il tuo valore.
- **Considera il rifiuto come un'opportunità di apprendimento** – Analizza cosa migliorare nella prossima richiesta.
- **Abituati a chiedere cose piccole** – Inizia con richieste semplici per sviluppare sicurezza.

Esempio Pratico: *Quando ho iniziato a lavorare nella produzione cinematografica, mi sono trovato spesso a dover contattare aziende e sponsor per chiedere finanziamenti. All'inizio, ogni "no" mi sembrava un colpo durissimo. Poi ho capito che ogni rifiuto mi insegnava qualcosa: miglioravo il mio* *pitch, affinavo le mie richieste e imparavo a presentarmi in modo più convincente. Alla fine, quei "no" iniziali mi hanno reso più forte e determinato.*

Esercizio Pratico: Scrivi un episodio in cui hai evitato di chiedere per paura del rifiuto e pensa a come avresti potuto affrontarlo diversamente.

L'ARTE DI CHIEDERE IN MODO EFFICACE

Chiedere non significa semplicemente dire "voglio questo". Bisogna sapere come farlo nel modo giusto per aumentare le probabilità di ottenere ciò che si desidera.

Come fare richieste efficaci:

- **Sii chiaro e specifico** – Le persone non possono leggere nella tua mente, quindi spiega esattamente cosa desideri.
- **Dimostra valore** – Spiega perché la tua richiesta è vantaggiosa anche per l'altro.
- **Chiedi con sicurezza** – Il modo in cui chiedi influisce sulla risposta: sii deciso e diretto.
- **Sii preparato a ricevere un "no" e a rilanciare** – Se ricevi un rifiuto, chiedi se esistono alternative.

Esempio Pratico: *Durante la realizzazione di un film, il regista aveva bisogno di girare alcune scene in una location esclusiva. Invece di limitarmi a chiedere un permesso standard, ho preparato una proposta spiegando come la mia produzione avrebbe dato visibilità alla struttura e ho offerto un ritorno di immagine per il loro brand. Il risultato? Ho ottenuto l'autorizzazione gratuita in cambio dell'utilizzo di alcune clip a scopo promozionale.*

Esercizio Pratico: Scrivi una richiesta che vorresti fare e prova a formulare una versione più chiara ed efficace.

DOVE E QUANDO CHIEDERE PER MASSIMIZZARE LE POSSIBILITÀ DI SUCCESSO

Il momento e il contesto in cui fai una richiesta possono influenzarne l'esito.

- **Scegli il momento giusto** – Una richiesta fatta nel momento sbagliato può essere ignorata o respinta.
- **Individua la persona giusta** – Chiedi a chi ha il potere di decidere, non a chi non può aiutarti.
- **Usa il giusto tono e linguaggio** – Adatta il tuo approccio alla situazione e alla persona con cui stai parlando.

Esempio Pratico: Una volta volevo proporre un'idea a un produttore importante, ma sapevo che riceveva decine di proposte al giorno. Ho studiato il momento migliore per avvicinarlo e ho scelto di scrivergli dopo un evento di networking, quando era più rilassato e disponibile. Grazie a questa strategia, ho avuto la sua attenzione e un incontro successivo.

Esercizio Pratico: Pensa a una richiesta che hai fatto in passato e valuta se il momento e la persona erano giusti.

CHIEDERE COME ABITUDINE: IL METODO DEI 100 RIFIUTI

Molti imprenditori di successo applicano il metodo dei 100 rifiuti, una tecnica che insegna a non avere paura di chiedere.

Come funziona?

- **Fai 100 richieste** in diversi ambiti della vita (lavoro, relazioni, opportunità).
- **Segna ogni "no" e analizza le risposte** per migliorare il tuo approccio.
- **Dopo un po', scoprirai che ricevere un "no" non è così terribile** e inizierai a ricevere molti "sì".

Esempio Pratico: *Quando ho avviato la mia società editoriale, mi sono trovato di fronte a una sfida enorme: ottenere clienti per la pubblicità sulle mie riviste senza un portfolio consolidato. Invece di scoraggiarmi, ho deciso di contattare varie aziende chiedendo letteralmente "aiuto" e proponendo servizi pubblicitari innovativi, offrendo sconti o lavorando a piccoli progetti iniziali per dimostrare il mio valore. Molti hanno rifiutato, ma alcuni hanno accettato, permettendomi di costruire credibilità e guadagnare esperienza. Se avessi smesso di chiedere dopo i primi rifiuti, le mie riviste non avrebbero mai visto la luce.*

Esercizio Pratico: Inizia oggi il tuo metodo dei 100 rifiuti: fai una richiesta ogni giorno e segna le risposte.

Chiedere è un'abilità che cambia la vita.

- Non aver paura di esprimere i tuoi desideri.
- Accetta il rifiuto come parte del percorso.
- Chiedere con sicurezza ti avvicina al successo.

Ricorda: Se non chiedi, la risposta sarà sempre "no". Impara a chiedere con determinazione e scoprirai quante opportunità possono aprirsi.

IL POTERE DELLE PUBBLICHE RELAZIONI: COSTRUIRE CONNESSIONI PER IL SUCCESSO

Viviamo in un mondo in cui il successo non dipende solo dalle competenze e dalle conoscenze, ma anche dalla qualità delle nostre relazioni. Le pubbliche relazioni non sono solo una strategia di marketing aziendale, ma un'abilità essenziale per costruire opportunità e aprire porte che altrimenti rimarrebbero chiuse.

Saper coltivare e gestire un network di relazioni sincere e strategiche può fare la differenza tra una carriera stagnante e un percorso ricco di occasioni. Le persone di successo non costruiscono tutto da sole, ma sanno connettersi con le persone giuste al momento giusto.

PERCHÉ LE PUBBLICHE RELAZIONI SONO FONDAMENTALI?

Le relazioni giuste possono aprire più porte delle sole competenze.
Ecco perché è essenziale costruire un network solido:

- **Offrono accesso a opportunità di lavoro e business** – Molti affari si chiudono grazie a referenze e passaparola.
- **Permettono di ottenere informazioni e risorse preziose** – Chi ha un network forte può trovare più rapidamente soluzioni e idee innovative.
- **Aiutano a costruire una reputazione solida** – Le persone si fidano più di chi è conosciuto e ben connesso.
- **Migliorano il supporto e la crescita personale** – Avere contatti giusti aiuta a superare momenti difficili con il consiglio e l'aiuto di persone esperte.

Esempio Pratico: *Quando Jeff Bezos ha avviato Amazon, non aveva un enorme capitale iniziale, ma ha saputo costruire relazioni strategiche per ottenere finanziamenti e supporto logistico. Ha chiesto fiducia a investitori, collaboratori e partner commerciali, dimostrando che un'idea rivoluzionaria ha bisogno di una rete di persone che credano nel progetto per poter crescere. Se non avesse osato chiedere, probabilmente Amazon non sarebbe mai diventato il gigante che è oggi.*

Esercizio Pratico: Fai una lista di cinque persone che ammiri nel tuo settore e chiediti come potresti connetterti con loro in modo autentico.

COME CREARE RELAZIONI AUTENTICHE E DI VALORE

Il networking non è solo conoscere più persone, ma costruire connessioni vere e durature.

- **Dai prima di chiedere** – Offri valore, supporto o consigli prima di aspettarti qualcosa in cambio.
- **Sii genuino e sincero** – Le persone percepiscono l'autenticità. Cerca di costruire rapporti veri, non solo opportunistici.
- **Mantieni i contatti** – Un network va nutrito: mandare un messaggio, condividere un articolo interessante o congratularsi per un successo crea un legame più forte.
- **Sii presente agli eventi giusti** – Conferenze, seminari e gruppi professionali sono occasioni perfette per espandere il proprio network.

Esempio Pratico: *Ho conosciuto uno dei miei collaboratori più importanti quasi per caso, durante un evento in cui ho iniziato una conversazione senza aspettative. Non gli ho chiesto nulla, ma ho ascoltato il suo punto di vista e condiviso la mia esperienza. Anni dopo, quella connessione si è trasformata in una collaborazione strategica che ha portato grandi risultati.*

Esercizio Pratico: Scrivi il nome di tre persone con cui vorresti rafforzare il rapporto e pianifica un'azione per riconnetterti con loro.

STRATEGIE EFFICACI DI NETWORKING

Il networking efficace non è solo scambiare biglietti da visita, ma costruire relazioni utili e reciproche.

- **Fai domande e ascolta attivamente** – Mostrare interesse per gli altri crea connessioni più forti.
- **Partecipa a eventi di networking con un obiettivo chiaro** – Sapere cosa vuoi ottenere ti aiuta a connetterti con le persone giuste.
- **Usa i social media in modo strategico** – LinkedIn e gruppi professionali possono essere strumenti potenti per ampliare il tuo network.
- **Segui la regola del 24/7/30** – Dopo aver incontrato qualcuno,

invia un messaggio entro 24 ore, ricontatta entro 7 giorni e mantieni il rapporto nei successivi 30 giorni.

Esempio Pratico: *Ogni volta che partecipo a un festival del cinema o un film market, invece di limitarmi a scambiare contatti, faccio un follow-up con un messaggio personalizzato a ogni persona conosciuta. Questo mi permette di creare relazioni reali, che nel tempo si possono trasformare in collaborazioni importanti.*

Esercizio Pratico: Prepara una breve presentazione personale di 30 secondi che puoi usare quando incontri nuove persone (elevator pitch).

EVITARE GLI ERRORI COMUNI NELLE PUBBLICHE RELAZIONI

Costruire un network richiede tempo e strategia. Evita questi errori comuni.

- **Essere solo interessati a ciò che si può ottenere** – Le relazioni devono essere reciproche, non a senso unico.
- **Non seguire le persone dopo un primo incontro** – Una relazione va coltivata nel tempo.
- **Non adattare il proprio messaggio al contesto** – Parlare solo di sé stessi senza considerare l'interesse dell'altro non crea connessioni reali.
- **Sottovalutare il potere della gentilezza e del rispetto** – Le persone ricordano chi le tratta con attenzione e rispetto.

Esempio Pratico: *Richard Branson, fondatore di Virgin, ha costruito il suo impero non solo grazie a idee innovative, ma anche coltivando relazioni strategiche. Ha sempre avuto l'abitudine di seguire personalmente chi incontrava, mantenendo vivo il dialogo e creando opportunità di collaborazione. La sua capacità di connettersi con partner, investitori e dipendenti ha trasformato Virgin in un marchio globale.*

Esercizio Pratico: Scrivi il nome di una persona che hai conosciuto di recente e inviale un messaggio per rafforzare la connessione.

TRASFORMARE IL NETWORK IN OPPORTUNITÀ CONCRETE

Un network forte non è solo una lista di contatti, ma una rete di persone pronte a collaborare.

- Identifica le persone chiave che possono aiutarti a crescere.
- Crea valore per il tuo network condividendo informazioni utili e mettendo in contatto persone.
- Sfrutta ogni connessione per imparare qualcosa di nuovo.
- Non aspettare il momento del bisogno per costruire relazioni.

Esempio Pratico: *Le connessioni autentiche possono cambiare il destino di una carriera. Un giorno, un collega del settore mi ha presentato un produttore alla ricerca di una figura con la mia esperienza. Quell'incontro, nato da un semplice scambio di opinioni, si è trasformato in una collaborazione decisiva per il mio percorso professionale. Se non avessi coltivato relazioni sincere e dato valore agli incontri, quell'opportunità probabilmente non sarebbe mai arrivata.*

Esercizio Pratico: Pensa a un'opportunità che vorresti ottenere e chiediti quale contatto potrebbe aiutarti a realizzarla.

Per semplificare:

- Il tuo network è il tuo capitale sociale.
- Più connessioni autentiche crei, più opportunità si apriranno.
- Investire nelle relazioni porta benefici a lungo termine in ogni ambito della vita.

Ricorda: Il successo non è mai un percorso solitario. Le persone giuste al tuo fianco possono fare la differenza.

CREARE LE PROPRIE OPPORTUNITÀ

Molte persone passano la vita aspettando il momento giusto, l'occasione perfetta o la fortuna di un'opportunità che bussi alla loro porta. Ma chi raggiunge il successo non aspetta, crea le proprie opportunità.

L'iniziativa, la creatività e la capacità di cogliere il potenziale nascosto in ogni situazione sono le vere chiavi per trasformare una circostanza ordinaria in un'occasione straordinaria. Il mondo appartiene a chi sa vedere le opportunità dove gli altri vedono solo ostacoli.

Il successo raramente è il risultato del caso. Le opportunità nascono da chi le cerca attivamente.

- Le persone di successo non hanno atteso il momento perfetto, l'hanno creato.
- Ogni difficoltà nasconde un'opportunità per chi è pronto a coglierla.
- Il primo passo per creare un'opportunità è agire, senza aspettare che le circostanze siano ideali.

Esempio Pratico: *Sara Blakely, fondatrice di Spanx, ha trasformato una semplice idea in un impero multimiliardario. Iniziando con un capitale di soli 5.000 dollari e senza esperienza nel settore tessile, ha sviluppato un prodotto innovativo e ha insistito fino a ottenere un incontro con i dirigenti di Neiman Marcus, convincendoli a vendere i suoi capi. Grazie alla sua determinazione e alla volontà di creare la propria opportunità, è diventata la più giovane miliardaria self-made del mondo secondo Forbes.*

Esercizio Pratico: Scrivi tre situazioni nella tua vita in cui hai aspettato troppo prima di agire e pensa a come avresti potuto trasformarle in opportunità.

SVILUPPARE UNA MENTALITÀ PROATTIVA

Le opportunità non appaiono magicamente: bisogna avere la giusta mentalità per individuarle e sfruttarle.

- Cambia prospettiva: invece di pensare "non posso", chiediti "come posso?".
- Sii sempre curioso e aperto a nuove possibilità.
- Trasforma i problemi in occasioni di crescita e innovazione.

Esempio Pratico: *Ingvar Kamprad, fondatore di IKEA, ha trasformato il settore dell'arredamento individuando un'opportunità di mercato: offrire mobili di design a prezzi accessibili. Ha rivoluzionato l'industria introducendo il concetto di mobili smontabili e facili da trasportare, rendendo l'arredamento di stile e design alla portata di tutti.*

Esercizio Pratico: Ogni volta che incontri un ostacolo, scrivi tre possibili modi per trasformarlo in un'opportunità.

COME RICONOSCERE LE OPPORTUNITÀ NASCOSTE

Le opportunità non sempre si presentano in modo evidente. Spesso sono travestite da sfide o situazioni complesse.

- Osserva i bisogni insoddisfatti nel tuo settore o nella tua comunità.
- Tieni gli occhi aperti sulle tendenze emergenti e sui cambiamenti di mercato.
- Ascolta le persone: le loro esigenze e frustrazioni possono rivelare opportunità di business o innovazione.

Esempio Pratico: *Airbnb è nato dall'idea di due ragazzi che, non potendo pagare l'affitto, hanno deciso di affittare un materasso gonfiabile nel loro soggiorno. Hanno trasformato una loro difficoltà in un'opportunità che ha rivoluzionato l'industria del turismo.*

Esercizio Pratico: Scrivi tre problemi che noti nella tua quotidianità e pensa a possibili soluzioni innovative.

CREARE OPPORTUNITÀ ATTRAVERSO IL NETWORKING E LE CONNESSIONI

Spesso, le migliori opportunità non nascono da soli, ma attraverso le persone che conosci.

- Partecipa a eventi di settore, seminari e incontri professionali.
- Crea relazioni autentiche con persone che condividono i tuoi interessi.
- Non aver paura di chiedere: le connessioni giuste possono aprirti nuove porte.

Esempio Pratico: *Steven Spielberg ha iniziato la sua carriera intrufolandosi negli studi della Universal Pictures e facendo amicizia con i produttori. Questo gli ha permesso di ottenere le sue prime grandi opportunità nel cinema.*

Esercizio Pratico: Fai una lista di cinque persone che potrebbero aiutarti nel tuo percorso e pianifica un modo per entrare in contatto con loro.

AGIRE SUBITO: IL MOMENTO GIUSTO È ADESSO

L'errore più grande che si può fare è rimandare. Ogni giorno senza azione è un'opportunità sprecata.

- Non aspettare il "momento perfetto" perché non esiste.
- Fai piccoli passi ogni giorno per avvicinarti ai tuoi obiettivi.
- Sperimenta, fallisci, impara e riprova: l'azione è la chiave del progresso.

Esempio Pratico: *Jeff Bezos ha lasciato un lavoro sicuro per fondare Amazon nel suo garage. Se avesse aspettato il momento perfetto, oggi non esisterebbe il colosso dell'e-commerce.*

Esercizio Pratico: Scrivi un'azione immediata che puoi fare oggi per avvicinarti a una delle tue opportunità.

Le opportunità non arrivano da sole: devi essere tu a crearle

- Sviluppa una mentalità proattiva.
- Impara a riconoscere le occasioni nascoste.
- Circondati di persone che possono aiutarti a crescere.
- Non rimandare: agisci subito.

Ricorda: Il futuro appartiene a chi non aspetta, ma crea. Cogli le opportunità che ti circondano.

TRASFORMARE LE OPPORTUNITÀ IN PROFITTO: DALL'IDEA ALL'AZIONE

Scoprire un'opportunità è un passo fondamentale, ma non basta riconoscere il potenziale di un'idea o di una connessione: bisogna saperla trasformare in un risultato concreto e profittevole.

Troppe persone vedono occasioni di crescita e di guadagno, ma non sanno come sfruttarle appieno. Il vero successo arriva quando riusciamo a tradurre il nostro network, le nostre idee e le nostre risorse in un profitto reale.

DALL'OPPORTUNITÀ AL PROFITTO: IL PROCESSO IN 4 PASSAGGI

Non tutte le opportunità portano automaticamente al successo. Serve un metodo per trasformarle in valore concreto.

1. **Identifica il valore dell'opportunità** – Cosa la rende unica? Quale problema risolve?
2. **Definisci un piano d'azione** – Quali passi devi compiere per sfruttarla al massimo?
3. **Monetizza la tua idea o connessione** – Qual è il modello di business o la strategia di guadagno?

4. **Misura e ottimizza** – Controlla i risultati e migliora il processo nel tempo.

Esempio Pratico: *Un fotografo conosce un influencer durante un evento di networking. Invece di limitarsi a un semplice scambio di contatti, gli propone un servizio fotografico gratuito per dimostrare il proprio valore. L'influencer, soddisfatto, inizia a raccomandarlo ad altri, trasformando una connessione in un flusso costante di clienti.*

Esercizio Pratico: Scegli un'opportunità recente che hai identificato e scrivi i quattro passaggi per trasformarla in un profitto.

CONOSCERE MOLTE PERSONE NON BASTA

Bisogna capire come trasformare i contatti in opportunità di business, senza cadere nell'opportunismo o confondere il networking professionale con le amicizie personali.

- **Costruisci relazioni strategiche** – Concentrati su connessioni che possono portare valore reciproco e professionale.
- **Crea un'offerta chiara e di valore** – Spiega ai tuoi contatti come puoi aiutarli in modo specifico e professionale, senza secondi fini personali.
- **Sii proattivo nel proporre collaborazioni** – Non aspettare che siano gli altri a chiederti qualcosa, ma offri il tuo valore in modo genuino.
- **Segui il contatto nel tempo** – Molte opportunità di business si concretizzano solo dopo diversi incontri e interazioni.

Esempio Pratico: *Un imprenditore incontra un potenziale cliente a un evento. Invece di limitarsi a una chiacchierata generica, gli invia il giorno dopo un'email con un'idea concreta su come può aiutarlo, offrendo una consulenza gratuita per iniziare. Questo approccio proattivo aumenta le probabilità di chiudere un affare, senza che il contatto percepisca un atteggiamento opportunistico.*

Esercizio Pratico: Pensa a tre contatti professionali che hai fatto di recente e scrivi un'azione specifica per trasformarli in un'opportunità di business autentica e reciproca.

TROVARE IL MODELLO DI MONETIZZAZIONE GIUSTO

Avere un'idea o una connessione non basta: bisogna sapere come renderla economicamente sostenibile.

- **Vendita diretta** – Offrire prodotti o servizi a pagamento basati sull'opportunità identificata.
- **Collaborazioni strategiche** – Trovare partner con cui condividere e monetizzare un'idea.
- **Creazione di valore a lungo termine** – Costruire un sistema di revenue ricorrente (abbonamenti, royalties, affiliazioni).
- **Automazione del profitto** – Creare modelli di business scalabili che funzionano senza un intervento diretto costante.

Esempio Pratico: *Un esperto di fitness crea un corso online invece di lavorare solo con clienti individuali. Questo gli permette di scalare il suo business e generare profitto passivo, trasformando la sua conoscenza in un'opportunità di guadagno duratura.*

Esercizio Pratico: Prendi un'opportunità che hai identificato e scegli un modello di monetizzazione per sfruttarla al massimo.

LA RESILIENZA: IL SEGRETO PER SUPERARE LE DIFFICOLTÀ

Non tutte le opportunità si trasformano in profitto immediato. È qui che entrano in gioco la resilienza e l'adattabilità.

- **Accetta i fallimenti come parte del processo** – Ogni errore è un'opportunità di apprendimento.

- **Adatta la tua strategia** – Se un'idea non funziona, cambia approccio invece di rinunciare.
- **Rimani concentrato sui risultati** – Mantieni la disciplina e la costanza nel tempo.

Esempio Pratico: *Jeff Bezos ha iniziato vendendo solo libri su Amazon, ma quando ha visto che il modello funzionava, ha ampliato la sua offerta. Se si fosse fermato all'idea iniziale, non sarebbe diventato il colosso che è oggi.*

Esercizio Pratico: Scrivi un episodio in cui hai fallito nel trasformare un'opportunità in profitto e identifica cosa potresti fare diversamente la prossima volta.

CREARE UN SISTEMA PER CONVERTIRE OPPORTUNITÀ IN PROFITTO IN MODO CONTINUO

Il successo non dipende da una sola opportunità, ma dalla capacità di replicare il processo nel tempo.

- **Crea un flusso costante di opportunità** – Espandi il tuo network e cerca continuamente nuove occasioni.
- **Definisci un sistema per monetizzare le opportunità** – Automatizza processi e crea strategie scalabili.
- **Migliora costantemente il tuo metodo** – Analizza i risultati e ottimizza il tuo approccio nel tempo.

Esempio Pratico: *Elon Musk non si è fermato a PayPal: ha utilizzato il capitale guadagnato per avviare Tesla e SpaceX, applicando la stessa mentalità imprenditoriale per creare nuove opportunità di profitto.*

Esercizio Pratico: Crea una checklist di azioni per assicurarti che ogni opportunità venga sfruttata al massimo e possa essere replicata in futuro.

Individuare un'opportunità è solo il primo passo. Il vero successo arriva quando sappiamo trasformarla in un profitto concreto.

- Sviluppa un metodo chiaro per convertire opportunità in azioni.
- Monetizza le idee con modelli di business sostenibili.
- Non aver paura di fallire e migliorare il processo.
- Crea un sistema replicabile per massimizzare le opportunità nel tempo.

Ricorda: Il mondo è pieno di opportunità, ma solo chi sa sfruttarle davvero ottiene risultati.

IN SINTESI

Abbiamo considerato come superare la paura di chiedere, l'importanza delle pubbliche relazioni, la creazione di opportunità e la conversione di queste opportunità in profitto.

Ricorda che il successo non arriva per caso. È il risultato di un impegno costante, di una mentalità aperta e di azioni mirate. Non temere di chiedere, poiché solo attraverso la comunicazione e l'interazione puoi scoprire nuove possibilità. Le pubbliche relazioni sono fondamentali per costruire una rete di supporto e connessioni che possono aprirti porte inaspettate. Non attendere passivamente le opportunità, ma piuttosto sii proattivo nel cercarle, crearle e riconoscerle quando si presentano. Il vero successo deriva dalla capacità di trasformare e monetizzare le opportunità, applicando la determinazione, la disciplina e l'azione coerente.

Ricorda che ogni persona ha il potenziale per raggiungere il successo, ma richiede un impegno costante e la volontà di affrontare le sfide lungo il cammino. Non lasciare che la paura o l'insicurezza ti trattengano. Sii audace, sii fiducioso e sii pronto a metterti in gioco. Lavora sodo, mantieni una mentalità aperta e impara dagli ostacoli che incontri lungo il percorso.

5 COME CREARE UN BUSINESS

Come sappiamo ogni grande successo nasce da un'idea. Tuttavia, non tutte le idee sono destinate a funzionare.

Tante volte mi sono entusiasmato per un'idea che mi sembrava geniale, solo per rendermi conto dopo poco che non c'era un mercato, o che non avevo le competenze giuste per realizzarla. È frustrante, ma è un passaggio necessario. Scegliere l'idea giusta non è solo questione di intuizione: serve passione, esperienza e un'analisi concreta del mercato.

Vediamo come valutare e selezionare l'idea giusta, riducendo il rischio di fallimento e massimizzando le possibilità di successo.

L'IMPORTANZA DI PARTIRE DALLE PROPRIE PASSIONI

Fare qualcosa che ti appassiona non è solo più soddisfacente, ma aumenta anche la tua resilienza di fronte alle difficoltà.

Domande per identificare la tua passione:

- Quali attività ti entusiasmano e ti fanno perdere la cognizione del tempo?

- Su quali argomenti leggi, studi e ti informi senza sforzo?
- Se non avessi limiti di tempo e denaro, cosa faresti?

Perché la passione è importante:

- Ti motiva nei momenti difficili.
- Ti aiuta a distinguerti dalla concorrenza perché trasmetti entusiasmo e autenticità.
- Ti rende più propenso a investire tempo ed energie nell'apprendere e migliorarti.

Esempio Pratico: *Steve Jobs non si è limitato a creare computer: era appassionato di design, tecnologia ed esperienza utente, e ha combinato queste passioni per rivoluzionare il settore.*

Esercizio Pratico: Scrivi tre passioni principali e pensa a come potrebbero trasformarsi in un'attività imprenditoriale.

VALUTARE LE PROPRIE COMPETENZE E PUNTI DI FORZA

Non basta avere una passione: servono anche le competenze per trasformarla in un progetto sostenibile.

Come valutare le tue competenze:

- In cosa sei bravo e per cosa le persone ti chiedono consigli?
- Quali esperienze professionali o personali ti hanno dato abilità utili?
- Quali competenze potresti acquisire facilmente con studio e pratica?

Competenze chiave da sviluppare:

- **Competenze tecniche:** Abilità specifiche richieste nel settore in cui vuoi operare.

- **Competenze trasversali:** Leadership, gestione del tempo, comunicazione e problem-solving.
- **Competenze digitali:** Oggi quasi ogni business ha bisogno di una solida presenza online.

Esempio Pratico: *Un grande chef potrebbe avere la passione per la cucina, ma per aprire un ristorante di successo deve anche sviluppare competenze di gestione aziendale e marketing.*

Esercizio Pratico: Fai una lista delle tue competenze principali e individua quelle che possono essere utili per la tua idea imprenditoriale.

ANALIZZARE IL MERCATO E LA DOMANDA REALE

Un'idea valida deve rispondere a un'esigenza del mercato. Se nessuno è disposto a pagare per il tuo prodotto o servizio, non può trasformarsi in un business.

Passaggi per analizzare il mercato:

- **Studia i trend:** Quali settori stanno crescendo? Ci sono nuove tecnologie o abitudini emergenti?
- **Identifica i bisogni insoddisfatti:** Esistono problemi che non hanno ancora una soluzione efficace?
- **Analizza la concorrenza:** Quali aziende operano già nel settore? Come puoi differenziarti?
- **Verifica l'interesse del pubblico:** Puoi fare sondaggi, testare un MVP (Minimum Viable Product) o usare strumenti per valutare la domanda.

Esempio Pratico: *Netflix ha capito che il pubblico voleva contenuti on-demand, superando il vecchio modello dei videonoleggi e rivoluzionando l'industria dell'intrattenimento.*

Esercizio Pratico: Identifica un settore che ti interessa e cerca tre problemi comuni che potresti risolvere con un prodotto o servizio innovativo.

TESTARE L'IDEA PRIMA DI INVESTIRE GRANDI RISORSE

Molti fallimenti imprenditoriali nascono da investimenti prematuri su idee non testate.

Metodi per testare un'idea senza grandi investimenti:

- **Crea un prototipo o MVP:** Una versione ridotta del tuo prodotto per valutarne l'interesse.
- **Lancia una landing page:** Una pagina web con una proposta chiara e un'opzione di pre-ordine o iscrizione.
- **Usa i social media:** Pubblica contenuti per vedere come il pubblico reagisce all'idea.
- **Fai pre-vendite o crowdfunding:** Ottimo modo per validare la domanda e raccogliere fondi iniziali.

Esempio Pratico: *Dropbox ha testato il suo prodotto con un semplice video dimostrativo prima ancora di sviluppare il software, raccogliendo migliaia di iscrizioni e confermando l'interesse del mercato.*

Esercizio Pratico: Pensa a un modo per testare la tua idea con un budget minimo prima di fare investimenti importanti.

TROVARE L'EQUILIBRIO TRA PASSIONE, COMPETENZE E DOMANDA DI MERCATO

L'idea perfetta si trova nell'intersezione tra passione, competenze e opportunità di mercato.

Il modello dei tre cerchi:

1. **Passione:** Ti entusiasma e ti motiva a lungo termine.
2. **Competenze:** Sei (o puoi diventare) bravo in questo campo.

3. **Mercato:** Esiste una domanda reale per il tuo prodotto o servizio.

Esempio Pratico: *Se ami la fotografia, hai esperienza nella creazione di contenuti visivi e il mercato ha bisogno di immagini di qualità per la pubblicità digitale, potresti avviare un'attività di fotografia per brand e aziende.*

Esercizio Pratico: Disegna tre cerchi rappresentando passioni, competenze e opportunità di mercato, e trova l'area di intersezione ideale per la tua idea imprenditoriale.

Scegliere l'idea giusta è il primo passo per costruire un business di successo.

- Identifica le tue passioni per mantenere alta la motivazione.
- Valuta le tue competenze e sviluppa le abilità necessarie per avere successo.
- Studia il mercato per assicurarti che ci sia una reale domanda per la tua idea.
- Testa l'idea prima di investire grandi risorse per evitare errori costosi.
- Trova l'equilibrio perfetto tra passione, competenza e opportunità di mercato.

Ricorda: Un'idea da sola non basta: serve una strategia chiara e una visione solida.

LA MUCCA VIOLA

Viviamo in un mondo saturo di prodotti, servizi e messaggi pubblicitari. Se vuoi avere successo, non basta essere bravo: devi essere straordinario.

Fin dai primi progetti che ho lanciato mi sono accorto che il mercato non premia il semplice "essere bravi". Se vuoi emergere, devi trovare un modo per distinguerti, per farti notare in mezzo a un mare di offerte simili. Ed è qui che entra in gioco il concetto della *"Mucca Viola"* di Seth Godin.

Immagina di guidare in campagna e vedere centinaia di mucche marroni e bianche. Dopo un po', smetti di notarle. Ma se improvvisamente ne vedessi una viola? Impossibile ignorarla. Quella mucca straordinaria attirerebbe la tua attenzione all'istante. Ecco il punto: nel business devi essere quella Mucca Viola, l'elemento che rompe gli schemi e che lascia il segno.

COS'È LA MUCCA VIOLA E PERCHÉ È COSÌ POTENTE?

Le persone ignorano ciò che è ordinario e prevedibile. Se vuoi emergere, devi offrire qualcosa di sorprendente e inaspettato.

La Mucca Viola è:

- Un prodotto o servizio che rompe gli schemi.
- Un'idea così diversa da generare attenzione immediata.
- Qualcosa che le persone vogliono raccontare agli altri.

Esempio Pratico: *LEGO ha ridefinito il concetto di giocattolo, trasformando semplici mattoncini in un'esperienza creativa e interattiva che coinvolge sia bambini che adulti, dando vita a una community globale appassionata di costruzione e innovazione.*

Esercizio Pratico: Guarda il tuo settore e chiediti: cosa puoi fare di completamente diverso da quello che fanno gli altri?

IDENTIFICARE IL TUO FATTORE DIFFERENZIANTE

Ogni business ha un punto di forza unico. La sfida è identificarlo e comunicarlo efficacemente.

Come scoprire la tua Mucca Viola:

- **Cosa ti rende davvero diverso?** (Non solo migliore, ma unico).

- Quale problema risolvi in un modo che nessun altro sta affrontando?
- Il tuo prodotto ha un elemento sorprendente o inatteso?
- Stai sfidando una norma consolidata del settore?

Esempio Pratico: *Dyson ha rivoluzionato il mercato degli aspirapolvere eliminando il sacchetto e utilizzando la tecnologia ciclonica, trasformando un elettrodomestico ordinario in un oggetto di design e innovazione.*

Esercizio Pratico: Scrivi tre cose che rendono il tuo prodotto o servizio radicalmente diverso dalla concorrenza.

CREARE UNA NARRAZIONE CHE RAFFORZI LA DIFFERENZIAZIONE

Una Mucca Viola da sola non basta: devi raccontare la tua unicità in modo efficace.

Strategie per comunicare la tua differenza:

- **Usa una storia forte:** Perché esisti? Qual è la tua missione?
- **Crea un messaggio chiaro e diretto:** Il pubblico deve capire subito cosa ti rende speciale.
- **Evoca emozioni:** La gente si ricorda di ciò che li fa sentire qualcosa.
- **Sfrutta la riprova sociale:** Testimonianze, recensioni e casi di successo rafforzano la percezione della tua unicità.

Esempio Pratico: *Airbnb non ha solo creato un'alternativa agli hotel, ma ha raccontato una storia di connessione tra persone, esperienze uniche e un nuovo modo di viaggiare.*

Esercizio Pratico: Scrivi un breve messaggio (una frase) che racconta in modo chiaro e incisivo perché il tuo brand è unico.

ESSERE AUDACI: IL CORAGGIO DI ESSERE DIVERSI

Molte persone temono di differenziarsi troppo, ma la verità è che nel mercato di oggi essere "normali" equivale a essere invisibili.

Cose da ricordare quando crei la tua Mucca Viola:

- **Essere diversi significa attirare critiche:** Non tutti capiranno subito la tua idea, e va bene così.
- **L'innovazione è rischiosa, ma il conformismo è mortale:** Il mondo non ha bisogno di un altro prodotto uguale agli altri.
- **Non basta essere originali, bisogna essere rilevanti:** L'unicità deve risolvere un problema reale o soddisfare un desiderio profondo del pubblico.

Esempio Pratico: *Nintendo ha scelto di non competere direttamente con Sony e Microsoft nel settore gaming, creando console innovative come la Wii, che ha ridefinito il modo in cui le persone giocano ai videogiochi.*

Esercizio Pratico: Pensa a un aspetto del tuo business in cui puoi essere più audace e coraggioso nel differenziarti.

ADATTARSI E INNOVARE COSTANTEMENTE

Essere una Mucca Viola oggi non significa esserlo per sempre. Il mercato cambia e la differenziazione deve evolversi.

Strategie per mantenere viva la tua unicità:

- Monitora i feedback e adatta il tuo prodotto.
- Continua a innovare e a migliorare la tua offerta.
- Non smettere mai di testare nuove idee per rimanere rilevante.

Esempio Pratico: *Netflix è nato come servizio di noleggio DVD, ma ha continuato a innovare diventando il gigante dello streaming che è oggi.*

Esercizio Pratico: Definisci un'azione che puoi implementare nei prossimi mesi per mantenere il tuo brand innovativo e sorprendente.

Essere una Mucca Viola significa essere unici, audaci e straordinari in un mondo pieno di opzioni ordinarie.

- Identifica il tuo punto di forza unico e sfruttalo per distinguerti.
- Crea una narrazione forte per comunicare in modo chiaro la tua unicità.
- Non avere paura di essere diverso: il coraggio di rompere gli schemi è ciò che ti farà emergere.
- Continua a innovare per rimanere sempre un passo avanti.

Ricorda: Le persone si dimenticano delle cose ordinarie, ma ricordano sempre le esperienze straordinarie.

COME DARE VITA ALL'IDEA VINCENTE

Un'idea, per quanto brillante, da sola non basta. Il successo non nasce dal semplice "colpo di genio", ma dalla capacità di trasformare un'intuizione in un progetto concreto.

Molti imprenditori falliscono non perché non hanno idee, ma perché non sanno come svilupparle e metterle alla prova. Il processo di creazione di un'idea vincente richiede strategia, validazione e adattamento continuo.

Vediamo come strutturare il percorso dal brainstorming iniziale fino alla realizzazione concreta dell'idea, riducendo il rischio di fallimento e massimizzando il potenziale di successo.

GENERARE MOLTE IDEE: ESPANDERE IL PENSIERO CREATIVO

Il primo passo è non limitarsi alla prima idea che viene in mente. La creatività nasce dall'esplorazione.

Strategie per generare idee innovative:

- **Brainstorming senza filtri:** Scrivi qualsiasi idea, senza giudicarla immediatamente.
- **Associazioni creative:** Prendi un concetto e prova a combinarlo con altri ambiti per trovare nuove prospettive.
- **Analizza problemi esistenti:** Le idee migliori spesso nascono dalla soluzione di un problema concreto.
- **Studia altri settori:** Spesso l'ispirazione arriva da ambiti completamente diversi dal proprio.

Esempio Pratico: *Spotify ha rivoluzionato l'industria musicale risolvendo il problema della pirateria digitale, offrendo un servizio di streaming accessibile, legale e conveniente per gli utenti e sostenibile per gli artisti.*

Esercizio Pratico: Scrivi almeno 10 idee per un nuovo business o progetto, senza scartarle subito.

VALUTARE E SELEZIONARE L'IDEA MIGLIORE

Non tutte le idee hanno lo stesso potenziale. Serve un'analisi per capire quali sono realmente valide.

Criteri per selezionare un'idea vincente:

- **Fattibilità:** Può essere realizzata con le risorse disponibili?
- **Originalità:** È qualcosa di nuovo o un miglioramento significativo rispetto a ciò che esiste già?
- **Domanda di mercato:** C'è un pubblico pronto a pagare per questa idea?
- **Scalabilità:** Ha il potenziale per crescere e generare profitti nel tempo?

Esempio Pratico: *Airbnb ha individuato un problema chiave: gli hotel erano costosi e impersonali. Hanno trasformato l'idea dell'ospitalità in un'esperienza più autentica, permettendo a chiunque di affittare la propria casa.*

Esercizio Pratico: Prendi la tua lista di idee e analizzale con questi criteri. Quali sembrano le più promettenti?

RAFFINARE E SVILUPPARE L'IDEA

Una volta individuata l'idea con maggiore potenziale, bisogna trasformarla in un progetto dettagliato.

Come migliorare l'idea prima del lancio:

- **Identifica i dettagli critici:** Chi è il tuo pubblico? Qual è il prezzo giusto? Quali sono i costi?
- **Studia la concorrenza:** Cosa fanno gli altri? Come puoi differenziarti?
- **Progetta un modello di business:** Quale sarà la fonte di guadagno principale?

Esempio Pratico: *Netflix ha iniziato come un servizio di noleggio DVD per posta, ma ha rapidamente adattato il modello alla distribuzione in streaming per restare rilevante.*

Esercizio Pratico: Scrivi un breve piano strategico che risponda alle domande chiave: Chi? Cosa? Come? Perché? Quando?

TESTARE L'IDEA CON UN PROTOTIPO O UN MVP (MINIMUM VIABLE PRODUCT)

Non aspettare la perfezione per partire. Lancia una versione semplificata per capire se l'idea funziona davvero.

Modi per testare l'idea senza grandi investimenti:

- **Landing page di test:** Crea una semplice pagina web con una descrizione del prodotto e un'opzione di iscrizione.
- **Prototipo base:** Una versione ridotta del prodotto che permette agli utenti di provarlo.
- **Campagna pre-lancio:** Usa il crowdfunding o le pre-vendite per validare l'interesse del mercato.
- **Focus group o beta testing:** Chiedi a un gruppo ristretto di persone di provare il prodotto e darti feedback.

Esempio Pratico: *Prima di sviluppare la sua piattaforma di ride-sharing, Uber iniziò con un semplice MVP (minimum viable product) che permetteva agli utenti di richiedere un'auto nera tramite SMS. Questo test iniziale confermò la domanda prima di investire in un'app su larga scala.*

Esercizio Pratico: Definisci come potresti testare la tua idea senza dover realizzare subito il prodotto finale.

RINNOVARE E ADATTARE L'IDEA IN BASE AI FEEDBACK

Il successo non è un percorso lineare: serve la capacità di modificare l'idea in base ai dati e alle reazioni del pubblico.

Come adattare l'idea per migliorarla:

- **Ascolta i primi utenti:** Identifica i punti di forza e le debolezze della tua offerta.
- **Apporta miglioramenti progressivi:** Cambia ciò che non funziona, senza perdere la visione originale.
- **Non aver paura di cambiare direzione:** Se i dati dimostrano che un altro approccio sarebbe più efficace, sii flessibile.

Esempio Pratico: *Instagram inizialmente era un'app più complessa chiamata Burbn, che combinava geolocalizzazione e check-in. Dopo aver analizzato i dati degli utenti, i fondatori hanno capito che la funzione più amata era la condivisione di foto. Hanno eliminato tutto il resto e hanno creato la piattaforma di foto-sharing che oggi conosciamo.*

Esercizio Pratico: Analizza le potenziali criticità della tua idea e pensa a possibili alternative per risolverle.

Dare vita a un'idea vincente non è un processo istantaneo, ma un percorso che richiede strategia, sperimentazione e adattamento.

- Genera molte idee per avere un'ampia gamma di possibilità.

- Seleziona l'idea migliore valutandone fattibilità, originalità e domanda di mercato.
- Sviluppa un piano chiaro per rendere l'idea realizzabile.
- Testa l'idea con un prototipo o un MVP per validarne il potenziale.
- Itera e migliora l'idea in base ai feedback, senza paura di cambiare direzione.

Ricorda: Non esiste l'idea perfetta al primo tentativo: il vero successo arriva da chi ha il coraggio di adattarsi e migliorare costantemente.

CREARE UN BUSINESS PLAN: LA MAPPA PER IL SUCCESSO

Un'idea imprenditoriale, per quanto brillante, non può trasformarsi in un business senza una pianificazione solida.

Il Business Plan è il documento che trasforma un concetto in un progetto concreto, sostenibile e finanziabile. È lo strumento essenziale per attrarre investitori, ottenere prestiti e pianificare la crescita del business.

Ma come si costruisce un Business Plan efficace? Qui vedremo gli elementi fondamentali di un Business Plan, gli errori da evitare e come strutturarlo per raccogliere fondi con successo.

PERCHÉ IL BUSINESS PLAN È COSÌ IMPORTANTE?

Molti imprenditori sottovalutano il Business Plan, ma senza di esso si naviga alla cieca.

I principali vantaggi di un Business Plan ben fatto:

- **Chiarezza e visione strategica:** Ti aiuta a definire obiettivi, strategie e azioni concrete.
- **Strumento per raccogliere fondi:** Investitori e banche vogliono vedere numeri concreti prima di finanziare un progetto.

- **Gestione del rischio:** Ti permette di anticipare problemi e pianificare soluzioni.
- **Guida operativa:** Ti fornisce una roadmap chiara per lanciare e far crescere il tuo business.

Esempi Pratici: *Spotify ha convinto gli investitori grazie a un Business Plan che evidenziava un cambiamento nel modo in cui le persone consumano musica, proponendo un modello di abbonamento innovativo che ha rivoluzionato l'industria musicale.*

Airbnb ha convinto gli investitori con un Business Plan mirato a risolvere il problema degli alloggi economici e autentici per i viaggiatori. Grazie a una strategia chiara e scalabile, è diventata una delle piattaforme di prenotazione più rivoluzionarie al mondo.

Esercizio Pratico: Rifletti su come un Business Plan potrebbe migliorare la tua idea di business e definire la tua strategia.

GLI ELEMENTI CHIAVE DI UN BUSINESS PLAN VINCENTE

Un Business Plan efficace deve essere chiaro, convincente e basato su dati concreti.
Le sezioni fondamentali:

1. **Executive Summary (sintesi del Business Plan)**
    - Una panoramica concisa del business, della sua missione e del valore che offre.
    - Deve catturare l'attenzione degli investitori in poche righe.
    - **Errore da evitare:** Essere troppo vaghi. Gli investitori vogliono sapere esattamente di cosa si tratta il tuo business e perché dovrebbe avere successo.
2. **Descrizione del Business e della Visione**
    - Qual è il problema che risolvi?
    - Quali sono i tuoi obiettivi a breve e lungo termine?

- Qual è la tua proposta di valore unica?
- **Errore da evitare:** Sottovalutare l'importanza della visione a lungo termine. Un'idea che sembra promettente oggi potrebbe non avere futuro se non è scalabile.

3. **Analisi di Mercato e Concorrenza**
   - Chi sono i tuoi clienti target?
   - Qual è la dimensione del mercato?
   - Chi sono i tuoi concorrenti principali?
   - Qual è il tuo vantaggio competitivo?
   - **Errore da evitare:** Ignorare la concorrenza. Pensare che non ci sia concorrenza è un errore grave: esiste sempre una soluzione alternativa per il cliente.

4. **Modello di Business (come generi Profitto)**
   - Quali sono le tue fonti di guadagno?
   - Quali sono i tuoi costi principali?
   - Quale strategia di prezzo adotterai?
   - **Errore da evitare:** Non avere un modello di entrate chiaro. Se il tuo piano non spiega chiaramente come genererai profitto, nessun investitore lo prenderà sul serio.

5. **Strategia di Marketing e Vendite**
   - Come raggiungerai il tuo pubblico target?
   - Quali canali userai per promuoverti?
   - Quali saranno le strategie di acquisizione clienti?
   - **Errore da evitare:** Pensare che il prodotto si venderà da solo. Senza una strategia di marketing solida, anche il miglior prodotto può fallire.

6. **Piano Operativo e Logistica**
   - Quali sono le attività chiave per far funzionare il business?
   - Quali strumenti, tecnologie o fornitori userai?
   - Quale sarà il team necessario per gestire l'attività?
   - **Errore da evitare:** Non avere una strategia chiara per l'operatività. Gli investitori vogliono sapere come intendi realizzare il tuo prodotto o servizio.

7. **Piano Finanziario e Previsioni Economiche**

- Quanto capitale iniziale ti serve?
- Quali saranno le tue entrate e uscite previste nei primi 3-5 anni?
- Quando raggiungerai il punto di pareggio (break-even)?
- Qual è il potenziale di crescita del business?
- **Errore da evitare:** Previsioni finanziarie troppo ottimistiche. Gli investitori preferiscono numeri realistici con dati concreti a supporto.

COME USARE IL BUSINESS PLAN PER RACCOGLIERE FONDI CON SUCCESSO

Gli investitori non finanziano idee vaghe. Vogliono vedere numeri e una strategia chiara.

Cose che rendono il tuo Business Plan attraente per gli investitori:

- Un mercato in crescita e un problema reale da risolvere.
- Un team competente con esperienze solide.
- Un modello di business scalabile.
- Proiezioni finanziarie credibili.

Errore da evitare: Non conoscere i propri numeri. Se non sai rispondere a domande sui tuoi dati finanziari, perderai credibilità.

CROWDFUNDING: AVVIA IL TUO BUSINESS SENZA CAPITALI INIZIALI

Una strategia sempre più diffusa per finanziare un progetto senza investire grandi capitali iniziali è il **crowdfunding**. Si tratta di una raccolta fondi collettiva in cui chiunque, attraverso piattaforme dedicate, può contribuire economicamente per sostenere un'idea, un prodotto o un'iniziativa imprenditoriale. Tuttavia, anche per questo metodo è essenziale avere un Business Plan attraente.

Negli ultimi anni, il crowdfunding è diventato un vero e proprio trampolino di lancio per startup, artisti, innovatori e creativi di ogni settore. L'aspetto più interessante è che non devi rivolgerti a grandi investitori o istituti finanziari: sono direttamente le persone comuni, appassionate della tua idea, a finanziare il tuo progetto.

Ci sono diverse tipologie di crowdfunding:

- **Reward-based crowdfunding**: i sostenitori ricevono una ricompensa in cambio del loro contributo, come una versione anticipata del prodotto o vantaggi esclusivi.
- **Equity crowdfunding**: chi finanzia ottiene una piccola quota della società, diventando a tutti gli effetti un investitore.
- **Donation-based crowdfunding**: si basa su donazioni senza alcun ritorno economico per il sostenitore, spesso utilizzato per cause sociali o benefiche.
- **Lending crowdfunding**: noto anche come "peer-to-peer lending", consente di raccogliere prestiti da privati che verranno poi rimborsati con gli interessi.

Se hai un'idea valida e sai come presentarla nel modo giusto, il crowdfunding può essere un'ottima soluzione per ottenere il capitale necessario senza dover indebitarti o cedere quote della tua azienda.

Offri ricompense attraenti, crea un video convincente e aggiorna regolarmente i sostenitori. Infine, pianifica sempre un'alternativa in caso di mancata raccolta fondi. La chiave del successo sta nel creare una proposta chiara, coinvolgente e ben strutturata, capace di attrarre il giusto pubblico e convincerlo a investire nella tua visione.

Errore da evitare: Lanciare una campagna senza un pubblico a cui rivolgersi, non avere un obiettivo realistico e trascurare la comunicazione.

ERRORI COMUNI DA EVITARE NELLA CREAZIONE DI UN BUSINESS PLAN

Molti Business Plan falliscono perché commettono errori evitabili.

Errori più comuni:

- **Essere troppo generici**: Frasi vaghe non convincono gli investitori.
- **Ignorare i concorrenti**: Dire che "non hai concorrenza" è un segnale di inesperienza.
- **Non avere un modello di guadagno chiaro**: Senza entrate, un'idea non è sostenibile.
- **Fare previsioni finanziarie irrealistiche**: I numeri devono essere supportati da dati reali.
- **Non adattare il piano al pubblico**: Un Business Plan per una banca sarà diverso da uno per un investitore privato.

Esempio Pratico: *Molte startup nel settore tecnologico hanno fallito perché non hanno previsto il tempo necessario per acquisire utenti o perché hanno sottovalutato i costi di sviluppo. Un Business Plan realista è sempre più efficace di uno ottimista ma irrealizzabile.*

Esercizio Pratico: Rivedi il tuo Business Plan e chiediti: Sto evitando questi errori?

Un Business Plan ben fatto non è solo un documento, ma una guida strategica per trasformare un'idea in un'impresa di successo.

- Definisci chiaramente il tuo business, la tua strategia e i tuoi obiettivi finanziari.
- Analizza il mercato e identifica il tuo vantaggio competitivo.
- Evita gli errori più comuni per rendere il tuo piano più solido e credibile.
- Usa il Business Plan per attrarre investitori e raccogliere fondi.

Ricorda: Un'idea senza un piano rimane solo un sogno.

COME TROVARE I TUOI CLIENTI

Hai lavorato sodo per sviluppare la tua idea, hai costruito un Business

Plan dettagliato e ora sei pronto a lanciare il tuo prodotto o servizio. Ma come troverai i tuoi clienti?

Un business senza clienti non può esistere. Identificare e raggiungere il pubblico giusto è la chiave per il successo. Questa sezione ti guiderà attraverso le strategie più efficaci per trovare, attirare e fidelizzare i tuoi clienti, ottimizzando le tue azioni di marketing e costruendo una rete di contatti solidi.

DEFINIRE IL PUBBLICO TARGET: CHI SONO I TUOI CLIENTI IDEALI?

Non puoi vendere a tutti, ma puoi vendere con successo a chi ha davvero bisogno del tuo prodotto.
Come identificare il tuo pubblico ideale:

- **Chi sono?** Definisci le loro caratteristiche demografiche (età, genere, reddito, località).
- **Quali problemi hanno?** Capire i loro bisogni e le loro sfide ti aiuta a offrire una soluzione mirata.
- **Dove si trovano?** Frequentano social media, forum di settore, eventi specifici?
- **Come prendono decisioni di acquisto?** Preferiscono recensioni, consigli da amici o pubblicità dirette?

Esempio Pratico: *Nike non si rivolge semplicemente a chi fa sport, ma segmenta il pubblico in atleti professionisti, appassionati di fitness e amanti della moda sportiva, adattando le sue strategie di marketing a ciascun segmento.*

Esercizio Pratico: Scrivi un profilo dettagliato del tuo cliente ideale (persona tipo) e pensa a dove potresti trovarlo.

SFRUTTARE IL POTERE DEL MARKETING DIGITALE

Il marketing digitale ti permette di raggiungere il tuo pubblico in modo efficace e misurabile.

Strategie principali da usare:

- **SEO (Ottimizzazione per i motori di ricerca):** Se il tuo sito web appare tra i primi risultati di Google, otterrai traffico organico senza pagare per la pubblicità.
- **Social Media Marketing:** Usa Facebook, Instagram, LinkedIn, TikTok o X (Twitter) per interagire con il tuo pubblico e far conoscere il tuo brand.
- **Content Marketing:** Crea articoli, video, podcast o infografiche utili per attrarre clienti senza sembrare troppo promozionale.
- **Email Marketing:** Costruisci una lista di contatti e invia contenuti di valore per mantenere alta l'attenzione e fidelizzare i clienti.
- **Pubblicità Online (Google Ads, Facebook Ads):** Investi in annunci mirati per raggiungere rapidamente il tuo pubblico target.

Esempio Pratico: *Airbnb ha usato il marketing digitale per crescere rapidamente, sfruttando SEO, referral marketing e contenuti coinvolgenti per attirare nuovi utenti.*

Esercizio Pratico: Scegli due strategie digitali da implementare subito per iniziare a costruire la tua presenza online.

CREARE UNA COMMUNITY ATTORNO AL TUO BRAND

I clienti più fedeli non sono solo acquirenti, ma veri ambasciatori del tuo brand.

Come costruire una community solida:

- **Offri contenuti di valore:** Guide, webinar, tutorial che aiutino i tuoi clienti a ottenere benefici reali.
- **Crea un gruppo o forum:** Un luogo (anche online) dove i clienti possano interagire tra loro e con il tuo brand.

- **Interagisci attivamente:** Rispondi ai commenti, fai domande, coinvolgi il pubblico in discussioni interessanti.
- **Organizza eventi e webinar:** Occasioni per condividere conoscenze, esperienze e creare connessioni autentiche.

Esempio Pratico: *Apple ha costruito una community fedele attraverso eventi come il WWDC e forum dedicati, creando un legame fortissimo con i suoi clienti.*

Esercizio Pratico: Pensa a un modo per coinvolgere il tuo pubblico oltre alla vendita diretta del prodotto.

FARE NETWORKING E SFRUTTARE IL PASSAPAROLA

Le relazioni possono essere più potenti della pubblicità.
Dove e come fare networking?

- **Eventi di settore:** Partecipa a fiere, workshop e conferenze per conoscere potenziali clienti e partner.
- **Meetup e gruppi locali:** Se il tuo business è locale, costruisci una rete diretta con imprenditori e professionisti della tua area.
- **Collaborazioni e partnership:** Lavora con influencer, altri brand o professionisti del settore per ampliare il tuo pubblico.
- **Referral Marketing:** Offri incentivi ai tuoi clienti per portarti nuovi clienti (sconti, omaggi, servizi esclusivi).

Esempio Pratico: *Dropbox ha usato il passaparola e il referral marketing, offrendo spazio di archiviazione gratuito agli utenti che invitavano amici, portando una crescita esponenziale.*

Esercizio Pratico: Trova tre contatti o aziende con cui potresti collaborare per aumentare la tua visibilità.

OFFRIRE UN'ESPERIENZA ECCEZIONALE PER FIDELIZZARE I CLIENTI

Un cliente soddisfatto non solo ritorna, ma porta nuovi clienti con sé.
Come migliorare l'esperienza del cliente:

- **Ascolta il feedback:** Chiedi opinioni ai clienti e usa i loro suggerimenti per migliorare il tuo prodotto o servizio.
- **Supera le aspettative:** Sorprendi il cliente con piccoli dettagli che rendono l'esperienza memorabile.
- **Crea un servizio clienti impeccabile:** La velocità e l'efficacia con cui risolvi i problemi influenzano enormemente la reputazione del tuo business.
- **Sviluppa un programma fedeltà:** Premia i clienti più affezionati con vantaggi esclusivi.

Esempio Pratico: *Amazon ha costruito il suo successo su un servizio clienti eccezionale, che include resi gratuiti e un servizio assistenza personalizzato.*

Esercizio Pratico: Pensa a un piccolo dettaglio che potresti migliorare nel tuo servizio per rendere l'esperienza cliente straordinaria.

ADATTARE E OTTIMIZZARE LE STRATEGIE IN BASE AI RISULTATI

Trovare clienti è un processo dinamico: serve costante analisi e ottimizzazione.
Come migliorare continuamente le tue strategie di acquisizione clienti:

- **Monitora i dati:** Usa strumenti di analisi come Google Analytics, Meta Insights o strumenti di email marketing per capire cosa funziona.
- **Sperimenta nuove strategie:** Se un canale non funziona,

prova alternative. Testa nuovi messaggi, offerte e metodi di engagement.
- **Ottimizza le conversioni:** Se molte persone visitano il tuo sito ma poche comprano, potrebbe esserci un problema di comunicazione o prezzo.

Esempio Pratico: *Netflix analizza costantemente il comportamento degli utenti per migliorare i suggerimenti e rendere il servizio più coinvolgente.*

Esercizio Pratico: Identifica un'area della tua strategia di marketing da migliorare e pianifica un test per ottimizzarla.

Trovare i tuoi clienti non è un'attività casuale, ma una strategia ben pianificata.

- Definisci con precisione il tuo pubblico target.
- Sfrutta il marketing digitale per raggiungere più persone in modo efficace.
- Costruisci una community fedele intorno al tuo brand.
- Fai networking e sfrutta il potere del passaparola.
- Offri un'esperienza cliente straordinaria per fidelizzare e attrarre nuovi clienti.
- Monitora i risultati e adatta continuamente la tua strategia.

Ricorda: Il successo non dipende solo da quanto è buono il tuo prodotto, ma da quante persone riesci a raggiungere.

IN SINTESI

La scelta dell'idea giusta è il primo passo cruciale verso il successo imprenditoriale. È necessario considerare le proprie passioni, competenze e le esigenze del mercato per identificare un'idea che abbia un potenziale reale. La "Mucca viola" rappresenta l'elemento distintivo che renderà unica la tua idea e ti farà emergere dalla concorrenza.

Creare un'idea vincente richiede un processo di generazione, valutazione, rifinitura e test. Non aver paura di apportare modifiche e miglioramenti lungo il percorso. Trovare i tuoi clienti richiede una comprensione chiara del tuo pubblico target e l'utilizzo di strategie di marketing digitali, networking e creazione di una community.

Ricorda che il successo imprenditoriale non si ottiene da un giorno all'altro. È un viaggio che richiede impegno, perseveranza e adattabilità. Sii aperto ai feedback, impara dagli errori e continua a crescere. Con una solida idea, una strategia di marketing efficace e un focus costante sulla soddisfazione dei clienti, sei sulla strada per il successo nella vita e negli affari.

6 COME ESSERE UN BUON PARTNER

Il successo non è mai un'impresa solitaria. Le persone con cui ci circondiamo influenzano il nostro modo di pensare, il nostro livello di motivazione e, in ultima analisi, i nostri risultati.

Se sei circondato da individui ambiziosi, positivi e motivati, il tuo stesso approccio alla vita e al lavoro rifletterà queste qualità. Al contrario, se il tuo ambiente è popolato da persone negative, che si lamentano e che non credono nella crescita personale, rischi di assorbire queste energie e limitare il tuo potenziale.

Ho imparato a mie spese quanto sia importante selezionare con cura le persone con cui condividere tempo ed energie. In passato, mi è capitato di lavorare con persone che non credevano nelle loro capacità e che passavano il tempo a lamentarsi piuttosto che a trovare soluzioni. Questo atteggiamento, lentamente, iniziava a influenzare anche me. Finché non ho deciso di fare un cambiamento: ho iniziato a circondarmi di persone con una mentalità orientata alla crescita. Il risultato? Una spinta incredibile verso nuove opportunità e un cambio di mentalità che ha trasformato il mio percorso.

L'INFLUENZA DELLE PERSONE CHE CI CIRCONDANO

Il tuo ambiente è il riflesso del tuo futuro.
Come le persone intorno a te influenzano il tuo successo:

- **Ti motivano o ti demotivano:** Se sei circondato da persone ambiziose e con una mentalità di crescita, sarai più incline a lavorare duramente sui tuoi obiettivi. Se invece sei circondato da persone che si lamentano e vedono ostacoli ovunque, assorbirai questa mentalità limitante.
- **Ti ispirano o ti frenano:** Essere in contatto con persone che hanno già raggiunto ciò che desideri ti aiuta a vedere il successo come un traguardo possibile. Al contrario, chi ti scoraggia o non crede in te può abbassare la tua autostima.
- **Creano opportunità o ostacoli:** Un buon network può aprirti porte che da solo sarebbe difficile varcare. Persone influenti, mentori e collaboratori possono darti consigli preziosi e opportunità che non avresti mai considerato.

Esempio Pratico: *Steve Jobs e Steve Wozniak si sono influenzati a vicenda, combinando la visione imprenditoriale di Jobs con il talento tecnico di Wozniak, dando vita ad Apple.*

Molti grandi innovatori hanno trovato il loro successo grazie a collaborazioni con persone che li hanno stimolati e sfidati a dare il meglio di sé. Le migliori idee spesso nascono quando si è circondati da persone brillanti e ambiziose.

Esercizio Pratico: Fai un elenco delle cinque persone con cui passi più tempo e chiediti: stanno contribuendo alla mia crescita o mi stanno trattenendo?

COSTRUIRE UN AMBIENTE DI PERSONE VINCENTI

La tua crescita dipende anche dalle persone con cui scegli di trascorrere il tuo tempo.

COME ESSERE UN BUON PARTNER

Strategie per attrarre e mantenere intorno a te persone di successo:

- **Cerca mentori:** Trova persone che hanno già raggiunto i risultati che desideri ottenere e impara da loro.
- **Frequenta ambienti stimolanti:** Partecipa a eventi, workshop e conferenze nel tuo settore per conoscere individui con i tuoi stessi interessi.
- **Allontanati dalle persone tossiche:** Non avere paura di ridurre i contatti con chi ti demotiva o sminuisce i tuoi sogni.
- **Crea il tuo network:** Non aspettare che le persone giuste arrivino da sole, ma costruisci attivamente una rete di relazioni di valore.

Esempio Pratico: *Elon Musk ha sempre cercato di circondarsi di ingegneri e innovatori di talento, creando team in grado di realizzare progetti ambiziosi come Tesla e SpaceX.*

Molti imprenditori hanno raggiunto il successo perché hanno investito tempo nella costruzione di un network solido, partecipando ad eventi e stringendo relazioni con persone che condividevano la loro visione.

Esercizio Pratico: Pensa a una persona che ammiri e con cui vorresti interagire di più. Scrivi un piano su come potresti avvicinarti a lei, ad esempio seguendola sui social, partecipando a eventi dove è presente o inviandole un messaggio di valore.

L'EFFETTO SPECCHIO: DIVENTA LA PERSONA CHE VUOI ATTRARRE

Per avere intorno persone di successo, devi essere anche tu una persona di valore.

Come migliorare te stesso per attrarre persone di qualità:

- **Sviluppa competenze utili:** Più sei competente in un'area

specifica, più persone interessanti saranno attratte dalla tua esperienza.
- **Mantieni un atteggiamento positivo:** Nessuno vuole stare accanto a chi si lamenta continuamente o trova problemi in ogni situazione.
- **Offri valore prima di chiedere qualcosa:** Aiuta gli altri, condividi le tue conoscenze e crea connessioni senza aspettarti nulla in cambio.
- **Sii selettivo:** Non tutte le persone che incontri meritano il tuo tempo. Scegli chi può davvero arricchire la tua vita e la tua carriera.

Esempio Pratico: *Oprah Winfrey è diventata un punto di riferimento per molte persone di successo perché ha sempre lavorato su sé stessa, migliorando le sue abilità e costruendo relazioni autentiche.*

Molti leader di successo hanno costruito relazioni autentiche e solide grazie alla loro mentalità orientata alla crescita e alla capacità di offrire valore prima di chiedere qualcosa in cambio.

Esercizio Pratico: Scrivi tre qualità che vorresti sviluppare per essere una persona che attira successo e inizia oggi a lavorare su di esse.

IL POTERE DELLA COLLABORAZIONE: IL SUCCESSO NON SI RAGGIUNGE DA SOLI

Anche i più grandi imprenditori e leader hanno costruito il loro successo con il supporto di un team.
Perché la collaborazione è fondamentale:

- **Aumenta le opportunità:** Una rete di persone di talento può aprire porte a nuove idee, progetti e collaborazioni.
- **Compensa le tue debolezze:** Non possiamo essere bravi in tutto. Un buon team ti permette di concentrarti su ciò che sai fare meglio.

- **Genera innovazione:** Confrontarsi con menti diverse porta a idee nuove e soluzioni creative.

Esempio Pratico: *Larry Page e Sergey Brin hanno unito le loro competenze per fondare Google, una delle aziende più influenti del mondo.*

I più grandi successi nel mondo degli affari e dell'innovazione sono nati dalla collaborazione tra persone con competenze diverse, che si sono completate a vicenda.

Esercizio Pratico: Identifica una persona con cui potresti collaborare per un progetto e proponi un'idea di partnership.

COME GESTIRE LE RELAZIONI IN MODO STRATEGICO

Il networking non è solo fare conoscenze, ma coltivare rapporti di valore nel tempo.

Come mantenere forti le relazioni professionali e personali:

- **Mostra gratitudine:** Un semplice "grazie" può fare la differenza nel rafforzare un legame.
- **Mantieni i contatti:** Non cercare le persone solo quando hai bisogno di qualcosa, ma coltiva il rapporto anche nei momenti neutri.
- **Dai prima di chiedere:** Offri aiuto, consigli o connessioni prima di chiedere favori.
- **Sii coerente:** Le persone si fidano di chi mantiene la parola data e dimostra coerenza nel tempo.

Esempio Pratico: *Richard Branson è noto per il suo approccio relazionale: mantiene un contatto autentico con le persone e costruisce relazioni basate su fiducia e rispetto.*

Esercizio Pratico: Manda oggi un messaggio a una persona con cui vuoi rafforzare un legame, mostrando interesse genuino per il suo percorso.

Il successo non è solo una questione di talento o fortuna, ma anche di chi scegli di avere al tuo fianco

- Crea connessioni autentiche e coltiva il tuo network in modo strategico.
- Collabora con menti brillanti per moltiplicare le opportunità di successo.
- Diventa la persona che vuoi attrarre: il tuo valore determina la qualità delle tue relazioni.

Ricorda: Il tuo ambiente può accelerare o frenare il tuo successo. Scegli con saggezza!

IL RUOLO DEL PARTNER NEL PERCORSO DEL SUCCESSO

Il successo non è mai un percorso solitario. Le persone con cui collaboriamo, ci confrontiamo e costruiamo progetti hanno un impatto enorme sulla nostra crescita, sia professionale che personale. Tra queste, una delle figure più importanti è il nostro partner, che sia un socio in affari, un collaboratore stretto o anche un compagno di vita.

Ho imparato sulla mia pelle quanto sia fondamentale scegliere le persone giuste con cui condividere un progetto. Un partner può essere il miglior acceleratore di crescita o la zavorra che rallenta ogni progresso. Ci sono stati momenti in cui ho avuto al mio fianco persone che mi hanno aiutato a superare ostacoli, e altri in cui mi sono ritrovato con collaboratori che non condividevano la mia visione e hanno reso tutto più difficile.

Un partner di valore è colui che ti stimola a migliorare, che ti offre una prospettiva diversa e che, soprattutto, condivide la tua stessa ambizione.

IL PARTNER GIUSTO: SUPPORTO O OSTACOLO?

Le persone intorno a noi hanno il potere di motivarci o di bloccarci. Avere accanto qualcuno che crede nel tuo progetto può essere la differenza tra mollare o andare avanti con ancora più determinazione.

Come il partner influisce sul nostro percorso:

- **Ti dà una prospettiva diversa**: Quando siamo troppo immersi nelle nostre idee, rischiamo di perdere di vista soluzioni alternative. Un buon partner ti aiuta a vedere ciò che da solo non noteresti.
- **Ti aiuta nei momenti difficili**: Ogni percorso ha ostacoli. Avere accanto qualcuno che non si tira indietro nei momenti complicati è un vantaggio enorme.
- **Divide il carico di lavoro**: Delegare e suddividere i compiti è fondamentale per evitare il burnout e ottimizzare i risultati.
- **Potenzia le competenze**: Nessuno può essere bravo in tutto. Un partner con competenze complementari alle tue può colmare le lacune e rafforzare il progetto.

Esempio Pratico: *Bill Gates e Paul Allen hanno costruito Microsoft grazie a una collaborazione basata sulla fiducia e sulla divisione delle competenze: Gates si concentrava sulla strategia e Allen sulla tecnologia.*

In passato ho collaborato con persone che non condividevano il mio stesso entusiasmo. Ogni piccola difficoltà diventava una scusa per fermarsi. Quando ho trovato partner con la mia stessa mentalità, le cose hanno preso un'altra piega: le difficoltà si affrontavano con spirito di squadra e ogni problema si trasformava in un'opportunità di crescita.

Esercizio Pratico: Fai un elenco delle persone con cui collabori di più e chiediti: stanno contribuendo al mio successo o mi stanno trattenendo?

CREARE UN SUPPORTO RECIPROCO E COSTRUTTIVO

Un buon rapporto di collaborazione non nasce per caso. Deve essere costruito con intenzione e impegno.

Strategie per valorizzare il proprio partner:

- **Dai valore alle sue idee**: Tutti vogliono sentirsi ascoltati e apprezzati. Riconoscere il contributo dell'altro crea motivazione.
- **Comunica in modo chiaro**: I fraintendimenti sono tra le principali cause di tensioni nelle collaborazioni. Essere trasparenti e diretti aiuta a evitare problemi.
- **Sostieni nei momenti difficili**: Ci saranno alti e bassi. Un vero partner non si fa vivo solo quando le cose vanno bene.
- **Definisci ruoli e responsabilità**: Una chiara suddivisione dei compiti evita sovraccarichi e conflitti.

Esempio Pratico: *Larry Page e Sergey Brin hanno fondato Google valorizzando le rispettive competenze: Page si occupava della visione d'insieme e Brin dell'innovazione tecnologica.*

Ho imparato che un partner non è solo qualcuno con cui si condivide un progetto, ma anche qualcuno con cui si condivide un percorso. Ricordo una volta in cui un progetto stava andando male: il mio istinto era quello di trovare un colpevole. Invece, il mio partner mi ha fatto vedere la situazione da un'altra prospettiva e abbiamo trasformato un fallimento in una lezione preziosa.

Esercizio Pratico: Chiedi al tuo partner quali aspetti della vostra collaborazione potrebbero essere migliorati.

COSTRUIRE FIDUCIA E RISPETTO

Senza fiducia, nessuna collaborazione può funzionare. Il rispetto reciproco è la base di un rapporto duraturo e produttivo.

Come costruire un rapporto solido:

- **Mantieni sempre la parola data**: Se dici che farai qualcosa, fallo. La credibilità è fondamentale.
- **Dai feedback costruttivi**: Le critiche devono sempre essere accompagnate da soluzioni.
- **Riconosci i successi dell'altro**: A volte basta un "ottimo lavoro" per motivare qualcuno a dare ancora di più.
- **Evita conflitti inutili**: Le divergenze sono normali, ma devono essere affrontate con intelligenza.

Esempio Pratico: *Elon Musk ha sempre sottolineato il ruolo chiave dei suoi team nel successo delle sue aziende, dimostrando come la valorizzazione dei collaboratori sia essenziale.*

Mi è capitato di lavorare con un socio che non rispettava le scadenze. Ogni volta trovava una scusa, e il progetto ne risentiva. Quando ho deciso di affrontare la situazione con onestà e senza giri di parole, ho capito che non era la persona giusta per me.

Esercizio Pratico: Rifletti su come potresti migliorare il livello di fiducia con il tuo partner. C'è qualcosa che potresti fare diversamente?

EVITARE ERRORI COMUNI NELLE COLLABORAZIONI

Anche le collaborazioni migliori possono naufragare se non vengono gestite correttamente.

Errori da evitare:

- **Dare per scontato il contributo dell'altro**: La gratitudine mantiene solido un rapporto professionale.
- **Non comunicare in modo efficace**: La mancanza di chiarezza porta a incomprensioni e tensioni.
- **Non affrontare i problemi tempestivamente**: Evitare un problema non lo fa sparire, lo ingigantisce.

- **Sbilanciare gli sforzi**: Se uno si sente sovraccaricato, il rapporto si logora.

Esempio Pratico: *Steve Jobs e Jonathan Ive hanno trasformato Apple in un brand iconico combinando creatività e innovazione tecnologica.*

Un tempo pensavo che più lavoravo, più risultati avrei ottenuto. Ma ho capito che se il mio partner non faceva la sua parte, io finivo per portare tutto il peso sulle mie spalle. Il vero successo sta nel trovare un equilibrio.

Esercizio Pratico: Se hai un partner professionale, chiedigli se c'è un aspetto del vostro rapporto che potrebbe essere migliorato.

Il successo è influenzato dalle persone con cui scegliamo di collaborare.

- Un buon partner è un acceleratore di crescita.
- La comunicazione e la fiducia sono alla base di una collaborazione di successo.
- Valorizzare l'altro crea un ambiente di lavoro produttivo e positivo.
- Evitare errori comuni aiuta a costruire relazioni durature e solide.

Ricorda: Scegliere il partner giusto può essere la chiave che trasforma un'idea in un successo concreto.

BUSINESS E FAMIGLIA: UN EQUILIBRIO DELICATO

Per molti imprenditori, la famiglia è il cuore della propria vita, ma quando si tratta di business, la dinamica cambia completamente. Mischiare affari e legami familiari può essere una scelta vincente o una bomba a orologeria. Ho visto aziende crescere grazie alla collaborazione tra parenti, ma ho anche assistito a imprese distrutte da conflitti interni e decisioni prese più con il cuore che con la testa.

Dopo anni di esperienza e dopo aver parlato con decine di imprenditori, ho capito che mantenere una netta separazione tra famiglia e business è spesso la scelta più saggia. Ma se proprio devi lavorare con i tuoi cari, devi farlo con regole chiare e una strategia ben definita.

I VANTAGGI DI COINVOLGERE LA FAMIGLIA NEL BUSINESS

Ci sono motivi validi per coinvolgere i familiari in un'attività imprenditoriale. In alcuni casi, può essere un vantaggio strategico.

Benefici di un'azienda familiare:

- **Fiducia e lealtà:** I familiari, in teoria, dovrebbero essere più affidabili di un estraneo.
- **Visione condivisa:** Quando c'è una missione comune, la motivazione è più forte.
- **Continuità nel tempo:** Un'impresa familiare può durare generazioni.
- **Risparmio nei costi:** I parenti potrebbero essere più disposti a sacrifici economici nei momenti di difficoltà.

Esempio Pratico: *Molte aziende storiche, come Ferrari o Hermès, sono state fondate e sviluppate all'interno di nuclei familiari, creando brand solidi e duraturi.*

Esercizio Pratico: Se stai pensando di coinvolgere un familiare, chiediti: ha davvero le competenze necessarie o è solo una scelta emotiva?

GLI SVANTAGGI DI MISCHIARE FAMIGLIA E BUSINESS

Se da un lato ci sono vantaggi, dall'altro lavorare con parenti può trasformarsi in un incubo.

Problemi tipici nelle aziende familiari:

- **Mancanza di obiettività:** Decisioni prese più per affetto che per strategia.
- **Difficoltà a separare vita privata e lavoro:** Le discussioni aziendali possono contaminare i rapporti familiari.
- **Conflitti di interesse:** Un parente potrebbe anteporre i propri bisogni a quelli dell'azienda.
- **Decisioni strategiche compromesse:** Se i familiari non hanno esperienza, possono ostacolare la crescita dell'azienda.
- **Difficoltà nel licenziare un familiare:** Se un parente non è all'altezza, rimuoverlo diventa un problema emotivo.

Esempio Pratico: *Molte aziende familiari hanno affrontato crisi o addirittura il fallimento a causa di litigi interni, come è successo alla famiglia Gucci, dove le tensioni tra i membri hanno portato alla vendita dell'azienda a investitori esterni.*

Ho visto aziende fallire perché i membri della famiglia litigavano per la leadership o prendevano decisioni basate su dinamiche affettive anziché su ragionamenti imprenditoriali.

Esercizio Pratico: Se dovessi prendere una decisione difficile su un familiare in azienda, saresti in grado di farlo senza farti condizionare dai legami personali?

SEPARARE BUSINESS E FAMIGLIA: UNA SCELTA STRATEGICA

Dopo anni di esperienza, sono convinto che la separazione tra lavoro e famiglia sia la strada più sicura per evitare conflitti.
Motivi per mantenere le due sfere separate:

- **Maggiore professionalità:** Selezionare collaboratori in base alle competenze e non ai legami familiari garantisce una gestione più efficiente.

- **Indipendenza decisionale:** Non dover discutere ogni scelta con familiari privi di esperienza permette di agire più velocemente e con maggiore libertà.
- **Vita familiare più serena:** Senza il peso di problemi lavorativi in casa, i rapporti familiari rimangono più sereni.
- **Evita favoritismi e tensioni interne:** Quando ci sono più membri della famiglia in azienda, è facile che nascano rivalità o competizioni dannose.

Esempio Pratico: *Molti imprenditori di successo, come Warren Buffett, hanno scelto di non coinvolgere direttamente la famiglia nella gestione delle proprie aziende per evitare conflitti di interesse e mantenere la meritocrazia.*

Esercizio Pratico: Quando torni a casa, imposta un limite: niente discussioni di lavoro, solo tempo di qualità con la famiglia.

SE COINVOLGI LA FAMIGLIA, FORMA I MEMBRI ADEGUATAMENTE

Se decidi di coinvolgere un familiare nel business, assicurati che sia adeguatamente formato per il ruolo.

Perché la formazione è fondamentale:

- Evita di avere persone incompetenti in posizioni chiave.
- Rende il business più professionale e meno soggetto a favoritismi.
- Garantisce una crescita reale dell'azienda, senza il rischio di decisioni poco informate.

Strategie per formare un familiare:

- Fagli acquisire esperienza altrove prima di entrare nell'azienda di famiglia.
- Offrigli corsi di formazione per migliorare le sue competenze.

- Assegnagli ruoli di responsabilità progressiva, evitando scorciatoie.

Esempio Pratico: *Le famiglie che gestiscono aziende di successo, come i Ferrero, hanno sempre dato priorità alla formazione prima di affidare ruoli dirigenziali ai membri della famiglia.*

Esercizio Pratico: Se hai un familiare in azienda, valuta il suo livello di preparazione. Ha bisogno di una formazione specifica?

Mischiare business e famiglia può essere una scelta rischiosa. A volte funziona, ma solo con regole chiare e un'impostazione professionale.

- Coinvolgere la famiglia può offrire fiducia e stabilità, ma anche creare problemi.
- Le decisioni aziendali devono basarsi su competenze, non su legami di sangue.
- Separare lavoro e vita privata aiuta a mantenere relazioni familiari sane.
- Se si lavora con familiari, bisogna trattarli come qualsiasi altro collaboratore: con formazione e meritocrazia.

Ricorda: Il successo non dipende solo dalle capacità imprenditoriali, ma anche dalle persone che scegliamo di avere al nostro fianco.

IL SUCCESSO È UNA QUESTIONE DI SQUADRA

Se c'è una cosa che ho imparato nella mia esperienza imprenditoriale, è che il successo non è mai un percorso solitario. Le persone con cui scegli di collaborare possono accelerare la tua crescita o rallentarti a tal punto da farti fallire. Ho avuto collaboratori fantastici che mi hanno aiutato a realizzare idee ambiziose, ma anche soci sbagliati che hanno reso ogni passo un inferno.

Trovare i partner giusti e costruire un team efficace è essenziale per trasformare un'idea in realtà. Selezionare con attenzione le persone con cui lavori, creare un ambiente produttivo e gestire il team con strategie intelligenti può fare la differenza tra successo e fallimento. In questo capitolo, vediamo come scegliere i collaboratori giusti, costruire un team solido e ottimizzare la collaborazione per ottenere il massimo risultato.

SCEGLIERE I GIUSTI PARTNERS DI LAVORO

Trovare il partner giusto non è una questione di simpatia o comodità, ma una decisione strategica che può determinare il futuro del progetto.

Criteri per selezionare un buon partner:

- **Visione e obiettivi allineati:** Lavorare con qualcuno che condivide la tua visione riduce il rischio di conflitti.
- **Competenze complementari:** Un buon partner dovrebbe avere abilità che bilanciano le tue, creando una sinergia vincente.
- **Affidabilità e impegno:** Onestà, impegno e rispetto delle responsabilità sono qualità imprescindibili. Senza questi elementi, anche il miglior talento diventa inutile.
- **Capacità di gestire i conflitti:** Ogni collaborazione avrà momenti di tensione, quindi è essenziale scegliere qualcuno che sappia affrontare i problemi con maturità e senza personalismi.
- **Spirito di iniziativa:** Un partner deve essere pronto a innovare, adattarsi e proporre soluzioni in modo proattivo.

Esempio Pratico: *In una delle mie prime esperienze imprenditoriali, ho scelto un socio basandomi sull'amicizia, senza valutare la sua reale compatibilità con il progetto. Dopo pochi mesi, le nostre differenze sono diventate insostenibili e la collaborazione è finita male. Ho imparato che la fiducia è importante, ma le competenze e l'allineamento sugli obiettivi lo sono ancora di più.*

Esercizio Pratico: Se stai cercando un partner, scrivi una lista delle qualità indispensabili e confrontala con le persone che hai in mente. Sono davvero adatte al tuo progetto?

EVITARE GLI ERRORI COMUNI NELLA SCELTA DEI PARTNERS

Scegliere il partner sbagliato può compromettere il tuo business o rallentare la crescita.

Errori da evitare:

- **Basarsi solo sui rapporti personali:** Un amico fidato non è necessariamente un buon socio d'affari.
- **Ignorare segnali di incompatibilità:** Se una persona ha già dimostrato di essere inaffidabile, perché dovrebbe cambiare?
- **Non definire ruoli e responsabilità:** Senza una chiara divisione dei compiti, nascono solo problemi.
- **Non stabilire accordi scritti:** Anche con persone di fiducia, un contratto chiaro previene malintesi.

Esempio Pratico: *Molte startup falliscono non per problemi di mercato, ma per disaccordi tra i soci, spesso dovuti a mancanza di comunicazione e ruoli poco chiari.*

Conosco molti imprenditori che hanno visto la loro azienda fallire per conflitti tra soci. A volte bastano poche regole scritte per evitare problemi enormi.

Esercizio Pratico: Se hai già un partner, valutate la vostra collaborazione: ci sono punti deboli che potrebbero essere migliorati?

COSTRUIRE UN TEAM EFFICACE

Un'idea geniale non basta. Se vuoi realizzarla, hai bisogno di una squadra forte. Il successo di un progetto non dipende solo dai leader, ma anche dal team che lavora dietro le quinte.

Lavorando nella produzione di film e spot pubblicitari, mi è capitato di dover coordinare anche oltre 300 persone al giorno sul set. E ti assicuro che non è affatto semplice. Non esiste un libro che possa insegnarti a gestire il caos organizzato di un set: lo impari solo con l'esperienza e con un team che sa esattamente cosa deve fare. Se anche un solo tassello del puzzle non combacia, il resto rischia di crollare. Lo stesso vale per qualsiasi business: senza ruoli chiari e un sistema ben strutturato, prima o poi le cose inizieranno a sgretolarsi.

Elementi chiave di un team vincente:

- **Selezione accurata:** Ogni membro deve avere competenze specifiche e allinearsi alla visione del progetto.
- **Comunicazione trasparente:** Tutti devono sapere cosa si aspettano gli uni dagli altri.
- **Ruoli chiari:** Assegnare responsabilità precise evita confusione e inefficienze.
- **Ambiente di lavoro positivo:** Un team motivato lavora meglio e affronta le difficoltà con più resilienza.

Esempio Pratico: *Elon Musk seleziona personalmente i suoi collaboratori più stretti, cercando individui altamente competenti e motivati, capaci di lavorare sotto pressione.*

In uno dei miei progetti più ambiziosi, ho visto la differenza tra un team motivato e uno demotivato. Con il primo, tutto filava liscio; con il secondo, ogni piccola decisione diventava una battaglia.

Esercizio Pratico: Analizza il tuo team: ci sono ruoli che potrebbero essere ridefiniti per migliorare la produttività?

STRATEGIE PER UNA GESTIONE DEL TEAM EFFICACE

Gestire un team significa coordinare persone diverse, mantenendo il focus sugli obiettivi comuni.

Strategie di gestione efficaci:

- **Aspettative chiare:** Ogni membro deve sapere cosa ci si aspetta da lui.
- **Collaborazione e confronto:** Le migliori idee nascono dallo scambio di opinioni.
- **Feedback costruttivi:** Criticare senza offrire soluzioni non serve a nulla.
- **Strumenti di gestione del lavoro:** Piattaforme come Trello, Asana o Slack possono facilitare l'organizzazione.
- **Premiare i risultati:** Chi ottiene buoni risultati deve sentirsi riconosciuto.

Esempio Pratico: *Google è nota per la sua gestione innovativa del team, dove la collaborazione e il feedback continuo sono elementi chiave per la produttività.*

Ho lavorato in team in cui mancava una guida chiara, e il risultato era il caos totale. Un leader deve dare direzione, non solo ordini.

Esercizio Pratico: Implementa un sistema di feedback settimanale per migliorare la comunicazione e l'efficienza del team.

SUPERARE I CONFLITTI E I MOMENTI DI CRISI

Ogni team affronta momenti difficili. La chiave sta nel gestirli con intelligenza.

Come affrontare i conflitti:

- **Ascoltare tutte le parti:** Spesso i problemi nascono da incomprensioni.
- **Trovare compromessi ragionevoli:** Non si può sempre vincere, ma si può trovare un equilibrio.
- **Evitare favoritismi e decisioni impulsive:** La gestione del team deve essere imparziale.
- **Rivedere periodicamente l'organizzazione:** Se qualcosa non funziona, serve un cambiamento.

Esempio Pratico: *Molte aziende di successo hanno superato crisi interne grazie a una leadership solida e alla capacità di adattarsi ai cambiamenti.*

In passato ho cercato di ignorare i conflitti nel team, sperando che si risolvessero da soli. Non ha mai funzionato. Affrontarli subito è sempre la soluzione migliore.

Esercizio Pratico: Se nel tuo team ci sono tensioni, organizza un meeting per affrontare il problema con trasparenza.

Scegliere i giusti partners e gestire un team in modo efficace sono due fattori determinanti per il successo.

- Un buon partner ha competenze complementari, affidabilità e una visione chiara.
- Evitare scelte basate solo sui rapporti personali è fondamentale.
- Un team efficace è ben strutturato, motivato e gestito con chiarezza.
- I conflitti vanno affrontati subito, con comunicazione trasparente.

Ricorda: Il successo non si costruisce da soli. Circondati delle persone giuste e vedrai i risultati!

IN SINTESI

Il successo non può essere raggiunto da soli, ma richiede il supporto e la collaborazione di persone che ci circondano. Valorizzare il partner nella vita e coinvolgere la famiglia nel nostro percorso professionale possono portare un equilibrio prezioso nella nostra vita. La scelta dei partners di lavoro e una gestione efficace del lavoro in team sono fondamentali per ottenere risultati di successo. Lavorare con persone motivate e competenti, che condividono la nostra visione e i nostri valori, può essere il motore che ci spinge verso il raggiungimento dei nostri obiettivi.

Non sottovalutate mai il potere delle relazioni. Investire nel rapporto con chi ci circonda, sia nella sfera personale che in quella professionale, può essere la chiave per aprire porte e opportunità che altrimenti rimarrebbero chiuse. Ricordate che il successo non è solo una questione di talento e duro lavoro, ma anche di relazioni significative che ci sostengono e ci ispirano lungo il percorso.

7 COME COMUNICARE BENE

La comunicazione è l'arma segreta per il successo nella vita. È il ponte che collega le persone, permettendo loro di comprendere, collaborare e raggiungere risultati straordinari insieme.

Analizziamo l'importanza di ascoltare il proprio interlocutore, le tecniche di comunicazione fondamentali e gli argomenti da evitare o considerare durante una conversazione con chi non si conosce o durante il lavoro in team.

Abbiamo già accennato a quanto sia fondamentale saper ascoltare, ma ora voglio approfondire un aspetto cruciale: applicare l'ascolto attivo nei rapporti con clienti, partner commerciali e venditori. In un mondo in cui tutti vogliono parlare e pochi vogliono davvero ascoltare, chi padroneggia questa abilità ha un vantaggio enorme.

Per esperienza personale, ho visto imprenditori fallire non perché avessero un'idea sbagliata, ma perché non hanno mai ascoltato davvero il loro pubblico. Ho anche visto venditori trasformare una conversazione in una vendita di successo solo perché hanno dato valore alle parole del cliente. Ascoltare è un'arte, e chi la padroneggia ha una marcia in più.

L'ASCOLTO ATTIVO: IL SUPERPOTERE CHE NESSUNO USA

L'ascolto attivo non è semplicemente udire parole, ma comprenderle, interpretarle e rispondere nel modo giusto.
Perché l'ascolto attivo è così potente?

- Costruisce fiducia e credibilità con clienti e collaboratori.
- Aiuta a comprendere meglio i bisogni e le aspettative dell'interlocutore.
- Permette di risolvere problemi in modo più rapido ed efficace.
- Evita fraintendimenti e malintesi, riducendo i conflitti.
- Migliora la qualità delle negoziazioni e delle vendite.

Esempio Pratico: *Richard Branson, fondatore di Virgin, attribuisce gran parte del suo successo alla sua capacità di ascoltare. Ha sempre dato valore al feedback di clienti e dipendenti, usandolo per migliorare continuamente i suoi business.*

Ero convinto di sapere esattamente cosa volevano i miei potenziali clienti, ma quando ho iniziato a fare domande e ad ascoltare, ho scoperto che le loro esigenze erano completamente diverse. Ho così adattato il mio servizio e le vendite sono esplose.

Esercizio Pratico: La prossima volta che parli con un cliente o un collaboratore, prova a non interrompere finché non ha finito di parlare. Prendi nota mentale di ciò che dice e solo dopo rispondi.

TECNICHE PER UN ASCOLTO ATTIVO EFFICACE

L'ascolto attivo è una competenza che si può allenare con semplici tecniche:

1. **Mantenere il contatto visivo:** Dimostra interesse e coinvolgimento.

2. **Usare segnali non verbali:** Annuisci, sorridi, mostra partecipazione.
3. **Fare domande mirate:** Chiedi chiarimenti per approfondire il discorso.
4. **Riassumere ciò che hai ascoltato:** Ripeti in altre parole per confermare di aver capito bene.
5. **Non interrompere:** Lascia che l'interlocutore si esprima completamente.
6. **Evitare distrazioni:** Telefoni, email, notifiche... tutto può aspettare.

Esempio Pratico: *Una volta mi trovavo in una trattativa complicata con un fornitore. Invece di controbattere subito alle sue richieste, ho semplicemente ascoltato. Dopo 10 minuti, ha finito di parlare e ho capito esattamente dove potevo trovare un punto d'accordo. Risultato? Ho ottenuto condizioni migliori senza dover insistere.*

Un venditore che ascolta attentamente il cliente può capire i suoi reali bisogni e proporre la soluzione migliore, aumentando così la probabilità di chiudere la vendita.

Esercizio Pratico: Dopo una conversazione importante, scrivi un breve riassunto di ciò che hai ascoltato. Sei sicuro di aver colto tutti i punti chiave?

ASCOLTARE UN CLIENTE: LA CHIAVE PER VENDERE MEGLIO

Un cliente che si sente ascoltato è un cliente che torna. Come fare?

- **Lascia che il cliente parli per primo.** Non affrettarti a proporre soluzioni senza aver capito il problema.
- **Fai domande aperte.** Esempio: "Quali sono le sue principali difficoltà con questo prodotto?"
- **Capisci le emozioni dietro le parole.** Sta cercando una soluzione tecnica o ha bisogno di rassicurazioni?

- **Non contraddire subito.** Anche se pensi che abbia torto, prima ascolta e poi guida la conversazione con dati e fatti.

Esempio Pratico: Un ristoratore di successo non si limita a prendere ordini, ma ascolta i commenti dei clienti. Un piccolo dettaglio come una sedia più comoda o un menu più chiaro può fare la differenza tra un cliente occasionale e uno fedele.

Esercizio Pratico: Prova a non parlare per almeno 60 secondi mentre un cliente ti espone un problema. Solo dopo, rispondi in modo mirato.

ASCOLTARE UN PARTNER DI LAVORO: COSTRUIRE RELAZIONI SOLIDE

Nel business, le relazioni fanno la differenza tra il successo e il fallimento. E ascoltare è la chiave per costruire un rapporto solido con i partner.

- **Comprendi le sue priorità:** Un buon partner ha i suoi obiettivi, non solo i tuoi.
- **Dimostra empatia e interesse reale:** Fai sentire l'altro parte integrante del progetto.
- **Trova un punto di equilibrio tra le tue idee e le sue:** Il compromesso spesso porta ai migliori risultati.
- **Dai spazio all'altro per esprimersi:** Non avere sempre fretta di imporre la tua opinione.

Esempio Pratico: Molti grandi accordi commerciali sono stati chiusi non perché una parte ha prevalso sull'altra, ma perché entrambe hanno ascoltato i reciproci bisogni e trovato una soluzione win-win.

Esercizio Pratico: La prossima volta che discuti una strategia con un partner, ascolta prima il suo punto di vista senza interrompere e prova a sintetizzarlo prima di rispondere.

ASCOLTARE UN VENDITORE: ACQUISTARE IN MODO INTELLIGENTE

Anche quando sei tu il cliente, l'ascolto è essenziale per prendere decisioni informate. Un buon acquirente è anche un buon ascoltatore.

Ecco come ascoltare un venditore senza farsi influenzare inutilmente:

- **Lascia che il venditore esponga il suo punto senza interrompere:** Più informazioni ottieni, più sarà facile fare una scelta informata.
- **Fai domande specifiche.** Es.: "Quali sono le differenze tra questo prodotto e il suo concorrente?"
- **Riconosci le tecniche di vendita, ma non cadere nella pressione psicologica.**
- **Prendi il tuo tempo prima di decidere.** Un venditore serio apprezzerà un cliente informato.

Esempio Pratico: *Col tempo ho imparato che si ottengono condizioni migliori nelle trattative semplicemente ascoltando attentamente i venditori prima di negoziare. Capire come ragiona chi hai di fronte è metà della strategia.*

Un imprenditore che sa ascoltare i venditori può ottenere condizioni più vantaggiose nelle trattative e scegliere i migliori fornitori.

Esercizio Pratico: La prossima volta che parli con un venditore, ascolta attentamente e poi riassumi i punti chiave prima di prendere una decisione.

L'ascolto è una delle abilità più sottovalutate, ma anche una delle più potenti nel business e nella vita.

- Un ascolto attivo migliora la comunicazione, riduce i conflitti e favorisce decisioni più informate.

- Ascoltare un cliente permette di vendere meglio e fidelizzare.
- Ascoltare un partner di lavoro aiuta a costruire relazioni di valore e a prendere decisioni strategiche.
- Ascoltare un venditore permette di fare scelte d'acquisto più intelligenti.
- Chi sa ascoltare ha un vantaggio su chi parla troppo.

Ricorda: La prossima volta che avrai una conversazione importante, fermati e chiediti: "Sto davvero ascoltando o sto solo aspettando il mio turno per parlare?"

LA COMUNICAZIONE: IL PONTE VERSO IL SUCCESSO

Non mi stancherò mai di ripeterlo: la comunicazione è il fondamento su cui si costruisce il successo.

Che tu stia vendendo un prodotto, persuadendo un investitore, motivando un team o costruendo relazioni professionali, la qualità della tua comunicazione determinerà i tuoi risultati. Un'idea straordinaria non vale nulla se non è comunicata nel modo giusto.

In passato, ho imparato a mie spese quanto una cattiva comunicazione possa generare fraintendimenti, rallentare un progetto o persino far perdere opportunità. Per fortuna, ho capito presto che la comunicazione non è solo un talento innato, ma un'abilità che si può (e si deve) migliorare.

LA COMUNICAZIONE COME STRUMENTO DI SUCCESSO

La capacità di esprimersi in modo chiaro ed efficace è ciò che distingue i leader di successo.

Perché la comunicazione è così importante?

- **Aumenta la persuasione:** Essere convincenti aiuta a vendere idee, prodotti e progetti.

- **Migliora la gestione del team:** Un buon leader sa comunicare in modo chiaro e motivante.
- **Facilita le negoziazioni:** Saper comunicare bene ti aiuta a ottenere condizioni vantaggiose.
- **Riduce i conflitti:** La chiarezza e l'empatia evitano incomprensioni e tensioni.
- **Costruisce relazioni solide:** Le persone si fidano di chi sa comunicare in modo efficace.

Esempio Pratico: *Steve Jobs era un maestro della comunicazione. I suoi discorsi non erano solo informativi, ma emozionanti, persuasivi e ispiratori. Questa abilità ha reso Apple un brand iconico.*

Una volta ho perso un'opportunità lavorativa semplicemente perché non ho saputo spiegare chiaramente il valore del mio progetto. Avevo la soluzione perfetta per il cliente, ma l'ho presentata in modo confuso e poco strutturato. Risultato? Ha scelto un competitor con un'offerta inferiore, ma spiegata meglio.

Esercizio Pratico: La prossima volta che presenti un'idea, chiediti: *Sto comunicando in modo chiaro? Chi mi ascolta sta comprendendo il valore di ciò che dico?*

LE 3 REGOLE DELLA COMUNICAZIONE EFFICACE

Per migliorare la propria comunicazione, bisogna padroneggiare tre elementi chiave.

1. Chiarezza

- Evita parole complicate o concetti vaghi.
- Vai dritto al punto e usa esempi concreti.
- Se un messaggio può essere espresso con meno parole, fallo.

2. Coinvolgimento

- Usa un tono di voce dinamico e varia il ritmo del discorso.
- Aggiungi storie o aneddoti per rendere il messaggio più interessante.
- Presta attenzione al linguaggio del corpo per rafforzare le tue parole.

3. Adattabilità

- Modifica il tuo stile di comunicazione in base al contesto e all'interlocutore.
- Con un cliente, sii chiaro e rassicurante.
- Con un partner commerciale, sii concreto e professionale.
- Con un team, sii motivante e inclusivo.

Esempio Pratico: *Un buon comunicatore sa adattare il proprio linguaggio in base all'interlocutore: tecnico con gli specialisti, ispiratore con il pubblico, strategico con i potenziali investitori.*

Esercizio Pratico: Quando parli con persone diverse, prova a modificare il tuo linguaggio e il tuo approccio per vedere quale funziona meglio.

PARLARE È FACILE, COMUNICARE È UN'ARTE

Comunicare non significa solo parlare: significa trasmettere il proprio messaggio nel modo giusto.

Errori comuni da evitare:

- **Troppa informazione in poco tempo:** Se sovraccarichi l'interlocutore, perderai la sua attenzione.
- **Non ascoltare chi hai di fronte:** La comunicazione è un dialogo, non un monologo.
- **Non adattarsi al contesto:** Usare un linguaggio troppo tecnico con chi non è esperto genera solo confusione.
- **Non curare il linguaggio non verbale:** Il tono di voce, il

contatto visivo e la postura influenzano la percezione di chi ascolta.

Esempio Pratico: *Un buon leader non si limita a dare istruzioni, ma osserva il team, ascolta i loro dubbi e adatta la propria strategia di comunicazione in base alle esigenze di chi lo segue.*

Esercizio Pratico: Registra un tuo discorso o una tua presentazione e riascoltala. Ti sembra chiara ed efficace? Se fossi il tuo ascoltatore, saresti convinto?

SCRIVERE PER COMUNICARE MEGLIO

Oltre alla comunicazione verbale, saper scrivere in modo chiaro ed efficace è un'abilità essenziale.

Come scrivere messaggi, email e testi persuasivi:

- **Sii chiaro e diretto:** Evita frasi lunghe e complesse.
- **Usa un linguaggio naturale:** Scrivi come se stessi parlando con il lettore.
- **Evidenzia i punti chiave:** Usa elenchi puntati, grassetti o sottotitoli per rendere il testo più leggibile.
- **Inserisci sempre una "call to action":** Dì chiaramente cosa vuoi che il lettore faccia dopo aver letto.

Esempio Pratico: *Un'email ben scritta può aprire porte e opportunità. Un'email confusa può farti perdere una collaborazione importante.*

Esercizio Pratico: Rileggi la tua ultima email di lavoro e chiediti: *È chiara, breve e incisiva? Se la ricevessi, risponderesti subito?*

IMPARARE DAI GRANDI COMUNICATORI

Studiare i grandi comunicatori può aiutarti a migliorare la tua efficacia.

Alcuni esempi di comunicatori eccellenti:

- **Martin Luther King Jr.:** L'uso delle pause, della ripetizione e del linguaggio evocativo rendeva i suoi discorsi incredibilmente potenti.
- **Oprah Winfrey:** Empatia e connessione emotiva con il pubblico.
- **Jeff Bezos:** Chiarezza e capacità di semplificare concetti complessi.
- **Tony Robbins:** Energia e potere motivazionale.

Esempio Pratico: *Osservando le tecniche di comunicazione dei grandi leader, possiamo imparare a rendere il nostro messaggio più forte e memorabile.*

Esercizio Pratico: Guarda un discorso di uno di questi comunicatori e analizza come usa la voce, il linguaggio del corpo e le pause per enfatizzare i punti chiave.

La comunicazione è la base del successo, in qualsiasi ambito.

- Chi sa comunicare meglio, ottiene più opportunità.
- La chiarezza, il coinvolgimento e l'adattabilità sono le chiavi di una comunicazione efficace.
- Parlare è facile, ma saper trasmettere il proprio messaggio con impatto è un'arte da padroneggiare.
- Migliorare la comunicazione scritta e verbale può portare a risultati concreti nella vita e nel business.
- Studiare i grandi comunicatori aiuta a sviluppare uno stile più efficace.

Ricorda: Il modo in cui comunichi determina il modo in cui gli altri ti percepiscono. Migliora la tua comunicazione e migliorerai il tuo successo.

MIGLIORARE LA COMUNICAZIONE: TECNICHE E STRATEGIE

Comunicare in modo efficace non è solo questione di parole: è un'abilità che combina ascolto, espressione e linguaggio del corpo.

Esistono tecniche specifiche che possono aiutarti a migliorare le tue capacità comunicative, rendendo le conversazioni più fluide, persuasive e produttive. Che tu stia parlando con un cliente, un partner di lavoro o un pubblico più ampio, il modo in cui comunichi influenzerà il risultato della conversazione.

Devo ammetterlo: all'inizio della mia carriera, pensavo che parlare bene significasse solo esporre concetti con sicurezza. Poi ho capito che il vero segreto è saper ascoltare e adattarsi all'interlocutore. Ho visto presentazioni fallire perché il relatore non coglieva il linguaggio del pubblico, e negoziazioni andare in fumo perché nessuno si prendeva il tempo di ascoltare davvero l'altro.

Qui voglio proporti alcune strategie pratiche per migliorare la comunicazione, basate su tecniche psicologiche e comportamentali.

L'IMPORTANZA DELLE DOMANDE APERTE

Le domande aperte sono uno degli strumenti più potenti nella comunicazione.

Perché sono così efficaci?

- Invitano l'interlocutore a esprimersi liberamente, favorendo una conversazione più profonda.
- Permettono di ottenere più informazioni, evitando risposte chiuse e superficiali.
- Creano un dialogo interattivo e coinvolgente, aumentando l'empatia e la connessione.

Esempi di domande aperte efficaci:

- "Quali sono le principali sfide che stai affrontando?"
- "Cosa pensi di questa soluzione?"
- "Come vedi il futuro del tuo settore?"

Esempio Pratico: *Un venditore esperto non chiede semplicemente 'Ti serve questo prodotto?', ma dice: 'Quali caratteristiche cerchi in un prodotto come questo?' In questo modo, il cliente si sente coinvolto e più propenso ad acquistare.*

Esercizio Pratico: La prossima volta che parli con qualcuno, cerca di sostituire domande chiuse (sì/no) con domande aperte e nota come cambia la conversazione.

LA TECNICA DEL PARAFRASARE: RIFORMULARE PER DIMOSTRARE COMPRENSIONE

Ripetere o riformulare ciò che l'altro ha detto aiuta a creare chiarezza e fiducia.
Come funziona?

- Conferma che hai compreso correttamente ciò che l'interlocutore intende.
- Evita malintesi, dando all'altro la possibilità di correggere o chiarire.
- Dimostra ascolto attivo e coinvolgimento, facendo sentire la persona importante.

Esempi di parafrasi efficaci:

- **Interlocutore:** "Penso che il progetto sia interessante, ma ho dei dubbi sulla tempistica."
- **Risposta con parafrasi:** "Quindi quello che ti preoccupa di più è se riusciremo a rispettare le scadenze, giusto?"

Esempio Pratico: *In una trattativa commerciale, un buon negoziatore non dice solo 'Ok, ho capito', ma riformula dicendo: 'Se ho capito bene, il* *tuo principale obiettivo è ridurre i costi senza compromettere la qualità, corretto?'* Questo aiuta entrambe le parti a essere sulla stessa lunghezza d'onda.

Esercizio Pratico: Durante la prossima conversazione importante, prova a riassumere ciò che l'interlocutore ha detto prima di rispondere.

IL LINGUAGGIO DEL CORPO: COMUNICARE OLTRE LE PAROLE

Le parole sono solo una parte della comunicazione: il linguaggio del corpo gioca un ruolo fondamentale.

Elementi chiave del linguaggio del corpo:

- **Contatto visivo:** Mantieni un buon equilibrio senza fissare o evitare lo sguardo.
- **Postura aperta:** Evita di incrociare le braccia o di inclinarti all'indietro, perché possono trasmettere chiusura o disinteresse.
- **Movimenti naturali:** Gesti e movimenti della mano aiutano a enfatizzare i punti chiave del discorso.
- **Espressione facciale:** Sorridere quando appropriato trasmette sicurezza e positività.

Esempio Pratico: *Se durante un colloquio di lavoro un candidato evita il contatto visivo, si chiude sulle spalle e risponde in modo esitante, darà l'impressione di insicurezza, indipendentemente da ciò che dice.*

Esercizio Pratico: La prossima volta che parli con qualcuno, fai attenzione alla tua postura e ai tuoi gesti: il tuo corpo sta supportando il tuo messaggio o lo sta contraddicendo?

L'IMPORTANZA DEL TONO DI VOCE

Il modo in cui dici qualcosa è spesso più importante di ciò che dici.
Come usare il tono di voce in modo efficace:

- **Varia il ritmo:** Un discorso monotono perde rapidamente l'attenzione dell'ascoltatore.
- **Sottolinea le parole chiave:** Usa pause strategiche per dare enfasi ai concetti più importanti.
- **Regola il volume e l'intonazione:** Un tono sicuro e dinamico rende il discorso più coinvolgente.

Esempio Pratico: *I migliori speaker non parlano in modo piatto e uniforme, ma usano variazioni di tono per creare interesse e guidare l'ascoltatore.*

Esercizio Pratico: La prossima volta che tieni un discorso o una presentazione, registrati e ascolta il tuo tono di voce. È monotono o trasmette energia?

La comunicazione efficace è una competenza che può essere allenata e migliorata con le giuste tecniche.

- Le domande aperte rendono le conversazioni più coinvolgenti e produttive.
- Il parafrasare dimostra ascolto e riduce i fraintendimenti.
- Il linguaggio del corpo trasmette sicurezza e credibilità.
- Il tono di voce è un potente strumento per creare impatto ed emozione.
- Migliorare la comunicazione significa migliorare il proprio successo nella vita e nel business.

Ricorda: Il modo in cui comunichi determina il modo in cui vieni percepito. Allenare le tue capacità di comunicazione ti darà un vantaggio enorme in qualsiasi ambito.

LA COMUNICAZIONE E L'ARTE DI SCEGLIERE GLI ARGOMENTI GIUSTI

La comunicazione è un'arte e, come ogni arte, richiede sensibilità e attenzione al contesto. Ho imparato a mie spese che, quando si parla con una persona che non si conosce bene, il rischio di scivolare su argomenti inopportuni è alto. Alcuni temi possono generare tensioni, fraintendimenti o situazioni imbarazzanti, compromettendo il primo impatto e l'opportunità di costruire un rapporto positivo.

Mi è capitato più volte di trovarmi in conversazioni che, in pochi secondi, prendevano una piega sbagliata. Come quella volta in cui, durante un evento di networking, ho fatto una battuta politica convinto che fosse innocua... e invece ho scoperto che il mio interlocutore aveva un'opinione opposta e molto forte sull'argomento. Risultato? Conversazione finita in pochi minuti, e un'occasione persa per creare un contatto di valore.

Vediamo quindi quali argomenti è meglio evitare in una conversazione con persone appena conosciute e quali alternative usare per mantenere il dialogo interessante e costruttivo.

ARGOMENTI DA EVITARE IN UNA PRIMA CONVERSAZIONE

Ci sono alcuni argomenti che è meglio non affrontare, soprattutto quando non si conosce bene l'altra persona.

1. Politica

- La politica è un tema divisivo per eccellenza. Opinioni diverse possono rapidamente trasformarsi in discussioni accese, soprattutto se l'interlocutore ha convinzioni forti.
- Anche se hai una posizione ben definita, evita di entrare in dibattiti politici finché non conosci meglio l'altra persona.

Alternativa: Se il tema emerge spontaneamente, puoi spostare la conversazione su argomenti più generali, come le innovazioni tecnologiche o i trend economici.

2. Religione e Fede

- Come la politica, la religione è un argomento molto personale e sensibile. Ciascuno ha il diritto di credere in ciò che preferisce, ma questo può diventare terreno di confronto acceso se non si condivide la stessa visione.
- Anche domande apparentemente innocue come "Credi in Dio?" possono risultare inappropriate.

Alternativa: Se la conversazione verte su valori e filosofia di vita, rimani sul generico, parlando di concetti universali come la gratitudine, la crescita personale o l'importanza della gentilezza.

3. Salute e Aspetto Fisico

- Commentare l'aspetto fisico di qualcuno, anche con buone intenzioni, può risultare scomodo o offensivo.
- Evita di fare domande sulla salute o sulle abitudini personali legate a dieta e stile di vita, a meno che l'argomento non venga introdotto dall'altra persona.

Alternativa: Se si parla di benessere, concentrati su attività generali come lo sport o i viaggi, evitando giudizi o consigli non richiesti.

4. Situazione Finanziaria e Stipendio

- Chiedere a qualcuno quanto guadagna o qual è la sua situazione economica è una delle domande più inopportune che si possano fare.
- Anche se sei curioso di capire il settore lavorativo di qualcuno, evita di entrare nei dettagli personali.

Alternativa: Se l'argomento riguarda il lavoro, puoi chiedere *"Di cosa ti occupi?"* o *"Come hai iniziato nel tuo settore?"*, lasciando spazio a una risposta discreta.

5. Vita Sentimentale e Scelte Familiari

- Chiedere a qualcuno se è sposato, ha figli o perché non ha ancora una relazione può risultare invadente.
- Domande come *"Ma perché sei ancora single?"* o *"Quando pensi di avere figli?"* possono mettere l'interlocutore a disagio.

Alternativa: Se si parla di esperienze personali, mantieni un approccio leggero, parlando di hobby, viaggi o passioni.

ARGOMENTI NEUTRI PER UNA CONVERSAZIONE PIACEVOLE

Se vuoi costruire un dialogo interessante e senza rischi, ecco alcune alternative valide:

a) Hobby e Passioni

- Chiedere a qualcuno quali sono i suoi hobby è sempre una scelta sicura.
- È un argomento che permette di **creare connessioni** e di scoprire interessi comuni.

b) Viaggi e Destinazioni Preferite

- Il viaggio è un tema affascinante e universale, che porta le persone a condividere esperienze positive.
- Puoi chiedere: *"Qual è il posto più bello che hai visitato?"*

c) Film, Musica e Libri

- Parlare di cultura è un ottimo modo per trovare punti in comune e scoprire nuove prospettive.
- Esempi di domande: *"Hai visto qualche film interessante di recente?"* o *"Qual è il tuo libro preferito?"*

d) Sport e Attività Fisica

- Anche se non sei un fan dello sport, parlare di eventi sportivi o attività all'aria aperta è un ottimo spunto di conversazione.
- Domande come *"Pratichi qualche sport?"* o *"Segui qualche squadra?"* possono essere utili per avviare il dialogo.

e) Curiosità e Tendenze del Momento

- Nuove tecnologie, eventi internazionali o curiosità dal mondo sono sempre ottimi argomenti di discussione.
- Puoi chiedere: *"Hai sentito parlare della nuova tecnologia che stanno sviluppando?"*

COME GESTIRE UNA CONVERSAZIONE CHE STA PRENDENDO UNA BRUTTA PIEGA

A volte, nonostante le migliori intenzioni, una conversazione può spostarsi su argomenti delicati o scomodi.

Cosa fare in questi casi?

- **Cambia argomento con naturalezza.** Se qualcuno inizia a parlare di politica in modo acceso, puoi dire: *"Capisco il tuo punto di vista. A proposito, hai visto quel nuovo documentario su Netflix?"*
- **Usa il senso dell'umorismo.** A volte, una battuta leggera può smorzare la tensione e riportare la conversazione su un terreno più neutro.
- **Rimani rispettoso.** Se non sei d'accordo con qualcosa che l'altro dice, evita lo scontro diretto e rispetta il punto di vista altrui.

Esempio Pratico: *Una volta mi sono trovato in una conversazione che stava per diventare un dibattito politico infuocato. Ho sorriso e ho detto: 'Senti, possiamo discutere di questo per ore, ma nel frattempo, sai qual è la miglior pizza della città?' Abbiamo riso e il discorso è passato subito su qualcosa di più leggero e piacevole.*

Esercizio Pratico: Pensa a tre argomenti che potresti usare per cambiare conversazione in modo elegante la prossima volta che ti trovi in una situazione scomoda.

Scegliere gli argomenti giusti in una conversazione può fare la differenza tra un'interazione piacevole e una situazione imbarazzante.

- Evita temi controversi come politica, religione, finanze e vita sentimentale.
- Scegli argomenti neutri e positivi come hobby, viaggi, sport e cultura.
- Se una conversazione si fa tesa, cambia argomento con naturalezza e diplomazia.
- L'obiettivo è costruire un dialogo armonioso e interessante, senza creare tensioni inutili.

Ricorda: Una buona conversazione non è fatta solo di parole, ma anche di sensibilità e rispetto per chi ci sta di fronte.

LA COMUNICAZIONE NEL LAVORO DI SQUADRA: LA VERA CHIAVE DEL SUCCESSO

Un team ben organizzato e affiatato è il motore che trasforma un'idea in realtà. Ma per farlo funzionare davvero, bisogna stabilire regole chiare e affrontare alcuni temi fondamentali fin da subito. Ho visto team fallire per mancanza di direzione e altri decollare grazie a poche ma fondamentali accortezze. Senza una squadra solida al nostro fianco, tutto diventa più difficile, lento e frustrante.

Vediamo quali sono gli ingredienti che rendono una squadra davvero vincente.

DEFINIRE GLI OBIETTIVI: TUTTI DEVONO SAPERE DOVE SI STA ANDANDO

Immagina di essere su una imbarcazione dove l'equipaggio non ha idea di quale sia la destinazione. Qualcuno remerà a sinistra, qualcuno a destra, qualcuno nemmeno si metterà a remare. Un team senza obiettivi chiari funziona esattamente così: si disperdono energie, si perde tempo e nessuno sa veramente se sta facendo la cosa giusta.

Perché è fondamentale?

- **Chiarezza:** Ogni membro deve sapere cosa si vuole ottenere e in che tempi.
- **Allineamento:** Se tutti remano nella stessa direzione, si raggiunge l'obiettivo molto più velocemente.
- **Motivazione:** Avere uno scopo chiaro rende il lavoro più stimolante e gratificante.

Come affrontare il tema degli obiettivi?

- Stabilisci **obiettivi concreti e misurabili**. Ad esempio, invece di dire "miglioriamo il servizio clienti", meglio dire "riduciamo i tempi di risposta del 20% nei prossimi tre mesi".
- Usa **strumenti di tracciamento** come software gestionali per monitorare i progressi.
- Rivedi periodicamente gli obiettivi e, se serve, **aggiustali in base alle necessità**.

Esempio Pratico: *Un'azienda tecnologica che sviluppa un nuovo prodotto deve assicurarsi che il team di sviluppo, marketing e vendite siano allineati sugli stessi obiettivi per garantire un lancio efficace.*

Esercizio Pratico: Chiediti: il tuo team ha obiettivi chiari? Se la risposta è no, organizza subito un meeting per allinearvi.

RUOLI E RESPONSABILITÀ: OGNUNO DEVE SAPERE COSA FARE

Uno degli errori più comuni nei team è la confusione sui ruoli. Se due persone fanno lo stesso compito, rischiano di sovrapporsi e perdere tempo. Se nessuno fa un compito perché tutti pensano che spetti a qualcun altro, è un disastro.

Perché è importante?

- **Evita sovrapposizioni e conflitti.** Se i compiti non sono chiari, più persone potrebbero lavorare sulla stessa cosa o, al contrario, nessuno potrebbe occuparsi di un'attività essenziale.
- **Aumenta l'efficienza** perché ognuno sa cosa deve fare. Quando i ruoli sono ben definiti, il lavoro procede più velocemente e senza intoppi.
- **Rende tutti più responsabili**, perché non possono più dire "pensavo lo facesse qualcun altro".

Come assegnare le responsabilità?

- Usa la **matrice RACI** per definire chi è **Responsible (R), Accountable (A), Consulted (C) e Informed (I)** su ogni attività.
- **Assicurati che le competenze di ogni membro siano adatte al ruolo assegnato.** Evita di assegnare compiti a persone che non hanno le giuste capacità per svolgerli in modo efficiente.
- **Lascia spazio alla crescita personale**, permettendo di ampliare le competenze con nuove responsabilità.

Esempio Pratico: *In un progetto a cui ho lavorato, il marketing e lo sviluppo tecnico continuavano a scontrarsi perché nessuno sapeva chi doveva approvare le modifiche. Quando abbiamo chiarito ruoli e responsabilità, il flusso di lavoro è diventato più fluido e abbiamo ridotto i tempi morti.*

Esercizio Pratico: Rivedi i ruoli nel tuo team. Se ci sono ambiguità o sovrapposizioni, risolvile subito.

COMUNICAZIONE: SE NON SI PARLA, IL TEAM COLLASSA

La comunicazione è l'ossigeno di un team. Se manca, iniziano i problemi: errori, fraintendimenti, tensioni. Ho visto team implodere solo perché nessuno sapeva davvero cosa stessero facendo gli altri.

Errori comuni nella comunicazione:

- Troppe email inutili o messaggi confusi.
- Mancanza di feedback costruttivo.
- Riunioni lunghe e inconcludenti.

Come migliorare la comunicazione?

- **Stabilisci un canale di comunicazione chiaro.** Usa strumenti di produttività per la collaborazione condivisa e organizzare conversazioni di gruppo.
- **Evita riunioni inutili**: se puoi dirlo in un messaggio, non convocare un meeting. Sii chiaro e conciso nei messaggi. La chiarezza riduce gli errori e velocizza il lavoro.
- **Fai check-in periodici** brevi (es. stand-up meeting da 10 minuti) per mantenere l'allineamento senza perdere tempo. Le riunioni brevi possono migliorare l'allineamento senza essere dispersive.

Esempio Pratico: *Lavorando con un team a distanza, all'inizio eravamo tutti nel caos. Ognuno scriveva su WhatsApp, email e telefonate individuali, e nessuno capiva niente. Quando abbiamo stabilito regole chiare su quando e come comunicare, tutto è migliorato drasticamente.*

Esercizio Pratico: Guarda come comunica il tuo team. Se ci sono troppe interruzioni o disorganizzazione, proponi nuove regole.

FIDUCIA E RISPETTO: SENZA QUESTI ELEMENTI, IL TEAM NON REGGE

Ho visto persone lasciare lavori ben pagati solo perché l'ambiente era tossico. E ho visto team ottenere risultati incredibili perché c'era fiducia reciproca.

Perché la fiducia è essenziale?

- **Migliora la collaborazione e la produttività.** Le persone si sentono più a loro agio nel condividere idee e feedback.
- **Riduce lo stress e i conflitti.** Un ambiente positivo favorisce il benessere mentale dei membri del team.
- **Stimola la creatività e l'innovazione.** Quando le persone si sentono libere di esprimersi, nascono più idee creative.

Come costruire un clima di fiducia?

- **Fornisci feedback costruttivi.** Evita critiche distruttive e concentrati su come migliorare insieme.
- **Riconosci i successi.** Un semplice "grazie" o un riconoscimento pubblico possono aumentare la motivazione.
- **Promuovi la trasparenza.** Se ci sono problemi, affrontali apertamente invece di parlarne alle spalle.

Esempio Pratico: *In un team di startup, i fondatori che comunicano in modo trasparente con i dipendenti e valorizzano i loro contributi costruiscono un ambiente di lavoro più sano e produttivo.*

Esercizio Pratico: Rifletti su come viene gestita la fiducia nel tuo team. Se noti tensioni o poca trasparenza, affronta il problema prima che si trasformi in una bomba a orologeria.

Un team di successo non si costruisce per caso, ma con intenzione e metodo:

- **Obiettivi chiari** per evitare dispersione di energie.

- **Ruoli definiti** per massimizzare l'efficienza.
- **Comunicazione efficace** per ridurre errori e incomprensioni.
- **Fiducia reciproca** per lavorare meglio e con più motivazione.

Ricorda: Un team forte non è composto dalle persone più talentuose, ma da quelle che sanno lavorare meglio insieme.

Adesso la domanda è: il tuo team ha questi elementi? Se la risposta è no, sai cosa fare.

IN SINTESI

La comunicazione efficace è un elemento cruciale per il successo nella vita. Ascoltare attivamente, utilizzare tecniche di comunicazione adeguate, evitare argomenti sensibili con persone sconosciute e considerare argomenti rilevanti durante il lavoro in team possono migliorare la qualità delle relazioni interpersonali e portare a risultati più significativi. Investire nella propria capacità di comunicazione è un investimento nel proprio successo personale e professionale.

8 COME CREARE UN IMPATTO

Sebbene il successo nella vita possa sembrare un obiettivo ambizioso e persino intangibile, esiste un fattore cruciale che spesso viene trascurato: il pubblico. Indipendentemente dal campo in cui operi, la conoscenza del tuo pubblico e dei tuoi clienti target è fondamentale per raggiungere l'eccellenza e il successo duraturo. In questo capitolo, esploreremo l'importanza di conoscere il proprio pubblico, strategie di promozione efficaci e come sconvolgere per far parlare di sé o del proprio prodotto.

Uno degli errori più comuni che ho commesso all'inizio della mia attività da imprenditore è stato cercare di parlare a tutti. Pensavo che più persone avessi raggiunto, più successo avrei avuto. Ma la realtà è che quando cerchi di rivolgerti a tutti, finisci per non colpire nessuno. Il messaggio diventa generico, senza mordente, e le persone non si sentono coinvolte.

Per avere successo, devi conoscere esattamente a chi ti rivolgi. Chi sono i tuoi clienti, lettori o seguaci? Quali sono le loro esigenze, preferenze e problemi? Più conosci il tuo pubblico, più sarà facile attrarre, coinvolgere e fidelizzare le persone giuste.

PERCHÉ È FONDAMENTALE CONOSCERE IL TUO PUBBLICO?

Senza una chiara comprensione del tuo target, rischi di perdere tempo, energie e risorse su strategie inefficaci.

- **Personalizzazione:** Un messaggio mirato genera maggiore coinvolgimento e conversioni.
- **Efficienza:** Eviti di sprecare denaro su campagne di marketing che non portano risultati.
- **Migliore posizionamento:** Capisci come distinguerti dai concorrenti soddisfacendo esigenze specifiche.
- **Aumento della fedeltà:** Un pubblico che si sente compreso è più propenso a tornare e consigliare i tuoi prodotti o servizi.

Esempio Pratico: Quando ho iniziato a vendere i miei servizi nel settore pubblicitario, provavo a convincere chiunque. Solo quando ho capito che il mio vero pubblico erano aziende medio-piccole che volevano distinguersi senza investire budget enormi, ho iniziato a ottenere risultati concreti.

Esercizio Pratico: Scrivi in una frase chi pensi sia il tuo pubblico ideale e quale problema principale vuole risolvere.

CREARE IL PROFILO DEL CLIENTE IDEALE (BUYER PERSONA)

Un buyer persona è una rappresentazione dettagliata del tuo cliente ideale, basata su dati reali e ricerche di mercato.

Elementi chiave di un buyer persona:

- **Dati demografici:** Età, genere, luogo di residenza, istruzione, professione, reddito.
- **Comportamenti e abitudini:** Dove trascorrono il tempo online? Quali social media usano? Quali sono i loro interessi?

- **Problemi e necessità:** Quali sfide affrontano? Quali soluzioni cercano?
- **Obiettivi e desideri:** Cosa vogliono raggiungere? Cosa li motiva?
- **Processo decisionale:** Come scelgono un prodotto/servizio? Quali fattori influenzano il loro acquisto?

Esempio Pratico: *Un personal trainer che vende programmi di allenamento online potrebbe avere un buyer persona così strutturato:*
- *Nome: Marco, 35 anni, impiegato, vive in una grande città.*
- *Problema: Vuole rimettersi in forma, ma ha poco tempo per la palestra.*
- *Obiettivo: Allenarsi da casa con programmi flessibili.*
- *Abitudini: Usa Instagram e YouTube per trovare consigli su fitness e nutrizione.*
- *Fattori decisionali: Cerca programmi facili da seguire, con risultati garantiti e testimonianze reali.*

Esercizio Pratico: Crea il profilo dettagliato del tuo cliente ideale, includendo tutti gli elementi sopra elencati.

COME RACCOGLIERE DATI PER CONOSCERE IL TUO PUBBLICO

Più informazioni raccogli, più sarà facile affinare il tuo messaggio e la tua offerta.

Strumenti per analizzare il pubblico:

- **Statistiche web:** Controlla le visite al tuo sito, la provenienza degli utenti e le pagine più viste.
- **Analisi dei social media:** Scopri chi interagisce con i tuoi contenuti e cosa genera maggiore interesse.
- **Sondaggi e interviste:** Chiedi direttamente ai tuoi clienti cosa vogliono e cosa migliorerebbero.
- **Feedback e recensioni:** Analizza le opinioni dei tuoi clienti per capire cosa apprezzano di più.

Esempio Pratico: *Quando ho lanciato un nuovo servizio di video promozionali, ho notato che i clienti che mi contattavano di più erano quelli del settore turistico e immobiliare. Questo mi ha fatto capire che dovevo creare offerte specifiche per hotel, tour operator e agenzie immobiliari, invece di disperdere energie su altri settori meno interessati.*

Esercizio Pratico: Usa uno degli strumenti sopra elencati per raccogliere dati sul tuo pubblico e identifica almeno un'informazione utile per migliorare la tua strategia.

ADATTARE IL TUO MESSAGGIO IN BASE AL TUO TARGET

Ogni pubblico ha il proprio linguaggio, stile di comunicazione e preferenze.

- **Tono di voce:** Formale o informale? Diretto o motivazionale? Amichevole o professionale?
- **Canali di comunicazione:** I giovani usano TikTok e Instagram, i professionisti LinkedIn, gli appassionati di lettura preferiscono blog e newsletter.
- **Tipologia di contenuti:** Video, post brevi, articoli lunghi, webinar, eBook? Scegli in base alle preferenze del tuo target.
- **Call-to-action personalizzate:** Vuoi che il pubblico compri un prodotto, si iscriva a una newsletter o interagisca con un post? La CTA deve essere chiara e mirata.

Esempio Pratico: *Se il tuo target è costituito da giovani creativi, una strategia efficace potrebbe essere creare contenuti visivi coinvolgenti, veloci e pratici. Creare video brevi con consigli immediati, anziché lunghi articoli, ti porterebbe risultati con più engagement e più richieste di collaborazione.*

Esercizio Pratico: Analizza il tuo attuale stile di comunicazione e valuta se è in linea con il tuo pubblico target.

MIGLIORARE CONTINUAMENTE LA CONOSCENZA DEL PROPRIO PUBBLICO

Il mercato cambia, le esigenze del pubblico evolvono. Non basta studiare il tuo target una sola volta: devi aggiornare costantemente le tue strategie.

- **Rivedi i tuoi dati periodicamente:** Ogni 3-6 mesi controlla se il tuo pubblico è cambiato.
- **Testa nuove strategie:** Modifica il tono di voce, cambia i formati dei contenuti, prova nuove piattaforme.
- **Ascolta il feedback:** I commenti, i messaggi privati e le email dei clienti sono una miniera d'oro di informazioni.
- **Osserva la concorrenza:** Analizza come interagisce con il proprio pubblico e quali strategie funzionano meglio.

Esempio Pratico: *Un amico ristoratore ha notato che sempre più clienti ordinavano tramite app di consegna piuttosto che venire in loco. Ha adattato il suo marketing ai clienti digitali, ottimizzando la presenza online e offrendo promozioni esclusive per chi ordinava tramite app.*

Esercizio Pratico: Stabilisci una data fissa ogni trimestre per analizzare i tuoi dati e aggiornare la tua strategia di comunicazione.

Conoscere il tuo pubblico è la base di qualsiasi strategia vincente.

- Definisci con precisione il tuo target e crea profili dettagliati.
- Raccogli dati per prendere decisioni informate.
- Adatta la tua comunicazione ai bisogni e alle preferenze del pubblico.
- Aggiorna regolarmente la tua strategia in base ai cambiamenti del mercato.

Ricorda: Il successo non è questione di fortuna, ma di conoscenza e strategia!

COME PROMUOVERE IL TUO PRODOTTO O SERVIZIO IN MODO EFFICACE

Avere un ottimo prodotto o servizio non basta: se nessuno lo conosce, non può avere successo. Questo l'ho imparato sulla mia pelle quando ho lanciato il mio primo progetto di promozione turistica online e ho pensato che bastasse la qualità per attirare clienti. Sbagliato. La promozione è il ponte tra il tuo lavoro e il pubblico giusto.

Una strategia vincente non si basa su un singolo canale, ma su un mix di strumenti e tecniche adattate alle esigenze del tuo target. L'obiettivo è creare una presenza coerente e memorabile, utilizzando i canali giusti e mantenendo una comunicazione efficace nel tempo.

SCEGLIERE I CANALI DI PROMOZIONE GIUSTI

Ogni pubblico ha preferenze diverse su come ricevere informazioni. Scegliere i canali giusti fa la differenza tra un messaggio ignorato e uno che converte.

Strategie di Promozione:

- **Social Media Marketing**: Instagram e TikTok per un pubblico giovane e visivo, Facebook per community e promozioni più strutturate, LinkedIn per networking e contenuti professionali, YouTube per contenuti video educativi o promozionali.
- **Email Marketing**: Perfetto per fidelizzare il pubblico, offrire promozioni esclusive e mantenere un contatto costante.
- **Pubblicità Online**: Annunci su piattaforme digitali per intercettare chi cerca specifici prodotti o servizi.
- **Eventi e Networking**: Partecipazione a fiere, conferenze, workshop o webinar online.
- **Collaborazioni e Influencer Marketing**: Partner strategici o influencer possono amplificare il messaggio.

Esempio Pratico: *Se vendi corsi di formazione per imprenditori, LinkedIn e YouTube saranno più efficaci di TikTok o Instagram.*

Esercizio Pratico: Scegli tre canali principali su cui focalizzarti e crea una strategia specifica per ognuno.

CREARE CONTENUTI COINVOLGENTI E DI VALORE

La promozione non è solo pubblicità: fornire contenuti utili è il modo migliore per attirare e fidelizzare il pubblico.

Tipologie di contenuti efficaci:

- Articoli di blog con consigli pratici.
- Video tutorial o dimostrativi.
- Post educativi e motivazionali sui social.
- Case study e testimonianze di clienti.
- E-book o report scaricabili in cambio dell'email.

Strategia per rendere i contenuti più efficaci:

- **Sii coerente**: Pubblica regolarmente per mantenere alta l'attenzione.
- **Sii autentico**: La trasparenza e la sincerità creano fiducia.
- **Sii interattivo**: Rispondi ai commenti, fai sondaggi e coinvolgi il pubblico.

Esempio Pratico: *Un autore che promuove il suo libro può pubblicare estratti gratuiti, creare discussioni su argomenti correlati e realizzare video dietro le quinte sulla sua scrittura.*

Esercizio Pratico: Pianifica un calendario di contenuti per il prossimo mese, includendo almeno tre formati diversi.

OTTIMIZZARE IL MESSAGGIO PROMOZIONALE

Il modo in cui comunichi il tuo messaggio è cruciale per attrarre il pubblico giusto.

Definisci una proposta di valore chiara:

- Qual è il problema che risolvi?
- Perché il tuo prodotto/servizio è unico?
- Cosa guadagna il cliente scegliendoti?

Usa Call-to-Action (CTA) efficaci:

- "Scarica la guida gratuita" → Incentiva il pubblico a lasciare l'email.
- "Prenota una consulenza gratuita" → Spinge all'azione immediata.
- "Iscriviti ora e ricevi il 20% di sconto" → Crea senso di urgenza.

Esempio Pratico: *Un venditore di software gestionale per aziende potrebbe avere come CTA: 'Riduci il tempo di gestione amministrativa del 50% con il nostro software. Prenota una demo gratuita ora!'*

Esercizio Pratico: Rivedi il tuo attuale messaggio promozionale e riscrivilo in modo più chiaro e coinvolgente.

INTEGRARE DIVERSE STRATEGIE PER MASSIMIZZARE L'IMPATTO

Non esiste un unico metodo perfetto: la chiave è combinare diverse strategie per ottenere il massimo risultato.

Esempio di strategia integrata:

1. Crei un articolo di blog con un contenuto di valore.
2. Lo promuovi con un post sui social media.
3. Fai un video YouTube per approfondire il tema.
4. Usi un annuncio sponsorizzato per raggiungere più persone.
5. Includi un link nell'email marketing per farlo leggere ai tuoi iscritti.

Esempio Pratico: *Se promuovi un corso online, potresti usare una combinazione di un webinar gratuito, una serie di email informative e una* *promozione su social media. Il mix di strategie ha aumentato le vendite del 40%.*

Esercizio Pratico: Identifica tre strategie complementari che puoi integrare nella tua promozione.

MONITORARE I RISULTATI E OTTIMIZZARE LE STRATEGIE

Una strategia efficace è basata sui dati. Analizza le performance e migliora continuamente.

Strumenti per monitorare le performance:

- Analizza il traffico web e le conversioni.
- Monitora le interazioni sui social media.
- Valuta i tassi di apertura e conversione delle email.
- Sperimenta A/B testing per confrontare diverse versioni di un annuncio.

Esempio Pratico: *Se noti che il tuo pubblico interagisce molto più con i video rispetto ai post scritti, potresti aumentare la produzione di contenuti video.*

Esercizio Pratico: Analizza i dati delle tue ultime attività promozionali e individua una strategia da migliorare.

Una strategia di promozione efficace richiede pianificazione, creatività e adattabilità.

- Scegli i canali più adatti al tuo pubblico.
- Crea contenuti di valore che coinvolgano e fidelizzino.
- Affina il tuo messaggio e usa CTA chiare per incentivare l'azione.
- Combina più strategie per ottenere il massimo impatto.
- Monitora i risultati e ottimizza costantemente le tue azioni promozionali.

Ricorda: Non basta avere un buon prodotto o servizio: se nessuno lo conosce, non può avere successo.

FARSI NOTARE E FAR PARLARE DI SÉ

Viviamo in un mondo in cui tutti urlano per attirare l'attenzione, e se non trovi il modo di distinguerti, rischi di restare nell'ombra. L'ho capito molto presto quando ho iniziato a promuovere i miei progetti. Credevo che bastasse avere un buon prodotto o servizio per emergere, ma la realtà è che la qualità da sola non basta. Devi saper catturare l'interesse del pubblico e creare conversazioni attorno a ciò che fai.

La chiave sta nel rompere gli schemi e sorprendere le persone, non con provocazioni forzate, ma con idee fresche e un'identità forte e riconoscibile.

DIFFERENZIARSI DALLA MASSA: COSA TI RENDE UNICO?

Se vuoi attirare l'attenzione, devi offrire qualcosa di distintivo. Il primo passo per far parlare di te è capire cosa ti rende diverso dagli altri.

Trova il tuo elemento distintivo:

- Hai un prodotto innovativo?
- Offri un servizio con un valore aggiunto unico?
- Il tuo brand ha un messaggio forte e rivoluzionario?

Punta sull'originalità:

- Racconta la tua storia in modo inaspettato.
- Usa un tono di voce unico e riconoscibile.
- Sii audace nel design, nel packaging o nella comunicazione.

Esempio Pratico: *Quando ho lanciato un nuovo progetto, invece di fare una promozione classica, ho deciso di presentarlo con un evento inaspettato. Ho creato un video teaser misterioso senza spiegare subito di cosa si trattasse.*

Il risultato? La curiosità ha fatto il suo lavoro e le persone hanno iniziato a condividere spontaneamente.

Tesla non ha solo venduto auto elettriche, ma ha rivoluzionato il concetto stesso di mobilità sostenibile con un design futuristico, prestazioni elevate e un'esperienza utente innovativa.

Esercizio Pratico: Scrivi tre elementi che rendono il tuo prodotto o servizio unico rispetto alla concorrenza.

CREARE UNA CAMPAGNA CHE GENERI PASSAPAROLA

Le persone parlano di ciò che le sorprende, le emoziona o le diverte. Se vuoi far parlare di te, devi creare contenuti che abbiano queste caratteristiche.

Strategie per generare passaparola:

- **Marketing esperienziale:** Offri ai clienti un'esperienza coinvolgente e memorabile.
- **Gesti inaspettati:** Una sorpresa, un omaggio esclusivo o un'azione fuori dagli schemi possono fare la differenza.
- **Sfide e trend:** Crea una sfida virale che invogli le persone a partecipare e condividere.
- **Storytelling emozionale:** Racconta una storia che tocchi il cuore del pubblico e che le persone vogliano condividere.

Esempio Pratico: *Apple ha trasformato il lancio dei suoi prodotti in veri e propri eventi mediatici, creando un'attesa senza precedenti nel settore tecnologico. Con strategie di marketing innovative e presentazioni spettacolari, ha reso ogni nuovo prodotto un fenomeno globale, rafforzando il desiderio e la fedeltà del pubblico.*

Esercizio Pratico: Pensa a una campagna che potrebbe sorprendere il tuo pubblico e renderlo entusiasta di condividerla.

SFRUTTARE GLI INFLUENCER E I LEADER DI PENSIERO

Le persone si fidano di chi ha già un seguito consolidato. Collaborare con influencer e esperti del settore può amplificare il tuo messaggio.

Come scegliere gli influencer giusti:

- Devono avere un pubblico che si allinea con il tuo target.
- Devono essere autentici e credibili.
- Il loro stile di comunicazione deve essere coerente con il tuo brand.

Tipologie di collaborazione:

- Recensioni e unboxing del tuo prodotto.
- Collaborazioni su contenuti creativi.
- Ospitate in eventi, interviste o podcast.

Esempi Pratici: *Ho contattato un esperto nel mio settore e gli ho proposto una collaborazione. Non gli ho semplicemente chiesto di promuovere il mio lavoro, ma gli ho offerto valore, condividendo qualcosa di utile per il suo pubblico. Questo ha reso la partnership autentica e ha portato risultati concreti.*

Nike collabora con atleti di fama mondiale per promuovere i suoi prodotti, sfruttando il loro carisma e la loro credibilità per rafforzare l'identità del brand.

Esercizio Pratico: Fai una lista di tre influencer o esperti del tuo settore con cui potresti collaborare per aumentare la tua visibilità.

UTILIZZARE IL FATTORE SORPRESA E LA PSICOLOGIA DEL MARKETING

Le persone ricordano ciò che le colpisce in modo inaspettato. Usa la sorpresa come strumento per creare un forte impatto.

Tecniche per sfruttare il fattore sorpresa:

- **Lancio non convenzionale:** Annuncia il tuo prodotto in modo inusuale, creando curiosità.
- **Effetto wow nel packaging o nell'esperienza d'acquisto:** Unboxing straordinari o design innovativi aumentano la memorabilità del prodotto.
- **Marketing di rottura:** Vai controcorrente rispetto a ciò che fanno i concorrenti per attirare l'attenzione.

Esempi Pratici: *Ho lanciato un nuovo servizio senza annunciarlo direttamente, ma creando una serie di indizi che portavano alla scoperta finale. Il mistero ha generato aspettativa e coinvolgimento, rendendo il lancio molto più efficace.*

IKEA ha creato esperienze di shopping immersive come showroom temporanei e pop-up store con attività interattive, generando entusiasmo e curiosità tra i clienti.

Esercizio Pratico: Progetta un modo in cui puoi sorprendere i tuoi clienti inaspettatamente.

MANTENERE L'INTERESSE NEL TEMPO

Far parlare di sé una volta non basta: devi mantenere viva l'attenzione del pubblico con strategie di lungo termine.

- **Crea eventi ricorrenti:** Challenge, promozioni, nuove iniziative.
- **Interagisci con la community:** Rispondi ai commenti, crea conversazioni e coinvolgi il pubblico.
- **Aggiorna costantemente il tuo brand:** Mantieni l'innovazione come parte della tua identità.

Esempio Pratico: *Netflix mantiene alto l'interesse del pubblico con continui lanci di nuove serie e interazioni costanti sui social media.*

Ho imparato che non basta fare un grande lancio e poi sparire. Ogni settimana, impegnatevi a creare contenuti interessanti per mantenere il pubblico coinvolto e far sì che non si dimentichi di voi e del vostro prodotto.

Esercizio Pratico: Pianifica un'azione a lungo termine che mantenga l'attenzione del tuo pubblico alta nel tempo.

Far parlare di sé non è una questione di fortuna, ma di strategia e creatività.

- Identifica ciò che ti rende unico e sfruttalo per distinguerti.
- Crea campagne che sorprendano e coinvolgano il pubblico.
- Collabora con influencer e persone chiave nel tuo settore.
- Usa la sorpresa e la psicologia del marketing per catturare l'attenzione.
- Mantieni l'interesse alto con strategie a lungo termine.

Ricorda: Il mondo è pieno di rumore, ma chi ha il coraggio di essere diverso viene ascoltato.

COSTRUIRE UN BRAND COERENTE E AUTENTICO

Nel mondo del business e del marketing, l'attenzione si conquista con strategie innovative, ma la fiducia si guadagna con la coerenza e l'autenticità.

L'ho imparato sulla mia pelle. Quando ho iniziato a promuovere i miei progetti, ero convinto che bastasse avere un'idea brillante per ottenere successo. Poi ho scoperto che, senza una comunicazione chiara e coerente, il pubblico non si affeziona a te. Ho commesso errori, cambiato direzione più volte, cercando di adattarmi a ogni nuova tendenza. Il risultato? Confusione. Fino a quando non ho capito che la chiave era restare fedele ai miei valori e comunicare in modo autentico.

Un brand riconoscibile e rispettato non significa solo promuovere un prodotto, ma essere fedeli ai propri valori e trasmetterli con costanza nel tempo. Il pubblico è sempre più attento e sa riconoscere la differenza tra una comunicazione sincera e una costruita solo per attrarre attenzione.

PERCHÉ COERENZA E AUTENTICITÀ SONO FONDAMENTALI?

Un brand incoerente o poco autentico perde credibilità rapidamente.

- **La coerenza crea fiducia:** Se il pubblico sa cosa aspettarsi da te, svilupperà un senso di familiarità e sicurezza.
- **L'autenticità genera connessione:** Le persone si identificano con chi è genuino, non con chi cerca solo di vendere qualcosa.
- **Un'identità chiara rafforza il posizionamento:** Un brand che trasmette sempre lo stesso messaggio diventa più riconoscibile e memorabile.

Esempio Pratico: *Apple ha costruito la sua immagine su semplicità, innovazione e design. Ogni prodotto, pubblicità e strategia di marketing riflette questi valori, creando un'identità solida e coerente.*

Quando ho iniziato a lavorare nel settore pubblicitario, cercavo di adattarmi a ogni richiesta del cliente, anche se andava contro il mio stile e i miei valori. Mi rendevo conto che i risultati erano mediocri e che il mio lavoro non aveva un'identità chiara. Solo quando ho deciso di focalizzarmi su ciò che sapevo fare meglio e comunicare con coerenza, ho iniziato ad attrarre i clienti giusti.

Esercizio Pratico: Scrivi tre valori fondamentali del tuo brand o progetto e verifica se la tua comunicazione li riflette davvero.

MANTENERE UNA COMUNICAZIONE COERENTE SU TUTTI I CANALI

Il tuo messaggio deve essere riconoscibile ovunque: dal sito web ai social media, fino al servizio clienti.

Crea una brand identity chiara:

- **Tono di voce:** Sei formale o informale? Motivazionale o tecnico?
- **Stile grafico:** Colori, font, logo e immagini devono essere coerenti.
- **Messaggi chiave:** Quali sono le frasi e i concetti che vuoi che il tuo pubblico associ a te?

Applica la coerenza a tutti i tuoi contenuti:

- Il sito web deve riflettere lo stesso tono e immagine dei social media.
- Le email di marketing devono seguire lo stesso stile delle tue campagne pubblicitarie.
- Il modo in cui interagisci con i clienti deve rispecchiare i tuoi valori aziendali.

Esempio Pratico: *Se il tuo brand promuove la sostenibilità, ma utilizzi packaging inquinante, il pubblico noterà l'incoerenza e perderà fiducia in te.*

Esercizio Pratico: Controlla i tuoi canali di comunicazione e verifica se il tono, il design e il messaggio sono uniformi.

ESSERE AUTENTICI: MOSTRARSI PER COME SI È

L'autenticità non si può fingere: le persone percepiscono quando un brand è sincero o costruito artificialmente.

Come essere autentici nel business:

- **Condividi la tua storia:** Racconta il tuo percorso, le sfide che hai superato e i tuoi valori.
- **Non cercare di piacere a tutti:** Meglio essere rilevanti per il pubblico giusto che cercare di accontentare tutti.
- **Ammetti gli errori:** Se qualcosa va storto, affrontalo con trasparenza invece di nasconderlo.

Mostra il lato umano del brand:

- Fai vedere il dietro le quinte della tua attività.
- Condividi successi, ma anche le difficoltà che hai affrontato.
- Interagisci con il pubblico in modo genuino, non solo per vendere.

Esempio Pratico: *Patagonia è un marchio di abbigliamento outdoor che ha costruito il proprio brand sulla sostenibilità. Non si limita a dichiararlo: rifiuta il fast fashion, ripara i capi gratuitamente e dona parte dei profitti alla causa ambientale. Questo lo rende autentico e credibile.*

Esercizio Pratico: Scrivi tre elementi che rendono il tuo progetto autentico e verifica se li comunichi chiaramente al tuo pubblico.

COERENZA NEL TEMPO: NON CAMBIARE DIREZIONE TROPPO SPESSO

Un brand che cambia continuamente messaggio, valori o identità rischia di confondere il pubblico.

Come mantenere una linea coerente nel tempo:

- **Definisci una visione a lungo termine:** Dove vuoi arrivare tra 5-10 anni?
- **Evita di inseguire ogni nuova tendenza:** Segui le evoluzioni del mercato, ma senza snaturare la tua identità.
- **Mantieni saldi i tuoi valori:** Anche se il business si evolve, i tuoi principi devono restare riconoscibili.

Esempio Pratico: *Coca-Cola ha sempre mantenuto un messaggio positivo legato alla felicità e alla condivisione. Anche se ha aggiornato il design e le strategie di marketing, il messaggio di fondo è rimasto invariato.*

Esercizio Pratico: Valuta se il tuo brand ha mantenuto coerenza nel tempo o se ha cambiato spesso messaggio e direzione.

CREARE UN LEGAME DI FIDUCIA CON IL PUBBLICO

La coerenza e l'autenticità portano alla fiducia, che è la base di un pubblico fedele e coinvolto.
Strategie per rafforzare la fiducia:

- **Mantieni le promesse:** Se fai una dichiarazione o una promessa, assicurati di mantenerla.
- **Ascolta il pubblico:** Interagisci con sincerità e rispondi alle loro esigenze.
- **Offri valore reale:** Non cercare solo di vendere, ma di aiutare il tuo pubblico con contenuti utili e significativi.

Esempio Pratico: *Un piccolo brand artigianale che risponde personalmente ai messaggi dei clienti e racconta la storia di ogni prodotto costruisce una relazione di fiducia molto più forte rispetto a un'azienda che comunica in modo impersonale.*

Ho notato che i brand che rispondono attivamente ai commenti e ai messaggi dei clienti, costruiscono una relazione di fiducia molto più forte rispetto a chi comunica in modo impersonale.

Esercizio Pratico: Analizza il tuo modo di comunicare con il pubblico e identifica un'area in cui puoi migliorare la fiducia e il coinvolgimento.

Coerenza e autenticità non sono solo concetti astratti, ma strumenti potenti per costruire un brand solido e duraturo.

- Mantieni una comunicazione coerente su tutti i canali.
- Sii autentico e trasparente nelle tue azioni e nel tuo messaggio.
- Evita cambi di direzione improvvisi che possano confondere il pubblico.
- Crea un legame di fiducia offrendo valore reale e ascoltando il tuo pubblico.

Ricorda: Un brand coerente e autentico non ha bisogno di urlare per farsi sentire: la fiducia del pubblico è il suo megafono più potente.

CREA UNA STORIA COINVOLGENTE PER IL TUO PRODOTTO

Le persone non comprano semplicemente prodotti o servizi: comprano emozioni, esperienze e storie. L'ho imparato sulla mia pelle quando ho iniziato a promuovere i miei progetti. Pensavo bastasse dire: "Ecco il mio prodotto, è fantastico, compralo!". Ma nessuno mi ascoltava. Poi ho capito che, invece di vendere, dovevo raccontare.

Una storia ben costruita non solo cattura l'attenzione, ma crea connessione, ispira fiducia e rende il tuo brand memorabile. È il motivo per cui alcuni prodotti diventano iconici mentre altri restano nell'ombra.

Se vuoi che il tuo pubblico si identifichi con il tuo brand, devi raccontare una storia coinvolgente, autentica e capace di suscitare emozioni.

PERCHÉ LO STORYTELLING È COSÌ POTENTE?

Le storie attivano la parte emotiva del cervello, rendendo un messaggio più efficace e memorabile rispetto ai semplici dati o caratteristiche tecniche.

- **Crea un legame emotivo:** Le persone ricordano come le hai fatte sentire, più di ciò che hai detto.

- **Distinguiti dalla concorrenza:** Una buona storia rende unico anche un prodotto comune.
- **Aumenta il valore percepito:** Un prodotto con una storia forte acquista maggiore significato e desiderabilità.
- **Facilita la condivisione:** Le persone amano raccontare e diffondere storie interessanti.

Esempio Pratico: *Nike non vende solo scarpe: vende la storia di atleti che superano i propri limiti, con il famoso slogan 'Just Do It'.*

Esercizio Pratico: Pensa a un prodotto o servizio che usi quotidianamente e chiediti: ha una storia dietro? Se sì, cosa lo rende memorabile?

COME CREARE UNA STORIA COINVOLGENTE PER IL TUO PRODOTTO?

Una buona storia segue una struttura chiara e coinvolgente.

Quando ho lanciato un nuovo servizio, invece di fare una promozione tradizionale, ho raccontato la mia esperienza: il motivo per cui ho deciso di crearlo, gli errori che ho commesso, le difficoltà superate e i risultati ottenuti. Questo ha reso tutto più autentico e le persone si sono sentite parte del mio percorso.

Gli elementi chiave di una storia efficace:

1. **Il protagonista:** Chi è il personaggio principale della tua storia? Può essere il fondatore, un cliente o il prodotto stesso.
2. **Il problema:** Quale sfida o ostacolo affronta il protagonista?
3. **La trasformazione:** Come il tuo prodotto/servizio aiuta a superare il problema?
4. **L'emozione:** Quali sentimenti vuoi suscitare nel pubblico?

Esempio Pratico: *Airbnb ha costruito il suo brand attorno al concetto di appartenenza e connessione tra viaggiatori e host. Le loro campagne raccontano storie di persone che trovano una 'casa lontano da casa' in ogni angolo del mondo.*

Esercizio Pratico: Scrivi una bozza della tua storia seguendo questi quattro passaggi.

INTEGRARE LA TUA STORIA NEL MARKETING

Lo storytelling deve essere coerente con la tua comunicazione e applicato su tutti i tuoi canali.

Ho notato che la semplice presentazione di un prodotto non creava engagement. Quando preparavo le campagne pubblicitarie per altre aziende suggerivo di condividere le storie dei loro clienti: i loro successi, le loro difficoltà e il modo in cui il prodotto li ha aiutati. Questo ha generato maggiore fiducia e ha aumentato le vendite.

Come integrare la tua storia nel marketing:

- **Sito web:** Racconta la tua missione e la storia del brand nella sezione "Chi siamo".
- **Social media:** Usa post, video e storie per condividere momenti chiave e retroscena del tuo progetto.
- **Packaging e materiali promozionali:** Aggiungi un elemento narrativo che rafforzi il valore del tuo prodotto.
- **Pubblicità e campagne di branding:** Crea spot emozionali o testimonial che enfatizzino la storia del brand.

Esempio Pratico: *Il marchio 'Dove' ha rivoluzionato il settore della cosmetica con la campagna 'Real Beauty', raccontando storie autentiche di donne reali e ridefinendo il concetto di bellezza.*

Esercizio Pratico: Scegli un canale (sito web, social, packaging) e pensa a come puoi integrare la tua storia in esso.

RENDERE LA STORIA CONDIVISIBILE

Le storie più efficaci sono quelle che le persone vogliono raccontare e condividere.

Strategie per creare una storia virale:

- **Fai leva sulle emozioni:** Sorprendi, commuovi o ispira il pubblico.
- **Crea un movimento:** Rendi il tuo brand parte di una causa o un messaggio più grande.
- **Invita il pubblico a partecipare:** Incentiva le persone a raccontare la propria esperienza con il tuo prodotto.
- **Usa il formato giusto:** Video, immagini, testi coinvolgenti possono rendere una storia più impattante.

Esempio Pratico: *GoPro ha costruito il suo brand permettendo ai clienti di condividere le loro avventure con video spettacolari, trasformando gli utenti in ambasciatori spontanei del prodotto.*

Le storie condivise hanno avuto un effetto incredibile: più credibilità, più coinvolgimento, più passaparola.

Esercizio Pratico: Pensa a un modo per rendere la tua storia facilmente condivisibile dal tuo pubblico.

L'AUTENTICITÀ È LA CHIAVE DEL SUCCESSO

Una storia inventata o forzata non avrà mai lo stesso impatto di una narrazione autentica.

Come garantire autenticità nella tua storia:

- Usa esperienze reali, testimonianze o eventi veri.
- Evita eccessi di autocelebrazione o messaggi troppo pubblicitari.
- Mostra anche i momenti di difficoltà, non solo i successi.
- **Sii coerente nel tempo:** la tua storia deve riflettere davvero chi sei.

Esempio Pratico: *LEGO ha superato momenti difficili nella sua storia aziendale e ha saputo raccontarli in modo trasparente, rafforzando il legame emotivo con il pubblico.*

Esercizio Pratico: Rifletti su come la tua storia può essere raccontata in modo autentico e trasparente.

Le storie vendono più dei prodotti. Una narrazione efficace può trasformare un'idea in un fenomeno globale.

- Identifica il protagonista, il problema, la trasformazione e l'emozione nella tua storia.
- Integra la narrazione nel tuo marketing per rendere il brand riconoscibile.
- Crea una storia coinvolgente e condivisibile che faccia parlare di sé.
- Mantieni autenticità e coerenza per costruire fiducia e connessione con il pubblico.

Ricorda: Un prodotto può essere dimenticato, ma una grande storia resta impressa nella mente delle persone.

COINVOLGERE IL PUBBLICO: DAL SEMPLICE INTERESSE ALLA PARTECIPAZIONE ATTIVA

Se c'è una cosa che ho imparato nel corso della mia carriera è che le persone non vogliono solo comprare un prodotto o seguire un progetto: vogliono farne parte. Viviamo in un'epoca in cui l'interazione è tutto. Chiunque può lanciare qualcosa sul mercato, ma solo chi riesce a coinvolgere il pubblico crea un impatto duraturo.

Ho vissuto entrambe le situazioni: lanciare un'idea e vedere che nessuno la notava, e poi, con una strategia più mirata, trasformare quel pubblico indifferente in una community attiva. Non è magia, ma il risultato di un coinvolgimento autentico.

PERCHÉ COINVOLGERE IL PUBBLICO È COSÌ IMPORTANTE?

Un pubblico coinvolto non è solo un gruppo di clienti o spettatori, è un vero e proprio alleato per la crescita del tuo brand.

L'interazione crea connessione, fiducia e persino nuove opportunità.

Quando ho lanciato un progetto online, inizialmente mi aspettavo che le persone si interessassero da sole. Poi ho capito che dovevo coinvolgerle attivamente. Ho iniziato a fare domande, a chiedere opinioni, a creare momenti di interazione. Il risultato? Le persone hanno iniziato a sentirsi parte del progetto e a condividerlo spontaneamente.

- **Aumenta l'interesse e l'engagement** – Se il pubblico partecipa, è più propenso a ricordarti e a supportarti.
- **Genera passaparola spontaneo** – Le persone condividono volentieri ciò che le appassiona.
- **Fornisce feedback utili** – Puoi migliorare la tua offerta grazie ai suggerimenti diretti del pubblico.
- **Rafforza la fiducia e la connessione** – Quando il pubblico si sente ascoltato, il legame con il brand si consolida.

Esempio Pratico: *Netflix utilizza i social media per coinvolgere attivamente il pubblico con sondaggi, domande aperte e contenuti personalizzati, facendo sentire ogni utente parte di una grande conversazione.*

Esercizio Pratico: Analizza il tuo attuale livello di interazione con il pubblico e identifica un'area in cui puoi migliorare.

CREARE OPPORTUNITÀ DI INTERAZIONE ONLINE

Il digitale offre infinite possibilità per coinvolgere il pubblico in modo diretto e interattivo.

Una volta ho lanciato un contest invitando il pubblico a condividere la loro esperienza con il prodotto del mio cliente. Il risultato? Non solo più visibilità, ma anche tante storie autentiche che hanno reso il brand più vicino alle persone.

Strategie efficaci per creare engagement online:

- **Sondaggi e quiz interattivi:** Chiedi al pubblico opinioni su temi rilevanti per il tuo brand.

- **Concorsi e giveaway:** Incentiva la partecipazione offrendo premi legati al tuo prodotto.
- **Dirette e Q&A:** Usa strumenti come Instagram Live, Facebook Live o YouTube per interagire in tempo reale.
- **Sfide e hashtag virali:** Crea una challenge coinvolgente e invita il pubblico a partecipare attivamente.
- **User-Generated Content (UGC):** Incoraggia gli utenti a condividere le loro esperienze con il tuo brand.

Esempio Pratico: *LEGO ha creato la piattaforma LEGO Ideas, dove i fan possono proporre nuovi set e votare le idee migliori, trasformando i clienti in veri co-creatori del prodotto.*

Esercizio Pratico: Scegli una delle strategie sopra e applicala alla tua realtà, creando un'iniziativa coinvolgente per il tuo pubblico.

COINVOLGERE IL PUBBLICO NEGLI EVENTI DAL VIVO

Anche nel mondo digitale, l'interazione fisica rimane un elemento chiave per creare connessioni autentiche.

Modi per coinvolgere il pubblico negli eventi:

- **Workshop e masterclass:** Offri esperienze pratiche che creino valore per i partecipanti.
- **Meetup e community gathering:** Organizza incontri informali per rafforzare il legame con il pubblico.
- **Esperienze immersive:** Crea eventi interattivi che permettano alle persone di vivere il tuo brand in modo diretto.
- **Networking e panel di discussione:** Dai spazio al confronto e alla condivisione di idee.

Esempio Pratico: *Red Bull organizza eventi estremi e gare sportive che attirano gli appassionati di adrenalina, trasformando il brand in un vero e proprio lifestyle.*

Esercizio Pratico: Pensa a un evento o a un'esperienza dal vivo che potresti organizzare per coinvolgere maggiormente il tuo pubblico.

RACCOGLIERE FEEDBACK E RENDERE IL PUBBLICO PARTE DEL PROCESSO

Le persone amano sentirsi parte di qualcosa. Se dai loro voce, si sentiranno più legate al tuo brand.

Modi per coinvolgere il pubblico nel processo di crescita del brand:

- **Chiedi opinioni su nuove idee o prodotti:** Usa sondaggi o test per ottenere feedback diretti.
- **Premia la partecipazione:** Dai riconoscimenti ai membri più attivi della community.
- **Crea contenuti basati sulle esigenze del pubblico:** Ascolta i problemi e offri soluzioni mirate.
- **Rispondi ai commenti e interagisci attivamente:** Non limitarti a pubblicare contenuti, ma costruisci un dialogo costante.

Esempio Pratico: *Spotify ha introdotto playlist personalizzate basate sulle preferenze degli utenti, mostrando come l'ascolto dei feedback possa migliorare l'esperienza del cliente.*

Esercizio Pratico: Crea un piccolo sondaggio per il tuo pubblico e scopri cosa vorrebbero migliorare o vedere di nuovo nel tuo brand.

CREARE UNA COMMUNITY ATTIVA E FIDELIZZATA

Il coinvolgimento non deve essere un'azione isolata, ma un processo continuo che rafforza la tua community.

Come costruire una community solida:

- **Dai un'identità alla tua community:** Un nome, un hashtag o un gruppo esclusivo possono rendere il pubblico più unito.

- **Incentiva la condivisione tra membri:** Crea spazi di dialogo (forum, gruppi Facebook, community private).
- **Organizza momenti di interazione regolari:** Dirette settimanali, appuntamenti fissi, eventi periodici.
- **Trasmetti un senso di appartenenza:** Fai sentire il pubblico parte di un movimento più grande.

Esempio Pratico: *Harley-Davidson non vende solo moto, ma ha costruito un'intera cultura attorno al brand, con raduni, club esclusivi e un senso di appartenenza fortissimo tra i clienti.*

Puoi creare un gruppo privato per i tuoi clienti più fedeli, offrendo contenuti esclusivi e interazioni dirette. Questo rafforza il legame e trasforma i membri in veri ambasciatori del brand.

Esercizio Pratico: Pensa a un'iniziativa che possa rendere il tuo pubblico parte di una community esclusiva.

Il pubblico non è solo un insieme di clienti o follower: è una community che può diventare il cuore pulsante del tuo brand.

- Crea opportunità di interazione online attraverso contenuti coinvolgenti.
- Organizza eventi dal vivo per rafforzare il legame con il pubblico.
- Chiedi feedback e fai sentire le persone parte della crescita del tuo brand.
- Costruisci una community solida e attiva che possa sostenere il tuo progetto nel tempo.

Ricorda: Il coinvolgimento trasforma gli spettatori in partecipanti, i clienti in ambasciatori e le idee in movimenti.

COSTRUIRE RELAZIONI AUTENTICHE CON IL TUO PUBBLICO

Il successo non dipende solo dalla qualità di un prodotto o servizio, ma dalla capacità di costruire relazioni autentiche e durature con il proprio pubblico.

L'ho capito nel momento in cui ho iniziato a promuovere i miei progetti. Pensavo che bastasse offrire qualcosa di valido e la gente sarebbe arrivata da sola. Ma presto mi sono accorto che il pubblico vuole qualcosa di più: sentirsi visto, ascoltato e apprezzato. Le persone non vogliono solo essere clienti o follower, vogliono far parte di una community in cui la loro opinione conta.

Se vuoi creare un pubblico fedele e coinvolto, devi investire tempo ed energie nel costruire relazioni vere, basate sulla fiducia e su una comunicazione sincera.

PERCHÉ LE RELAZIONI AUTENTICHE SONO FONDAMENTALI?

La fidelizzazione è più preziosa dell'acquisizione di nuovi clienti: un pubblico fedele è più propenso a sostenerti nel tempo.

- **Costruisce fiducia e credibilità:** Le persone si fidano di chi è autentico e coerente.
- **Aumenta il coinvolgimento:** Un pubblico che si sente valorizzato è più propenso a interagire con te.
- **Favorisce il passaparola:** I clienti soddisfatti consigliano il tuo brand ad amici e conoscenti.
- **Ti dà un vantaggio competitivo:** In un mercato affollato, il legame con il pubblico è ciò che ti distingue.

Esempio Pratico: *Starbucks non si limita a vendere caffè, ma ha creato un'esperienza in cui il cliente si sente accolto, con il proprio nome scritto sulla tazza e un ambiente familiare che rafforza il legame emotivo.*

Esercizio Pratico: Rifletti su come il tuo brand o progetto può offrire un'esperienza più personale al tuo pubblico.

ASCOLTARE IL PUBBLICO E RISPONDERE IN MODO SIGNIFICATIVO

L'interazione con il pubblico non deve essere superficiale, ma un vero e proprio dialogo.

Come migliorare l'ascolto e la comunicazione:

- **Rispondi ai commenti e ai messaggi:** Anche un semplice "grazie" mostra attenzione.
- **Chiedi opinioni e feedback:** Usa sondaggi e domande aperte per coinvolgere il pubblico.
- **Mostra empatia e disponibilità:** Rispondi con cura alle preoccupazioni e ai dubbi del pubblico.
- **Personalizza la comunicazione:** Chiamare le persone per nome o riconoscere i clienti fedeli fa la differenza.

Esempio Pratico: *Ritz-Carlton è celebre per il suo servizio clienti eccezionale, dove ogni dipendente è autorizzato a prendere iniziative per garantire un'esperienza straordinaria ai clienti, creando così una fedeltà duratura e una connessione emotiva con il brand.*

Esercizio Pratico: Dedica ogni giorno 10 minuti per rispondere ai messaggi del tuo pubblico con attenzione e personalizzazione.

ESSERE PRESENTI E ACCESSIBILI

Un pubblico che percepisce la tua presenza costante è più propenso a sentirsi connesso con te.

Strategie per aumentare la tua presenza:

- **Pubblica con costanza:** Non sparire per settimane e poi riapparire improvvisamente.

- **Partecipa a discussioni nei commenti e nei gruppi:** Dimostra interesse e coinvolgimento.
- **Crea momenti di interazione diretta:** Live, webinar, Q&A rafforzano la connessione.
- **Mostra il lato umano:** Condividi esperienze, retroscena e momenti autentici.

Esempio Pratico: *Gary Vaynerchuk risponde regolarmente ai commenti e ai messaggi dei suoi follower, creando un senso di relazione diretta con il pubblico, nonostante il suo enorme seguito.*

Esercizio Pratico: Programma almeno un contenuto a settimana in cui interagisci direttamente con il tuo pubblico (live, sessione di Q&A, risposte ai commenti).

CREARE UN SENSO DI APPARTENENZA

Le persone vogliono far parte di qualcosa di più grande. Dai loro un motivo per sentirsi parte della tua community.
Modi per rafforzare il senso di appartenenza:

- **Dai un nome alla tua community:** Creare un'identità condivisa rafforza il legame.
- **Premia la fedeltà del pubblico:** Offri vantaggi esclusivi ai follower più attivi.
- **Coinvolgi il pubblico in decisioni importanti:** Chiedi opinioni su nuovi prodotti o iniziative.
- **Condividi storie del tuo pubblico:** Mostra che apprezzi i tuoi clienti o lettori.

Esempio Pratico: *Apple ha creato una community di utenti fedeli che si identificano con il brand, grazie a eventi esclusivi, forum dedicati e un'esperienza utente unica.*

Esercizio Pratico: Pensa a un modo per far sentire il tuo pubblico parte di un gruppo speciale legato al tuo brand.

COSTRUIRE RELAZIONI AUTENTICHE NEL TEMPO

Le relazioni solide non si costruiscono in un giorno, ma con costanza e autenticità.

Cosa fare per mantenere la fiducia nel tempo:

- **Mantieni le promesse:** Se fai un annuncio o una promessa, rispettala sempre.
- **Non essere solo commerciale:** Alterna contenuti promozionali a contenuti di valore.
- **Mostra gratitudine:** Ringrazia il pubblico per il supporto e il tempo che ti dedica.
- **Evolviti senza perdere la tua identità:** Cresci e innova, ma mantieni sempre i tuoi valori.

Esempio Pratico: *IKEA ha costruito una relazione solida con i suoi clienti promuovendo la sostenibilità e l'accessibilità. Attraverso il suo programma 'IKEA Family' e le iniziative per il riuso e il riciclo dei mobili, ha creato una community di consumatori fedeli che condividono i valori del brand.*

Esercizio Pratico: Identifica tre modi in cui puoi dimostrare al tuo pubblico che la loro fedeltà è apprezzata e valorizzata.

Coltivare relazioni autentiche è la chiave per costruire un pubblico fedele e appassionato.

- Ascolta il pubblico e interagisci con sincerità.
- Sii presente e accessibile, non solo un'ombra digitale.
- Crea un senso di appartenenza e coinvolgi il pubblico nelle tue iniziative.
- Costruisci fiducia nel tempo con coerenza e autenticità.

Ricorda: Le persone ricordano come le hai fatte sentire, più di quello che hai venduto loro.

IN SINTESI

Per avere successo nella vita e nel raggiungimento dei tuoi obiettivi, è fondamentale comprendere il tuo pubblico e i tuoi clienti target. Utilizza strategie di promozione mirate, sconvolgi e crea un impatto che faccia parlare di te o del tuo prodotto. Mantieni la coerenza, sii autentico, crea una storia coinvolgente, coinvolgi attivamente il tuo pubblico e coltiva relazioni sincere. Questi sono gli ingredienti chiave per creare un successo duraturo basato sull'attenzione e l'interesse del pubblico.

9 COME GESTIRE IL TEMPO

"Il tempo è denaro." Quante volte ho sentito questa frase nella mia vita? Troppe. E per anni ho anche creduto che fosse vera. Lavoravo senza sosta, convinto che più ore dedicavo al mio business, più soldi avrei guadagnato e più successo avrei avuto. Solo col tempo ho capito che quel modo di pensare era profondamente sbagliato.

Il tempo non è denaro! Il denaro si può guadagnare, perdere e recuperare. Il tempo, invece, una volta andato, non torna più. Per questo la vera ricchezza non sta nell'accumulare denaro, ma nel saperlo usare per avere più tempo da dedicare a ciò che conta davvero.

IL PARADOSSO DEL LAVORO E DELLA RICCHEZZA

All'inizio della mia carriera, mi sono trovato intrappolato in un ciclo infinito:

- Più lavoravo, più guadagnavo.
- Più guadagnavo, più volevo lavorare per crescere ancora.
- Ma più lavoravo, meno tempo avevo per me stesso.

Ricordo un periodo in cui dormivo pochissimo, lavoravo sette giorni su sette, sempre alla ricerca di nuovi clienti e nuove opportunità. Mi dicevo: "Sto costruendo il mio futuro, devo fare sacrifici ora per godermi la vita dopo". Ma quando sarebbe arrivato quel "dopo"? Se non avessi cambiato mentalità, probabilmente non sarebbe mai arrivato.

La svolta è arrivata quando ho iniziato a osservare chi aveva già raggiunto il successo. Mi sono reso conto che le persone davvero ricche non scambiavano il loro tempo per denaro. Costruivano sistemi, investivano e creavano entrate che funzionavano anche senza il loro intervento diretto.

Quella è stata la mia prima vera lezione sulla libertà finanziaria: non si tratta di lavorare di più, ma di lavorare in modo più intelligente.

CREARE ENTRATE PASSIVE: IL SEGRETO DELLA LIBERTÀ

Uno degli errori più grandi che ho fatto agli inizi è stato quello di pensare che per guadagnare di più avrei dovuto lavorare di più. È un'illusione in cui cadono molte persone. La verità è che il vero successo finanziario arriva quando il denaro lavora per noi, invece di essere noi a lavorare per il denaro.

Quando ho capito questo, ho iniziato a costruire entrate passive. Ho investito in progetti che potevano generare guadagni anche senza il mio coinvolgimento quotidiano. Ecco alcune delle strategie che ho adottato:

- **Investimenti immobiliari** – Ho acquistato proprietà da affittare per creare un flusso di reddito stabile.
- **Business automatizzati** – Ho creato sistemi e delegato attività che potevano funzionare anche senza la mia presenza costante.
- **Proprietà intellettuale** – Ho scritto libri, sceneggiature e sviluppato format TV, tutti asset che continuano a generare valore nel tempo.
- **Entrate online** – Ho sviluppato prodotti digitali e servizi online che generano reddito senza un impegno fisso.

Grazie a queste strategie, ho iniziato a liberare il mio tempo. Non è successo dall'oggi al domani, ma ogni piccolo passo mi avvicinava alla libertà.

DELEGARE E LIBERARE TEMPO

Uno dei momenti più difficili della mia carriera è stato quando mi sono reso conto che stavo cercando di fare tutto da solo. Pensavo che nessuno potesse fare le cose come le facevo io. Credevo che delegare significasse perdere il controllo.

Eppure, il giorno in cui ho finalmente deciso di affidare alcune attività a collaboratori di fiducia, ho scoperto qualcosa di incredibile: non solo il mio business funzionava comunque, ma spesso le cose venivano fatte anche meglio di come le facevo io!

Se vogliamo massimizzare il nostro tempo, dobbiamo imparare a delegare. Ecco alcune cose che ho iniziato a delegare:

- **Attività ripetitive** – Ho assunto assistenti per la gestione amministrativa e la comunicazione.
- **Produzione di contenuti** – Ho collaborato con scrittori e creativi per sviluppare i miei progetti.
- **Gestione degli investimenti** – Ho lavorato con esperti per ottimizzare il rendimento delle mie risorse finanziarie.

Ogni attività delegata mi ha restituito ore preziose da dedicare alle cose che contano davvero: la mia famiglia, i miei hobby e i miei progetti creativi.

IL VERO OBIETTIVO: TEMPO LIBERO E QUALITÀ DELLA VITA

Alla fine, la vera domanda non è "Quanto denaro ho?", ma "Quanto tempo libero ho per godermi la mia vita?".

Ho conosciuto persone ricche che non avevano un minuto per sé stesse. Vivevano per lavorare, sempre stressate, sempre in corsa. E ho conosciuto persone con meno soldi, ma con una vita molto più felice ed equilibrata.

Ho deciso che la mia ricchezza non si sarebbe misurata solo in denaro, ma nella libertà di scegliere cosa fare del mio tempo. Perché il tempo è la risorsa più preziosa che abbiamo, e una volta perso, non possiamo riaverlo.

Se dovessi dare un consiglio a chiunque voglia raggiungere il successo, sarebbe questo: non lavorare solo per accumulare soldi. Lavora per creare un sistema che ti permetta di avere più tempo per vivere.

IL TEMPO È UN'OPPORTUNITÀ: NON SPRECARLO!

Ogni giorno è un'opportunità. Ogni ora è un investimento. La differenza tra chi ha successo e chi rimane bloccato è il modo in cui utilizza il proprio tempo.

Ecco alcune domande che mi faccio ogni giorno per assicurarmi di non sprecarlo:

- Sto dedicando il mio tempo a ciò che conta davvero?
- Sto costruendo qualcosa che mi darà più libertà in futuro?
- Se oggi fosse il mio ultimo giorno, saresti soddisfatto di come l'ho trascorso?

Se la risposta è "no" a una di queste domande, allora so che devo cambiare qualcosa.

Non aspettare di essere "abbastanza ricco" per iniziare a goderti la vita. Costruisci oggi un sistema che ti permetta di avere tempo per le cose che ami. Sfrutta il denaro come uno strumento per guadagnare tempo, non come un fine in sé.

Perché alla fine, il vero successo non si misura in quanto hai guadagnato, ma in quanto hai vissuto.

Ricorda: Il tempo non è denaro. Il tempo è molto di più. È libertà, è vita, è opportunità.

ORGANIZZARE LA PROPRIA GIORNATA

Uno degli errori più comuni che ho fatto all'inizio della mia carriera è stato credere che per avere successo dovessi lavorare il più possibile, riempiendo ogni minuto della mia giornata con impegni e attività. Era quasi una gara contro il tempo, un'illusione che mi faceva sentire produttivo, ma in realtà mi stava solo esaurendo. Poi ho scoperto un concetto che ha cambiato completamente il mio approccio: *non è lavorare di più che ti rende ricco, ma lavorare meglio.*

Il libro *"4 Ore Alla Settimana"* di Timothy Ferriss è stato una rivelazione. Non perché io creda che tutti possano vivere lavorando solo quattro ore alla settimana (anche se sarebbe fantastico), ma perché mi ha insegnato che il modo in cui strutturiamo il nostro tempo determina la qualità della nostra vita. Ferriss spiega come l'efficienza e la delega siano più importanti della semplice quantità di ore lavorate, e questo concetto si è rivelato fondamentale per me.

IL TEMPO È LA RISORSA PIÙ PREZIOSA

Molti pensano che il denaro sia la risorsa più importante, ma la verità è che il tempo è l'unica cosa che non possiamo recuperare. Organizzare la giornata in modo strategico significa:

- Evitare il caos e l'improvvisazione.
- Sfruttare al meglio ogni momento della giornata.
- Eliminare lo stress delle scadenze last-minute.
- Dedicare più tempo a ciò che conta davvero.

Esercizio Pratico: Prendi un foglio e scrivi tutto ciò che fai durante la giornata. Analizza quanto tempo dedichi alle attività realmente importanti. Potresti accorgerti che molte ore vengono sprecate in distrazioni e cose non essenziali.

CREARE UNA ROUTINE MATTUTINA DI SUCCESSO

Il modo in cui inizi la giornata determina il tono delle ore successive. Ho sperimentato molte routine diverse nel corso degli anni e ho imparato che alcuni elementi fanno davvero la differenza:

- **Svegliarsi presto** – Alzarsi prima degli altri offre un vantaggio enorme: più tempo per sé stessi e per concentrarsi sugli obiettivi senza distrazioni.
- **Evitare subito il telefono** – Controllare email e social appena svegli sovraccarica la mente di informazioni inutili e ti distrae.
- **Meditazione o respirazione consapevole** – Anche solo 5 minuti aiutano a ridurre lo stress e migliorare la concentrazione.
- **Attività fisica** – Una breve sessione di esercizio al mattino attiva il corpo e la mente.
- **Definire gli obiettivi della giornata** – Prendersi 5 minuti per scrivere 2-3 obiettivi principali da raggiungere aiuta a mantenere il focus.

Esercizio Pratico: Scrivi una lista delle cose che vorresti includere nella tua routine mattutina ideale. Inizia con piccole modifiche e aggiungi gradualmente nuove abitudini.

TECNICHE DI PIANIFICAZIONE PER MASSIMIZZARE LA PRODUTTIVITÀ

Per organizzare la giornata in modo efficace, possiamo utilizzare alcune tecniche collaudate.

1. Il Metodo delle 3 Priorità

Ogni mattina, individua tre attività chiave che, se completate, renderanno la tua giornata un successo.

- Scrivi le tre priorità su un foglio o in un'app per le note.

- Affrontale nelle prime ore della giornata, quando hai più energia.
- Evita distrazioni finché non le hai completate.

2. La Tecnica del Time Blocking

Questa tecnica consiste nel suddividere la giornata in blocchi di tempo dedicati a specifiche attività.

- Blocca il tempo per il lavoro, la formazione, l'attività fisica e il tempo libero.
- Evita il multitasking: concentrati su una sola attività per volta.
- Usa un timer per rispettare i blocchi di tempo stabiliti.

Esercizio Pratico: Prova a pianificare la tua giornata in blocchi di 60-90 minuti dedicati a compiti specifici. Dopo ogni blocco, concediti una pausa di 5-10 minuti per ricaricare le energie.

3. Il Metodo Pomodoro

Se tendi a procrastinare o a distrarti facilmente, il metodo Pomodoro può essere utile. Funziona così:

- Lavora intensamente per 25 minuti.
- Fai una pausa di 5 minuti.
- Ripeti il ciclo per 4 volte, poi fai una pausa più lunga di 15-30 minuti.

Esercizio Pratico: Imposta un timer e prova il metodo Pomodoro per una sessione di lavoro. Nota come influisce sulla tua produttività.

ELIMINARE LE PERDITE DI TEMPO

Uno dei motivi principali per cui molte persone non raggiungono i loro obiettivi è la quantità di tempo perso in attività inutili. Ecco alcune abitudini da eliminare per recuperare tempo prezioso:

- **Scorrere i social senza uno scopo preciso** – Limita l'uso dei social media e imposta un tempo massimo giornaliero.
- **Controllare le email in continuazione** – Dedica momenti specifici della giornata alla gestione delle email, invece di controllarle continuamente.
- **Dire "sì" a troppe richieste** – Impara a dire di no a impegni che non contribuiscono ai tuoi obiettivi.
- **Guardare troppa TV o serie senza controllo** – Concediti il tempo per il relax, ma senza esagerare.

Esercizio Pratico: Fai una lista delle tue principali distrazioni e trova modi per ridurle o eliminarle.

IL RUOLO DEL RIPOSO E DEL TEMPO LIBERO

Un errore comune è pensare che lavorare più ore equivalga a essere più produttivi. In realtà, la qualità del tempo dedicato al lavoro è molto più importante della quantità. I momenti di pausa e il tempo libero non sono una perdita di tempo, ma strumenti essenziali per mantenere un alto livello di energia e creatività.

Ecco alcune pratiche per un riposo efficace:

- **Dormi almeno 7-8 ore per notte** – Il sonno è fondamentale per il benessere fisico e mentale.
- **Stacca dal lavoro prima di dormire** – Evita schermi e email nelle ore serali per migliorare la qualità del sonno.
- **Dedica tempo agli hobby e alle passioni** – Coltivare passioni fuori dal lavoro aiuta a mantenere l'equilibrio mentale.

Esercizio Pratico: Pianifica una pausa di almeno un'ora ogni giorno per un'attività che ti rilassa e ti ricarica.

Organizzare la propria giornata non significa riempirla di impegni, ma darle un senso e una direzione chiara.

Ho imparato sulla mia pelle che la produttività non si misura in ore lavorate, ma in risultati ottenuti. Come dice Ferriss nel suo libro, *il segreto non è lavorare di più, ma lavorare in modo più intelligente.*

Ricorda: L'obiettivo non è solo fare di più, ma fare ciò che conta davvero. Se impariamo a gestire il nostro tempo con intelligenza, possiamo ottenere risultati straordinari senza sacrificare il benessere personale.

ORGANIZZAZIONE DELLA TIMELINE DI LAVORO

Avere grandi obiettivi è fondamentale, ma senza una pianificazione chiara rischiamo di perderci nella confusione o di procrastinare. Lo so bene, perché l'ho vissuto in prima persona. Nei miei primi anni da imprenditore, avevo mille idee e progetti in testa, ma senza una strategia precisa mi ritrovavo spesso a rincorrere il tempo, a lavorare fino a tardi e a non ottenere i risultati sperati. Fu allora che capii l'importanza di organizzare una timeline di lavoro efficace.

Organizzare il tempo non è una gabbia che limita la nostra creatività, ma uno strumento che ci offre più libertà e controllo sul nostro lavoro e sulla nostra vita. Creare una timeline ben strutturata permette di:

- Avere una visione chiara dei passi necessari per raggiungere i nostri obiettivi.
- Allocare il tempo in modo più efficiente, evitando sprechi e distrazioni.
- Evitare il sovraccarico e ridurre lo stress da eccessivo carico di lavoro.
- Focalizzarci su ciò che è veramente importante e urgente.

SUDDIVIDERE GLI OBIETTIVI IN ATTIVITÀ SPECIFICHE

Un obiettivo senza una strategia è solo un desiderio. Ho imparato questa lezione a mie spese quando ho deciso di scrivere il mio primo libro. All'inizio pensavo di poter scrivere liberamente, senza una struttura precisa, ma mi rendevo conto che perdevo troppo tempo senza fare reali progressi. Solo quando ho diviso il progetto in step concreti, con scadenze precise, sono riuscito a completarlo con successo.

Esempio Pratico: *Obiettivo: Scrivere un libro di 200 pagine in sei mesi. Suddivisione in attività:*

- *Ricerca e definizione della struttura del libro (1 settimana).*
- *Scrittura del primo capitolo (2 settimane).*
- *Scrittura degli altri capitoli, uno alla volta (4 mesi).*
- *Revisione e correzione finale (1 mese).*

Esercizio Pratico: Scrivi il tuo obiettivo principale e suddividilo in sotto-attività dettagliate, assegnando a ciascuna un tempo stimato di completamento.

CREARE UNA TIMELINE REALISTICA

Una volta suddivisi gli obiettivi, dobbiamo organizzare le attività in una timeline di lavoro. Per farlo in modo efficace:

- **Priorità prima di tutto** – Quali attività sono più urgenti o hanno una scadenza precisa? Inizia da quelle.
- **Tempi realistici** – Evita di sovraccaricarti. Dai a ogni attività il tempo necessario per essere completata bene.
- **Pause strategiche** – Inserisci momenti di riposo per evitare il burnout e mantenere alta la produttività.
- **Flessibilità** – Prevedi imprevisti e lascia spazio per eventuali modifiche al piano.

Struttura di una timeline settimanale:

- **Lunedì:** Pianificazione e impostazione degli obiettivi settimanali.
- **Martedì-Giovedì:** Esecuzione dei compiti più importanti e impegnativi.

- **Venerdì:** Revisione del lavoro svolto e rifinitura delle attività.
- **Sabato e Domenica:** Ricaricare le energie e prepararsi per la settimana successiva.

Esercizio Pratico: Crea una timeline settimanale per il tuo attuale progetto, assegnando a ogni giorno compiti specifici.

STRUMENTI UTILI PER LA GESTIONE DELLA TIMELINE

Esistono diversi strumenti digitali come App e softwares, anche gratuite, che possono aiutarci a organizzare meglio la nostra timeline di lavoro:

- **Un'agenda personale** – Che sia cartacea o digitale, è fondamentale per pianificare le giornate e gli impegni.
- **Un calendario ben strutturato** – Creare eventi con scadenze e promemoria aiuta a non perdere di vista gli obiettivi.
- **Un sistema di gestione delle attività** – Suddividere il lavoro in step chiari aiuta a mantenere il focus e a evitare la procrastinazione.

Esercizio Pratico: Scegli un metodo di organizzazione del tempo che si adatta al tuo stile di vita e inizia a usarlo per pianificare la tua timeline di lavoro.

EVITARE IL SOVRACCARICO DI LAVORO

Uno degli errori più comuni è riempire la propria timeline di attività senza lasciare spazio per pause o imprevisti. Questo porta a stress, inefficienza e perdita di motivazione.

Ecco alcune strategie per evitare il sovraccarico di lavoro:

- **Impara a dire NO** – Se un'attività non è prioritaria, rinviala o delegala.

- **Lascia margine tra un'attività e l'altra** – Un'agenda troppo piena non lascia spazio alla creatività o a momenti di riflessione.
- **Monitora il tuo stato mentale e fisico** – Se senti che stai lavorando troppo, prenditi una pausa.

Esercizio Pratico: Analizza il tuo attuale carico di lavoro. Ci sono attività che puoi eliminare o delegare per migliorare la tua produttività senza esaurirti?

FOCUS SULLE ATTIVITÀ AD ALTO IMPATTO

Non tutte le attività hanno lo stesso valore. Alcune hanno un impatto diretto sui nostri obiettivi, mentre altre sono semplici occupazioni che ci danno l'illusione di essere produttivi.

Regola dell'80/20 (Principio di Pareto) Il 20% delle attività che facciamo ogni giorno genera l'80% dei risultati. La chiave per un'ottima gestione della timeline è identificare e concentrarsi su quelle poche attività ad alto impatto che portano i migliori risultati.

Esercizio Pratico: Analizza le attività che svolgi ogni giorno e chiediti: *"Quali di queste portano il massimo risultato con il minimo sforzo?"* Focalizzati su quelle.

Una buona gestione del tempo non solo migliora la produttività, ma ci permette anche di lavorare con meno stress e più soddisfazione.

L'obiettivo non è riempire ogni minuto della giornata di attività, ma pianificare con intelligenza ed equilibrio, lasciando spazio per la crescita personale e il benessere. Ho imparato che la chiave per un successo duraturo non è lavorare senza sosta, ma lavorare in modo più intelligente e strategico.

Ricorda: Organizzare la timeline di lavoro è essenziale per trasformare gli obiettivi in risultati concreti.

Inizia oggi stesso a creare la tua timeline di lavoro e scoprirai quanto può migliorare la tua efficienza e il tuo successo!

L'ARTE DI DELEGARE: COME LIBERARE TEMPO E AUMENTARE LA PRODUTTIVITÀ

Uno degli errori più comuni tra imprenditori, manager e professionisti è credere di dover fare tutto da soli. Questo approccio porta spesso a sovraccarico di lavoro, stress e inefficienza. In realtà, imparare a demandare è una delle strategie più potenti per risparmiare tempo e aumentare la produttività.

Delegare non significa perdere il controllo, ma ottimizzare le risorse a disposizione, liberando tempo prezioso per concentrarsi sulle attività più strategiche e a più alto valore aggiunto. Inoltre, demandare consente di valorizzare e sviluppare le competenze degli altri, creando un ambiente collaborativo più efficiente.

PERCHÉ È IMPORTANTE DELEGARE?

Chi sa delegare ottiene più risultati con meno sforzo. Demandare le giuste attività porta numerosi benefici:

- **Risparmio di tempo** – Liberi ore preziose nella tua giornata.
- **Aumento della produttività** – Ti concentri su compiti di alto valore mentre altri si occupano delle attività secondarie.
- **Meno stress e più equilibrio** – Riduci il carico di lavoro e migliori la qualità della tua vita.
- **Crescita del team e dell'azienda** – Delegando, dai agli altri l'opportunità di sviluppare nuove competenze.

Esercizio Pratico: Prendi un foglio e scrivi tutte le attività che svolgi ogni giorno. Quali di queste potrebbero essere delegate ad altri?

COSA DEMANDARE E COSA TENERE PER SÉ

Non tutte le attività possono essere delegate. La chiave per un buon equilibrio è capire cosa affidare agli altri e cosa mantenere sotto il proprio controllo.

Attività da Demandare:

- **Attività ripetitive e operative** – Email, amministrazione, gestione social media, aggiornamenti di sistema.
- **Compiti che altri possono fare meglio di te** – Se qualcuno è più esperto in un'area, lascia che se ne occupi.
- **Attività a basso valore aggiunto** – Compiti che richiedono tempo ma non contribuiscono direttamente al raggiungimento dei tuoi obiettivi.

Attività da Mantenere per Sé:

- **Decisioni strategiche** – La visione del business e le scelte chiave devono rimanere nelle tue mani.
- **Attività creative e innovative** – Se sei il motore della tua impresa, mantieni il focus su ciò che fa la differenza.
- **Relazioni e networking** – Costruire connessioni di valore è un compito che non può essere delegato.

Esercizio Pratico: Analizza il tuo lavoro e suddividi le attività in due colonne: "Da delegare" e "Da gestire personalmente".

COME DELEGARE IN MODO EFFICACE

Delegare non significa semplicemente assegnare un compito a qualcuno, ma farlo in modo strategico per garantire il massimo risultato.

Ecco i passi per una delega efficace:

1. **Identifica la persona giusta** – Assegna il compito a qualcuno con le competenze adeguate. Se necessario, investi nella sua formazione.

2. **Comunica chiaramente** – Fornisci istruzioni dettagliate, specifica gli obiettivi e stabilisci aspettative chiare.
3. **Dai autonomia e fiducia** – Evita il micro-management: lascia spazio affinché la persona trovi il proprio metodo per completare il lavoro.
4. **Monitora senza controllare eccessivamente** – Stabilisci punti di verifica per valutare i progressi senza interferire continuamente.
5. **Fornisci feedback e supporto** – Aiuta le persone a migliorare nel tempo, offrendo suggerimenti costruttivi.

Esercizio Pratico: Inizia a delegare un compito semplice questa settimana, seguendo questi cinque passaggi.

STRUMENTI PER DELEGARE IN MODO EFFICIENTE

Grazie alla tecnologia, delegare è più semplice che mai. Esistono strumenti digitali che permettono di organizzare il lavoro in team, gestire progetti e monitorare i progressi in modo efficace. Alcuni strumenti utili includono:

- **Piattaforme di gestione progetti** per suddividere le attività e assegnare compiti ai collaboratori.
- **Spazi di archiviazione cloud** per condividere documenti e lavorare in team in modo organizzato.
- **Strumenti di comunicazione interna** per facilitare la collaborazione a distanza e migliorare il flusso di informazioni.
- **Marketplace per freelance** per trovare professionisti specializzati in tutto il mondo.

Esercizio Pratico: Scegli uno strumento digitale adatto alle tue esigenze e inizia a utilizzarlo per delegare un'attività.

SUPERARE LA PAURA DI DELEGARE

Molte persone faticano a delegare per paura di perdere il controllo o perché pensano che "nessuno può fare le cose bene come loro".

Se ti riconosci in questo atteggiamento, prova a cambiare prospettiva:

- "Delegare significa perdere il controllo" → "Delegare significa ottenere più risultati con meno sforzo".
- "Nessuno farà il lavoro come me" → "Altri potrebbero farlo meglio di me, liberandomi tempo per cose più importanti".
- "Non posso fidarmi di nessuno" → "Posso formare le persone affinché lavorino in modo efficace".

Esercizio Pratico: Rifletti su una situazione in cui hai evitato di delegare per paura di perdere il controllo. Come avresti potuto gestirla diversamente?

Delegare è una delle abilità più potenti per risparmiare tempo e migliorare l'efficienza.

Più impariamo a demandare in modo intelligente, più tempo guadagniamo per dedicarci a ciò che conta davvero.

Ricorda: Non si tratta solo di liberarsi di compiti, ma di costruire un sistema efficace in cui ogni persona contribuisce al massimo delle proprie capacità.

Inizia oggi stesso a delegare e scoprirai quanto può migliorare la tua produttività e la tua qualità di vita.

DEDICARE IL TEMPO A CIÒ CHE RENDE DI PIÙ

Potrei sembrare ripetitivo, ma non mi stancherò mai di ribadire che il tempo è la risorsa più preziosa che abbiamo, e il modo in cui lo utilizziamo determina in gran parte il nostro successo e la nostra felicità. Ho imparato questa lezione nel corso degli anni, attraverso errori, momenti di stallo e decisioni sbagliate che mi hanno portato a capire quanto sia essenziale dedicarsi solo a ciò che conta davvero.

Spesso cadiamo nella trappola di riempire le nostre giornate con compiti urgenti ma poco importanti. Rispondiamo a email inutili, partecipiamo a riunioni poco produttive o perdiamo ore sui social media senza un vero scopo. Per massimizzare il nostro tempo, dobbiamo identificare le attività che generano i maggiori risultati e dedicarci a esse con disciplina e costanza.

LA DIFFERENZA TRA ESSERE OCCUPATI ED ESSERE PRODUTTIVI

Per molto tempo anch'io sono stato vittima della convinzione che essere sempre impegnati fosse sinonimo di successo. Credevo che lavorare fino a tardi e riempire ogni minuto della mia giornata significasse fare progressi. Ma la realtà è un'altra: essere impegnati non significa essere produttivi.

Essere occupati significa:

- Riempire la giornata con attività poco significative.
- Essere costantemente in movimento senza una direzione chiara.
- Fare multitasking senza completare nulla in modo efficace.

Essere produttivi significa:

- Concentrare il tempo sulle attività che generano il massimo impatto.
- Eliminare le distrazioni e lavorare con intenzionalità.
- Dire "no" a ciò che non contribuisce ai nostri obiettivi.

Esercizio Pratico: Prendi un foglio e scrivi tutte le attività che hai svolto oggi. Poi chiediti: "Quali di queste hanno realmente contribuito ai miei obiettivi?" Potresti scoprire che molte cose erano inutili o poco produttive.

IL SUCCESSO NON È SOLO RICCHEZZA: TROVARE EQUILIBRIO TRA LAVORO E VITA

Nel corso della mia carriera ho avuto periodi in cui ero talmente focalizzato sul lavoro da trascurare tutto il resto: amici, famiglia, benessere personale. Finché non mi sono reso conto che il vero successo non si misura solo in termini di denaro o risultati professionali.

Dedicare il nostro tempo a ciò che conta davvero significa anche bilanciare il lavoro con:

- **Le relazioni personali** – Il tempo con la famiglia e gli amici è essenziale per una vita appagante.
- **La crescita personale** – Leggere, apprendere e migliorarsi costantemente contribuiscono alla nostra realizzazione.
- **La salute e il benessere** – Senza salute fisica e mentale, nessun successo ha valore.

Se lavoriamo incessantemente senza mai fermarci, potremmo trovarci un giorno con soldi in banca ma senza energia, senza relazioni vere e senza un senso di appagamento.

Esercizio Pratico: Rifletti su quanto tempo dedichi ogni settimana alle persone che ami, alla tua crescita personale e alla cura del tuo benessere. Se questi aspetti sono trascurati, è il momento di riorganizzare le tue priorità.

IDENTIFICARE LE ATTIVITÀ CHE PORTANO IL MAGGIOR RENDIMENTO

Per ottimizzare il nostro tempo, dobbiamo distinguere tra attività ad alto impatto e attività a basso impatto.

Attività ad alto impatto:

- Generano risultati significativi per i nostri obiettivi.
- Ci avvicinano al successo a lungo termine.
- Sono attività strategiche e non solo operative.

Attività a basso impatto:

- Sono compiti ripetitivi che non aggiungono valore reale.
- Sono distrazioni che ci allontanano dai nostri obiettivi.
- Ci fanno sentire "impegnati" senza portarci reali benefici.

Esercizio Pratico: Fai una lista delle tue attività settimanali e classificale in base al loro impatto. Poi cerca di ridurre o eliminare quelle a basso impatto e aumentare il tempo dedicato a quelle più produttive.

ELIMINARE LE DISTRAZIONI

Uno degli ostacoli principali alla produttività è la mancanza di focus. Spesso siamo distratti da notifiche, email, social media o richieste di altre persone.

Ecco alcune strategie per proteggere il tuo tempo:

- Disattiva le notifiche del telefono durante il lavoro.
- Evita di controllare le email in continuazione: dedicagli momenti specifici della giornata.
- Dì NO senza sensi di colpa a impegni che non ti portano valore.
- Imposta un tempo limite per attività poco produttive, come guardare la TV o navigare sui social.

Esercizio Pratico: Oggi, prova a lavorare per un'ora senza interruzioni, spegnendo notifiche e chiudendo le distrazioni. Nota quanto riesci a fare in meno tempo.

LA DISCIPLINA: IL SEGRETO PER OTTIMIZZARE IL TEMPO

A volte sappiamo già quali sono le attività più importanti, ma fatichiamo a metterle in pratica. La disciplina personale è la chiave per mantenere il focus e non cedere alla procrastinazione.

Ecco alcuni modi per sviluppare più autodisciplina:

- **Inizia la giornata con un piano preciso** – Sapere esattamente cosa fare riduce il rischio di perdere tempo.
- **Usa la tecnica del "prima il dovere, poi il piacere"** – Completa prima i compiti più importanti, poi concediti una pausa.
- **Crea abitudini solide** – Lavorare su ciò che conta deve diventare un'abitudine, non solo una scelta occasionale.
- **Tieni traccia dei tuoi progressi** – Sapere che stai avanzando verso i tuoi obiettivi aumenta la motivazione.

Esercizio Pratico: Scegli una sola abitudine produttiva che vuoi sviluppare e impegnati a praticarla ogni giorno per una settimana.

Il tempo è la risorsa più limitata che abbiamo. Ogni giorno che passa è un giorno in meno a nostra disposizione. Se vogliamo avere successo, dobbiamo agire con urgenza e sfruttare al massimo ogni istante.

Esercizio Pratico: Ogni sera, prima di dormire, fai un bilancio della tua giornata e chiediti: "Ho sfruttato il mio tempo in modo produttivo e significativo?" Se la risposta è no, impegnati a fare meglio domani.

Ricorda: Il tempo è la nostra risorsa più preziosa: non sprechiamolo.

IN SINTESI

Dedicare il proprio tempo a ciò che rende di più significa scegliere con attenzione le attività che portano valore alla nostra vita. Il vero successo non è solo una questione di soldi, ma di equilibrio tra lavoro, crescita personale e relazioni.

10 COME NEGOZIARE

Molti tendono a confondere la vendita con la negoziazione, ma in realtà sono due processi distinti.

Vendere significa convincere un cliente del valore di un prodotto o servizio, mostrando come può risolvere un problema o soddisfare un bisogno. Il focus è sulla comunicazione, sulla creazione di fiducia e sulla capacità di far emergere i benefici della propria offerta.

Negoziare, invece, riguarda il raggiungimento di un accordo che soddisfi entrambe le parti. Non si tratta solo di convincere, ma di trovare un punto di equilibrio tra esigenze diverse, gestendo compromessi, concessioni e soluzioni alternative.

Sebbene vendita e negoziazione abbiano alcuni elementi in comune, come l'ascolto attivo e la capacità di creare valore per l'interlocutore, la vendita è spesso il primo passo, mentre la negoziazione entra in gioco quando ci sono più variabili da definire, come il prezzo, le condizioni o i dettagli contrattuali. In poche parole, *si può vendere senza negoziare, ma non si può negoziare senza saper vendere.*

CONOSCERE LE ESIGENZE DEL CLIENTE: IL POTERE DELL'ASCOLTO

Nel contesto della negoziazione e della vendita, spesso si dà troppa importanza a ciò che vogliamo dire, trascurando l'aspetto più cruciale: ascoltare. Comprendere davvero le esigenze del cliente è ciò che permette di offrire soluzioni pertinenti e di costruire un rapporto di fiducia.

L'errore più comune è entrare in una trattativa con un'idea preconfezionata di ciò che il cliente dovrebbe desiderare, invece di scoprirlo direttamente da lui. Solo attraverso l'ascolto attivo possiamo ottenere informazioni preziose per personalizzare la nostra offerta in modo convincente ed efficace.

L'ASCOLTO ATTIVO: NON BASTA SENTIRE, BISOGNA COMPRENDERE

L'ascolto attivo non significa semplicemente udire le parole del cliente, ma essere realmente presenti nella conversazione, cogliendo non solo il significato esplicito di ciò che viene detto, ma anche le emozioni e le intenzioni sottostanti.

Elementi dell'ascolto attivo:

- **Focalizzarsi completamente sull'interlocutore** – Evita distrazioni e interrompere.
- **Osservare il linguaggio non verbale** – Espressioni facciali, gesti e tono di voce possono rivelare più delle parole.
- **Riformulare e confermare la comprensione** – Ripetere in sintesi ciò che il cliente ha detto aiuta a dimostrare che hai realmente compreso.

Esempio Pratico: *"Mi sembra di capire che per Lei sia fondamentale trovare una soluzione che riduca i tempi di gestione senza sacrificare la qualità. È corretto?"*

Esercizio Pratico: Durante la prossima conversazione con un cliente, prova a non intervenire subito con la tua opinione. Lascia parlare l'interlocutore per almeno un minuto e poi riassumi ciò che hai capito con parole tue.

INDIVIDUARE I VERI BISOGNI DEL CLIENTE

Spesso i clienti non esprimono chiaramente i loro bisogni reali, ma si concentrano su dettagli superficiali o problemi immediati. Un buon venditore o negoziatore sa andare oltre le parole per scoprire la vera motivazione che guida le scelte del cliente.

Come identificare i bisogni reali:

- **Fai domande aperte** – Spingono il cliente a esprimere più informazioni.
- **Chiedi "Perché?"** – Ogni volta che un cliente dice di volere qualcosa, chiediti perché lo vuole.
- **Osserva le sue priorità** – Le sue preoccupazioni principali rivelano cosa conta davvero per lui.

Esempio Pratico: *"Mi interessa capire cosa è più importante per te in questa soluzione: è la flessibilità, il costo o la rapidità di esecuzione?"*

Esercizio Pratico: Prova a prendere un'esigenza generica di un cliente e chiediti quale necessità più profonda si nasconde dietro.

IL SILENZIO COME STRUMENTO DI COMUNICAZIONE

Il silenzio è una delle tecniche più sottovalutate nella negoziazione. Molte persone si sentono a disagio con i momenti di silenzio e cercano di riempirli parlando di più. Ma chi sa usare il silenzio strategicamente ottiene informazioni preziose.

Perché il silenzio è efficace?

- **Dà tempo al cliente di riflettere** – A volte una pausa gli permette di esprimere più dettagli.

- **Evita risposte affrettate** – Un attimo di silenzio prima di rispondere dimostra ponderazione.
- **Può far emergere informazioni aggiuntive** – Molti clienti, sentendo il silenzio, tendono a parlare di più per riempirlo.

Esempio Pratico: *Dopo aver fatto una domanda chiave, fai una pausa di qualche secondo prima di rispondere. Potresti essere sorpreso da ciò che il cliente dirà.*

Esercizio Pratico: Nella tua prossima conversazione, conta mentalmente fino a 5 prima di rispondere alle dichiarazioni del cliente.

ADATTARE IL PROPRIO LINGUAGGIO AL CLIENTE

Ogni cliente ha un modo di comunicare diverso e sintonizzarsi sul suo linguaggio aumenta notevolmente la possibilità di concludere un accordo.

Come adattarsi al linguaggio del cliente:

- **Osserva il suo stile di comunicazione** – È diretto o preferisce spiegazioni dettagliate?
- **Usa parole chiave che il cliente stesso ha usato** – Questo rafforza la connessione.
- **Mantieni lo stesso tono e ritmo** – Se il cliente parla lentamente e con calma, evita di essere troppo veloce e aggressivo.

Esempio Pratico: *"Hai detto che per te è fondamentale la semplicità d'uso. Questo prodotto è stato progettato proprio per chi cerca un'interfaccia intuitiva e immediata."*

Esercizio Pratico: Durante una conversazione, prova a ripetere alcune delle parole chiave che il cliente usa. Nota se questo crea più sintonia.

L'IMPORTANZA DELLE EMOZIONI NEL PROCESSO DECISIONALE

Le decisioni di acquisto non sono solo razionali: le emozioni giocano un ruolo fondamentale. Un buon ascolto aiuta a individuare le leve emotive che influenzano le scelte del cliente.

Come individuare le emozioni dietro una decisione?

- **Osserva le espressioni facciali e il tono di voce** – Indicano entusiasmo, preoccupazione o incertezza?
- **Chiedi cosa lo entusiasma o lo preoccupa di più** – Questo svela i veri motivatori d'acquisto.
- **Mostra empatia** – Se un cliente esprime un dubbio, riconoscilo prima di rispondere.

Esempio Pratico: *"Capisco che tu voglia essere sicuro prima di prendere una decisione. È una scelta importante, ed è giusto valutare tutto con calma."*

Esercizio Pratico: Identifica un'emozione dominante in un cliente durante una conversazione e prova a rispecchiarla con empatia.

Conoscere le esigenze del cliente non significa solo ascoltare le parole, ma comprendere ciò che realmente sta cercando. L'ascolto attivo, il silenzio strategico, l'adattamento del linguaggio e la comprensione delle emozioni sono strumenti fondamentali per creare un'esperienza di valore.

Ricorda: Un cliente che si sente veramente compreso è un cliente che si fiderà di te.

LE FASI DELLA NEGOZIAZIONE: DAL PRIMO CONTATTO ALLA CHIUSURA

La negoziazione non è un confronto improvvisato, ma un processo strutturato che segue fasi ben precise. Comprendere ogni fase consente di migliorare l'efficacia della trattativa, evitando errori e garantendo un risultato vantaggioso per entrambe le parti.

Ho imparato questa lezione nel modo più duro. Agli inizi, pensavo che negoziare significasse semplicemente convincere l'altra parte ad accettare la mia proposta. Poi ho capito che la chiave del successo era un'altra: ascoltare, prepararsi e costruire un accordo su basi solide.

Ogni negoziazione è diversa, ma segue un percorso logico che va dalla preparazione iniziale alla chiusura dell'accordo. Conoscere e padroneggiare queste fasi permette di affrontare la trattativa con sicurezza e flessibilità.

PREPARAZIONE: COSTRUIRE UNA BASE SOLIDA

La preparazione è il fondamento di una negoziazione di successo. Entrare in trattativa senza un piano chiaro significa partire svantaggiati. Ho sperimentato sulla mia pelle quanto possa essere disastroso lanciarsi in una negoziazione senza una strategia. Una volta ho dovuto rivedere completamente un accordo perché non avevo studiato a fondo la controparte, finendo per perdere settimane di lavoro.

Cosa fare in questa fase?

- **Definire gli obiettivi** – Qual è il risultato minimo accettabile? Quale sarebbe l'accordo ideale?
- **Studiare la controparte** – Quali sono i suoi interessi, i suoi punti di forza e le sue debolezze?
- **Identificare alternative** – Quali altre opzioni sono disponibili se la trattativa non va a buon fine?
- **Prevedere possibili obiezioni** – Quali argomentazioni potrebbe sollevare la controparte e come rispondere?

Strategia: Preparare uno schema di negoziazione, con punti chiave da affrontare e possibili scenari di sviluppo.

Esercizio Pratico: Prima di una trattativa, scrivi i tuoi obiettivi principali e una strategia per raggiungerli. Analizza anche i punti di vista dell'altra parte per essere pronto a rispondere efficacemente.

APERTURA: CREARE UN CLIMA DI FIDUCIA

Il primo contatto tra le parti è determinante per impostare il tono della negoziazione. Un'apertura ben gestita aiuta a instaurare un dialogo costruttivo e a ridurre tensioni o pregiudizi iniziali. Ho visto negoziazioni fallire nei primi cinque minuti solo perché una delle due parti si presentava con un atteggiamento troppo aggressivo o troppo difensivo.

Obiettivi della fase di apertura:

- Creare un clima di rispetto reciproco.
- Stabilire le regole del confronto in modo chiaro.
- Dimostrare disponibilità al dialogo senza rivelare subito tutte le proprie carte.

Come creare un buon clima iniziale?

- Inizia con un approccio neutro e professionale.
- Osserva il linguaggio del corpo della controparte per cogliere segnali utili.
- Trova punti in comune per allentare la tensione.

Esempio Pratico: *"Apprezzo il tempo che stiamo dedicando a questa discussione. Sono sicuro che troveremo una soluzione vantaggiosa per entrambi."*

Esercizio Pratico: Nella prossima negoziazione, prova a iniziare con una frase che dimostri apertura e collaborazione.

SCAMBIO DI INFORMAZIONI: CAPIRE LE REALTÀ IN GIOCO

Una volta stabilito un clima positivo, è il momento di raccogliere e condividere informazioni in modo strategico. Questa fase serve a comprendere meglio la posizione dell'altra parte e far emergere esigenze, aspettative e vincoli.

Come affrontare lo scambio di informazioni?

- **Fai domande mirate** – Cerca di ottenere dettagli che possano aiutarti a costruire un'offerta efficace.
- **Evita di rivelare subito la tua posizione finale** – Dai informazioni in modo progressivo, valutando la reazione della controparte.
- **Ascolta più di quanto parli** – Le informazioni che ottieni sono più importanti di quelle che fornisci.

Esempio Pratico: *"Mi piacerebbe capire meglio quali sono per voi i fattori più importanti in questa collaborazione. Potete condividere qualche dettaglio sulle vostre priorità?"*

Esercizio Pratico: La prossima volta che negozi, focalizzati su ascoltare più che parlare nella fase iniziale dello scambio di informazioni.

RICERCA DI SOLUZIONI: COSTRUIRE UN ACCORDO WIN-WIN

Una negoziazione efficace non si basa su un semplice "vince uno, perde l'altro", ma sulla capacità di trovare soluzioni vantaggiose per entrambe le parti. Ho imparato che una piccola concessione strategica può spesso sbloccare un'intera trattativa.

Strategie per individuare una soluzione comune:

- **Focalizzati sugli interessi, non sulle posizioni** – Spesso le parti vogliono la stessa cosa ma la esprimono in modi diversi.
- **Sii flessibile nelle alternative** – A volte una piccola concessione può sbloccare un accordo più ampio.
- **Usa dati concreti** – Offrire numeri e riferimenti oggettivi aiuta a rendere più solide le tue argomentazioni.

Esempio Pratico: *"Se per voi il fattore chiave è la velocità di consegna,* *possiamo lavorare su un piano che garantisca tempi più rapidi, in cambio di un impegno su una quantità maggiore."*

Esercizio Pratico: La prossima volta che ti trovi in una negoziazione, prova a formulare almeno due alternative all'accordo iniziale per aumentare le possibilità di chiusura positiva.

CHIUSURA: FORMALIZZARE L'ACCORDO

La fase finale è quella in cui si finalizza l'accordo e si confermano i termini definitivi. Anche se sembra il passaggio più semplice, è fondamentale chiuderlo nel modo giusto per evitare malintesi o ripensamenti.

Come chiudere con successo?

- **Riassumi i punti principali dell'accordo** per confermare che entrambe le parti siano allineate.
- **Chiarisci i passi successivi** – Definisci in modo preciso le azioni concrete che seguiranno.
- **Fai in modo che l'accordo sia formalizzato** in modo chiaro e trasparente.

Esempio Pratico: *"Abbiamo concordato che il servizio verrà attivato entro 30 giorni e che il supporto sarà garantito per un anno. Procediamo con la firma del contratto?"*

Esercizio Pratico: Dopo la prossima negoziazione, verifica che la chiusura sia chiara per entrambe le parti chiedendo un feedback immediato.

La negoziazione è un processo logico che richiede preparazione, ascolto e capacità di trovare soluzioni equilibrate. Ogni fase ha la sua importanza e saltarne una può compromettere il risultato finale.

Ricorda: Un buon negoziatore non è colui che impone la propria volontà, ma chi sa guidare la trattativa verso un accordo solido e duraturo.

VALORIZZARE IL CLIENTE: CREARE UN RAPPORTO CHE VA OLTRE LA VENDITA

Ho imparato sulla mia pelle che vendere non significa solo chiudere un affare, ma costruire un legame. Ho visto aziende ossessionate dall'acquisizione di nuovi clienti trascurare quelli che già avevano, per poi chiedersi perché il loro business fosse stagnante. Il segreto? Valorizzare ogni cliente come se fosse il più importante, perché lo è.

Un cliente che si sente apprezzato non solo ritorna, ma parla di te ad altri. E non c'è pubblicità migliore del passaparola positivo. Ma come si fa a trasformare un cliente occasionale in un sostenitore del tuo brand? Serve un mix di attenzione, personalizzazione e comunicazione autentica.

COMPRENDERE IL CLIENTE OLTRE LA TRANSAZIONE

All'inizio della mia carriera, pensavo che il mio lavoro fosse vendere un prodotto o un servizio nel miglior modo possibile. Poi ho capito che il vero obiettivo era risolvere un problema per il cliente. Questo cambia tutto.

Come farlo?

- **Ascoltare davvero** – Spesso il cliente non dice direttamente cosa vuole, ma lo lascia intuire tra le righe.
- **Personalizzare l'offerta** – Adattare la soluzione alle sue esigenze fa la differenza tra una vendita e una relazione.
- **Farlo sentire unico** – Un cliente che percepisce di essere una priorità sarà più propenso a fidarsi e a restare fedele.

Esempio Pratico: *"Ho notato che nel tuo settore la rapidità è fondamentale. Possiamo strutturare un servizio su misura che ti garantisca la massima efficienza senza sacrificare la qualità."*

Esercizio Pratico: La prossima volta che interagisci con un cliente, cerca di scoprire qualcosa di più sul suo contesto lavorativo e su cosa realmente conta per lui.

CREARE UN'ESPERIENZA SUPERIORE

La qualità del prodotto o servizio è importante, ma ciò che il cliente ricorderà davvero è l'esperienza complessiva.

Ho visto clienti rimanere fedeli per anni non perché il prodotto fosse perfetto, ma perché si sentivano trattati con rispetto e attenzione.

Come migliorare l'esperienza cliente?

- **Chiarezza e trasparenza** – Nessuno vuole sorprese spiacevoli.
- **Facilità di comunicazione** – Le persone apprezzano risposte rapide e precise.
- **Supporto post-vendita** – Il cliente non dovrebbe sentirsi abbandonato dopo l'acquisto.

Esempio Pratico: *"Sappiamo che il supporto post-vendita è essenziale. Per questo abbiamo creato un canale dedicato in cui puoi ricevere assistenza immediata senza dover perdere tempo."*

Esercizio Pratico: Analizza il tuo attuale processo di interazione con i clienti e individua un punto in cui puoi migliorare la loro esperienza complessiva.

DIMOSTRARE RICONOSCENZA E ATTENZIONE

Spesso pensiamo che basti un buon prodotto per mantenere un cliente fedele, ma in realtà sono i piccoli gesti che fanno la differenza. Ho imparato che un semplice "grazie" può valere più di uno sconto.

Modi per valorizzare il cliente:

- **Follow-up personalizzati** – Un messaggio dopo l'acquisto per chiedere un feedback dimostra attenzione.

- **Premi per la fedeltà** – Offrire vantaggi esclusivi a chi torna rafforza il rapporto.
- **Ascoltare i suggerimenti** – Un cliente che si sente ascoltato è più propenso a restare.

Esempio Pratico: *"Abbiamo apprezzato il tuo feedback e, grazie ai tuoi suggerimenti, abbiamo migliorato alcune funzionalità del nostro servizio."*

Esercizio Pratico: Dopo una vendita, invia un messaggio personalizzato per ringraziare il cliente e chiedergli un'opinione sincera sull'esperienza.

COSTRUIRE UNA RELAZIONE A LUNGO TERMINE

Non basta chiudere una vendita: il vero obiettivo è creare un legame che duri nel tempo. Un cliente che si sente seguito non avrà motivo di cercare alternative.

Elementi chiave per mantenere il rapporto:

- **Coerenza nel tempo** – Il servizio deve essere sempre di alto livello.
- **Contatti periodici senza fini di vendita** – Un messaggio per aggiornare su novità o offrire valore gratuito può fare la differenza.
- **Adattabilità alle sue esigenze** – Se capisci prima di lui cosa gli servirà in futuro, resterà con te.

Esempio Pratico: *"Il mercato sta cambiando e potrebbe interessarti questa nuova strategia. Ti va di discuterne per vedere come può esserti utile?"*

Esercizio Pratico: Crea un piano di contatto per i clienti chiave, con aggiornamenti regolari per mantenere vivo il rapporto anche dopo la vendita.

LA COMUNICAZIONE COME STRUMENTO DI VALORIZZAZIONE

Ogni interazione con un cliente è un'opportunità per rafforzare la relazione. Un'email trascurata o una risposta frettolosa possono compromettere il legame.

Come migliorare la comunicazione?

- **Essere chiari e diretti** – Evita giri di parole inutili.
- **Mostrare empatia** – Il cliente deve sentire che capisci il suo punto di vista.
- **Essere reattivi** – Rispondere rapidamente è un segno di rispetto e professionalità.

Esempio Pratico: *"Capisco perfettamente la tua esigenza di avere un servizio rapido. Ti confermo che possiamo garantire la consegna in 48 ore senza costi aggiuntivi."*

Esercizio Pratico: Rivedi il modo in cui rispondi ai clienti e verifica se puoi rendere le tue comunicazioni più chiare, empatiche e dirette.

Valorizzare il cliente non significa solo fornirgli un prodotto o un servizio, ma farlo sentire parte di un'esperienza. Ho imparato che il successo di un business non dipende solo dalla qualità dell'offerta, ma dalla capacità di costruire rapporti solidi e duraturi.

Ricorda: Un cliente che si sente valorizzato diventa il tuo miglior ambasciatore. Trattalo come una persona, non come un numero, e vedrai che il tuo business crescerà in modo naturale e sostenibile.

VINCERE UNA NEGOZIAZIONE: CREARE VALORE PER ENTRAMBE LE PARTI

Vincere una negoziazione non significa imporre la propria volontà sull'altra parte, ma trovare un punto d'incontro che porti benefici a tutti. Ho imparato nel tempo che la miglior trattativa non è quella in cui uno vince e l'altro perde, ma quella in cui entrambe le parti sentono di aver ottenuto qualcosa di valore. Questo è il segreto per costruire rapporti duraturi e collaborazioni proficue.

LA MENTALITÀ VINCENTE IN UNA NEGOZIAZIONE

Il primo passo per ottenere risultati è avere il giusto atteggiamento. All'inizio della mia carriera, affrontavo le negoziazioni con l'idea di dover vincere a tutti i costi. Poi ho capito che il vero successo sta nel collaborare e creare soluzioni vantaggiose per entrambi.

Aspetti chiave della mentalità vincente:

- **Flessibilità** – Essere aperti a soluzioni alternative senza perdere di vista i propri obiettivi.
- **Collaborazione** – Considerare la negoziazione come un'opportunità per creare valore, non un duello.
- **Focus sugli interessi, non sulle posizioni** – Spostare l'attenzione da ciò che vogliamo ottenere a ciò di cui entrambe le parti hanno realmente bisogno.

Esempio Pratico: *"Se il tuo obiettivo è ottenere un prezzo più basso e il mio è garantire un livello di qualità elevato, possiamo trovare un accordo che includa un pacchetto di servizi extra per mantenere il valore della proposta."*

Esercizio Pratico: La prossima volta che ti trovi in una negoziazione, analizza il tuo atteggiamento: sei più difensivo o aperto alla collaborazione?

STRATEGIE PER CONDURRE UNA NEGOZIAZIONE CON SUCCESSO

Durante la trattativa, è importante gestire il dialogo con intelligenza per ottenere un accordo vantaggioso.

Tecniche efficaci:

- **Fai domande aperte** – Permettono di raccogliere informazioni senza rivelare troppo.
- **Usa il silenzio a tuo vantaggio** – Dopo una proposta, attendi la risposta della controparte senza affrettarti a riempire il vuoto.
- **Scomponi il problema** – Se un punto è difficile da superare, dividilo in parti più gestibili.

Esempio Pratico: *"Qual è per voi il fattore più importante in questa negoziazione? Se riusciamo a soddisfare quella priorità, possiamo trovare una soluzione che funzioni per entrambi."*

Esercizio Pratico: La prossima volta che negozi, prova a fare una pausa di qualche secondo prima di rispondere a una proposta. Osserva come reagisce l'interlocutore.

RICONOSCERE E SFRUTTARE GLI INTERESSI COMUNI

Spesso le parti sembrano avere obiettivi opposti, ma un'analisi più attenta può rivelare interessi condivisi.

Come trovare interessi comuni:

- **Chiedi quali sono le priorità della controparte** – Spesso si scoprono punti di contatto inaspettati.
- **Valuta le motivazioni nascoste** – Dietro una richiesta di prezzo più basso potrebbe esserci un'esigenza di riduzione dei costi operativi.
- **Proponi soluzioni che soddisfino entrambe le parti** – L'obiettivo è creare un accordo in cui tutti guadagnano qualcosa.

Esempio Pratico: *"Se il tuo obiettivo è ridurre i tempi di consegna e il mio è mantenere un margine di profitto adeguato, possiamo trovare un compromesso accelerando la produzione con un piccolo supplemento."*

Esercizio Pratico: Nella prossima trattativa, cerca un elemento di valore comune che possa favorire un accordo vantaggioso per entrambe le parti.

LA FLESSIBILITÀ COME VANTAGGIO COMPETITIVO

Essere rigidi su ogni punto della negoziazione porta spesso a un blocco. Saper cedere su aspetti secondari in cambio di concessioni più importanti è la chiave per vincere senza scontri.

Come usare la flessibilità a proprio favore:

- **Distingui tra punti essenziali e marginali** – Focalizzati su ciò che conta davvero.
- **Offri opzioni alternative** – Se una richiesta è inaccettabile, proponi una soluzione diversa.
- **Sfrutta le concessioni per ottenere qualcosa in cambio** – Ogni concessione dovrebbe portare un vantaggio reciproco.

Esempio Pratico: *"Posso accettare il pagamento in più rate, se in cambio possiamo stabilire un contratto di durata maggiore."*

Esercizio Pratico: Durante una negoziazione, cerca un punto su cui puoi essere flessibile e usalo per ottenere una concessione più importante.

Vincere una negoziazione significa creare un risultato vantaggioso per entrambe le parti, costruendo fiducia e collaborazioni durature. Preparazione, strategie mirate e flessibilità sono gli ingredienti essenziali per ottenere il massimo da ogni trattativa.

Ricorda: Una negoziazione ben gestita non ha vincitori e vinti, ma solo opportunità colte con intelligenza.

I VANTAGGI DI SAPER PERDERE UNA NEGOZIAZIONE

Quando si parla di negoziazione, la maggior parte delle persone pensa che l'unico risultato accettabile sia vincere. E se ti dicessi che saper perdere, in certi casi, può essere ancora più vantaggioso? Ho imparato questa lezione sulla mia pelle in diverse occasioni, e col tempo ho capito che non tutte le trattative devono concludersi con una vittoria immediata. A volte, accettare una "sconfitta apparente" è la mossa più intelligente per creare opportunità future.

IL VALORE STRATEGICO DI UNA SCONFITTA APPARENTE

Non sempre chi ottiene l'accordo migliore nell'immediato ha realmente vinto. Ci sono situazioni in cui lasciare andare un affare significa guadagnare molto di più nel lungo periodo. Mi è capitato di trovarmi in trattative in cui il compromesso richiesto era troppo pesante o i termini erano troppo svantaggiosi. Se avessi insistito per chiudere l'accordo, avrei rischiato di ritrovarmi con un impegno dannoso o un cliente insoddisfatto.

Perché a volte conviene perdere una negoziazione?

- Evita accordi svantaggiosi che possono danneggiarti nel tempo.
- Preserva rapporti a lungo termine con la controparte.
- Dimostra lungimiranza e apertura, guadagnando credibilità.

Esempio Pratico: *Una volta stavo trattando con un cliente che voleva condizioni di pagamento assurde. Avrei potuto accettarle per chiudere subito l'affare, ma sapevo che sarebbe stato un problema per il mio business. Ho scelto di rinunciare, e mesi dopo quello stesso cliente è tornato con un'offerta molto più equa, rispettando i miei termini.*

CREARE FIDUCIA E CREDIBILITÀ ATTRAVERSO LA RINUNCIA

Uno degli errori peggiori che si possono fare in una trattativa è forzare un accordo solo per il gusto di vincere. A volte, dimostrare che sei disposto a perdere è ciò che ti rende più affidabile agli occhi dell'interlocutore.

Come trasformare una sconfitta in un vantaggio:

- Mantieni un atteggiamento professionale e rispettoso.
- Evita di forzare un accordo a tutti i costi.
- Lascia sempre una porta aperta per future collaborazioni.

Esempio Pratico: *In un incontro con un potenziale partner, mi sono accorto che non eravamo sulla stessa lunghezza d'onda. Invece di cercare di convincerlo con insistenza, ho riconosciuto che non era il momento giusto per collaborare. Qualche anno dopo, quel partner mi ha ricontattato, ricordandosi della mia correttezza, e abbiamo chiuso un accordo molto più vantaggioso.*

LA GESTIONE DELLE EMOZIONI NELLA SCONFITTA

Accettare una sconfitta in una negoziazione non è mai piacevole, ma lasciarsi prendere dalle emozioni può peggiorare la situazione. Ho visto negoziatori perdere il controllo, reagire con rabbia o frustrazione, e rovinare completamente il loro rapporto con l'altra parte.

Strategie per gestire la sconfitta con maturità:

- Accetta la perdita con lucidità, senza prenderla sul personale.
- Analizza i motivi del mancato accordo per imparare qualcosa.
- Evita reazioni impulsive o mosse dettate dall'orgoglio.

Esempio Pratico: *Una volta, un cliente importante mi ha detto che preferiva affidarsi a un concorrente. Avrei potuto insistere o cercare di screditare l'altro, ma invece ho chiesto cosa avesse influenzato la sua decisione. Ho scoperto che si trattava di un dettaglio che avrei potuto migliorare nel mio servizio. Sei mesi dopo, quel cliente è tornato, insoddisfatto dell'altro fornitore, e ho chiuso l'affare alle mie condizioni.*

IL POTERE DEL "NO" COME STRUMENTO DI FORZA

Dire "no" può sembrare una sconfitta, ma in realtà è uno degli strumenti più potenti in una negoziazione. Accettare qualsiasi condizione solo per chiudere un accordo può rivelarsi un errore costoso.

Quando dire "no" a una trattativa?

- Se il compromesso richiesto è troppo penalizzante.
- Se i termini mettono a rischio la sostenibilità del tuo business.
- Se hai alternative migliori.

Esempio Pratico: *Ho rifiutato un'offerta di un distributore che voleva condizioni troppo aggressive. All'epoca mi sembrava un'opportunità persa, ma qualche mese dopo un altro partner mi ha offerto condizioni molto più vantaggiose.*

TRASFORMARE UN FALLIMENTO IN OPPORTUNITÀ

Ogni negoziazione persa è un'occasione per migliorare. Gli errori insegnano più delle vittorie e aiutano a sviluppare strategie migliori per il futuro.

Come trasformare una sconfitta in un'opportunità:

- Analizza cosa è andato storto e cosa avresti potuto fare diversamente.
- Studia la strategia della controparte e prendi spunti utili.
- Costruisci un piano di miglioramento per le prossime trattative.

Esempio Pratico: *Dopo aver perso una trattativa importante, ho preso appunti dettagliati su come era andata. Ho notato che il mio errore principale era stato quello di non avere alternative solide da proporre. Da allora, ho sempre almeno due opzioni da presentare in ogni trattativa.*

IN SINTESI

Saper perdere una negoziazione è una competenza tanto importante quanto saper vincere. Accettare la sconfitta con intelligenza, gestire le emozioni e mantenere un approccio strategico può trasformare una trattativa persa in un trampolino di lancio per successi futuri.

Non tutte le vittorie sono immediate. A volte, la vera vittoria è saper attendere il momento giusto e prepararsi per il prossimo round.

11 COME VENDERE

Quando ho iniziato la mia carriera imprenditoriale, non mi ero mai soffermato sull'importanza di un semplice sorriso. Pensavo che il successo dipendesse esclusivamente dalla preparazione, dalla strategia e dall'esecuzione perfetta dei piani. Ma con il tempo, mi sono reso conto che un atteggiamento positivo, espresso anche solo con un sorriso sincero, può aprire più porte di qualsiasi titolo di studio o biglietto da visita.

IL POTERE DEL SORRISO NELLE RELAZIONI

Uno dei primi insegnamenti che ho ricevuto quando ho iniziato a lavorare nel settore della pubblicità e del cinema è stato: "Le persone non comprano solo un prodotto, comprano te." E mai parole furono più vere. La prima impressione è determinante, e nulla crea empatia e fiducia come un sorriso autentico.

Ricordo un aneddoto particolare: stavo cercando di chiudere un accordo con un cliente importante, ma lui sembrava distante, quasi infastidito. Mi resi conto che il mio approccio era troppo formale, troppo rigido. Così, anziché continuare con il mio solito pitch, feci una battuta leggera, sorridendo. La tensione si sciolse immediatamente. Da lì in poi, la conversazione divenne più fluida e alla fine chiudemmo l'accordo. Quel giorno capii che il sorriso è un linguaggio universale, capace di connettere le persone a un livello profondo.

IL SORRISO E IL SUCCESSO PROFESSIONALE

Nel corso degli anni, ho incontrato tanti imprenditori e professionisti di successo, e quasi tutti avevano una cosa in comune: la capacità di sorridere, anche sotto pressione. Un sorriso trasmette sicurezza, leadership e disponibilità.

Durante un evento di networking a Londra, mi ritrovai a parlare con un investitore importante. Ero nervoso, sapevo che era un'opportunità unica, ma anziché tuffarmi subito nei numeri e nelle statistiche, iniziai con un sorriso e un approccio rilassato. Alla fine dell'incontro, lui mi disse: "Mi piace il tuo atteggiamento, si vede che credi davvero in quello che fai." E quello fu l'inizio di una collaborazione fruttuosa.

I BENEFICI DEL SORRISO SULLA SALUTE E SUL BENESSERE

Sorridere non fa bene solo agli affari, ma anche alla salute. Ho vissuto periodi in cui lo stress mi schiacciava: scadenze da rispettare, conti da pagare, progetti che sembravano non decollare. In quei momenti, il mio viso rifletteva esattamente quello che sentivo dentro: tensione, preoccupazione, stanchezza.

Un giorno, mentre ero immerso nei miei pensieri negativi, un amico mi disse: "Prova a sorridere, anche se non ne hai voglia." Sembrava un consiglio banale, ma decisi di provarci. Il semplice atto di sorridere attivò una reazione a catena nel mio cervello: mi sentii meno teso, più lucido e capace di affrontare le difficoltà con uno spirito diverso. Da quel momento ho iniziato a usare il sorriso come uno strumento per mantenere il controllo, ridurre lo stress e migliorare il mio benessere generale.

SORRIDERE ANCHE NEI MOMENTI DIFFICILI

Non fraintendermi: non sto dicendo che bisogna ignorare i problemi o fingere che tutto vada bene quando non è così. Ma ho imparato che affrontare le sfide con un atteggiamento positivo aiuta a superarle più facilmente.

Anni fa, quando una delle mie attività non stava andando come speravo, mi trovavo a dover affrontare una riunione con alcuni clienti insoddisfatti. Avrei potuto entrare in quella stanza con la faccia scura, pronto a difendermi, ma scelsi un altro approccio: sorrisi, ascoltai e proposi soluzioni invece di scuse. Quel giorno capii che il modo in cui affrontiamo le difficoltà determina non solo il nostro successo, ma anche il rispetto che guadagniamo dagli altri.

COME RENDERE IL SORRISO UN'ABITUDINE

Sorridere non deve essere un atto occasionale, ma una parte integrante del nostro modo di essere. Ho adottato alcune tecniche che mi aiutano a mantenermi positivo:

- **Inizia la giornata con un sorriso** – Ogni mattina, guardati allo specchio e sorridi. Sembra sciocco, ma aiuta davvero.
- **Trova il lato divertente nelle situazioni** – Anche nei momenti difficili, c'è sempre qualcosa su cui ridere.
- **Circondati di persone positive** – Evita chi si lamenta continuamente e cerca chi porta energia positiva.
- **Regala sorrisi agli altri** – Sorridere è contagioso. Più sorridi, più ricevi sorrisi in cambio.

Se c'è una cosa che ho imparato nella mia carriera è questa: il sorriso è uno strumento potentissimo, capace di trasformare situazioni, creare opportunità e migliorare la qualità della vita. Non costa nulla, ma vale tantissimo. E allora, perché non usarlo più spesso?

IL PRIMO INCONTRO CON UN CLIENTE: COME CREARE UNA CONNESSIONE REALE

Ho sempre pensato che il primo incontro con un cliente fosse un momento determinante. Non si tratta solo di vendere un prodotto o un servizio, ma di costruire un rapporto di fiducia. Ho imparato questa lezione su me stesso, dopo diversi incontri andati male nei miei primi anni di carriera. Spesso mi concentravo troppo sulla mia offerta, sui numeri e sulle caratteristiche del prodotto, senza rendermi conto che quello che davvero conta è la connessione umana.

Il cliente vuole sentirsi capito, ascoltato e valorizzato. Se riusciamo a instaurare un legame autentico, la vendita diventa quasi una naturale conseguenza.

CREARE UN CLIMA DI SINTONIA E FIDUCIA

Una volta ho incontrato un cliente con il quale sentivo di non riuscire a entrare in sintonia. Parlavo, illustravo la mia proposta, ma lui sembrava distante. Poi ho cambiato approccio: invece di parlare del prodotto, ho iniziato a chiedergli della sua esperienza nel settore. È bastato poco per farlo aprire e creare un rapporto più naturale.

Come creare sintonia con il cliente?

- **Mostra un interesse genuino** – Fai domande per capire il suo punto di vista e il suo bisogno.
- **Trova argomenti in comune** – Anche un semplice dettaglio può creare empatia.
- **Sii autentico** – Non usare frasi preconfezionate. Le persone percepiscono subito se sei sincero.

Esercizio Pratico: La prossima volta che incontri un cliente, prova a scoprire almeno un aspetto della sua vita con cui puoi entrare in sintonia.

UTILIZZARE LE DOMANDE APERTE

Una delle tecniche più efficaci per coinvolgere il cliente è porre domande aperte. Io stesso ho visto la differenza: quando chiedevo "Le interessa questo prodotto?", ricevevo spesso risposte secche. Quando invece dicevo "Mi racconti di più sulle sue esigenze e su cosa sta cercando", la conversazione diventava molto più ricca e costruttiva.

Esempi di domande aperte:

- "Cosa la spinge a cercare questa soluzione?"
- "Qual è la cosa più importante per lei in questo contesto?"
- "Mi racconti di più sulla sua esperienza nel settore."

Esercizio Pratico: Durante il prossimo incontro con un cliente, evita domande chiuse e prova a stimolare la conversazione con domande aperte.

ASCOLTARE ATTIVAMENTE: LA CHIAVE PER CONQUISTARE IL CLIENTE

La prima volta che ho capito quanto sia importante l'ascolto attivo è stato durante un incontro con un cliente particolarmente scettico. Invece di interromperlo o cercare di convincerlo subito, mi sono limitato ad ascoltarlo con attenzione, annuendo e facendo domande mirate. Alla fine, lui stesso mi ha detto: "Mi piace il modo in cui ascolti. Sei uno dei pochi che non cerca di vendere subito qualcosa". Quella frase mi è rimasta impressa.

Come praticare l'ascolto attivo?

- **Evita di interrompere** – Lascia che il cliente si esprima completamente.
- **Ripeti e riassumi** – Questo conferma che hai capito correttamente.
- **Fai domande mirate** – Dimostra che hai colto il punto.

Esercizio Pratico: Durante la prossima interazione, ripeti una frase chiave del cliente e chiedigli se hai capito bene.

LA COMUNICAZIONE NON VERBALE: IL LINGUAGGIO DEL CORPO CONTA

Il linguaggio del corpo è potente. Ho imparato che mantenere un buon contatto visivo, sorridere e avere una postura aperta fa una grande differenza nell'impatto che abbiamo sugli altri.

Elementi chiave:

- **Sorriso sincero** – Crea empatia immediata.
- **Contatto visivo** – Dimostra sicurezza e attenzione.
- **Postura aperta** – Evita di incrociare le braccia o sembrare rigido.
- **Tono di voce positivo** – Il modo in cui parli influisce tanto quanto le parole che usi.

Esercizio Pratico: La prossima volta che incontri un cliente, osserva il tuo linguaggio del corpo e nota come il cliente risponde.

IL PRIMO MINUTO È DECISIVO

Dicono che le prime impressioni contano, ed è vero. Ho avuto incontri in cui mi sono giocato tutto nei primi 30 secondi, solo per un atteggiamento troppo frettoloso o poco sicuro.

Come creare un impatto positivo nei primi secondi?

- **Sii rilassato e sicuro** – L'ansia si percepisce.
- **Mostra entusiasmo** – Il cliente deve sentire che sei interessato ad aiutarlo.
- **Usa il suo nome** – Personalizza la conversazione fin da subito.

Esercizio Pratico: Nei prossimi incontri, concentrati sui primi 60 secondi e cerca di renderli il più accoglienti e positivi possibile.

COME GESTIRE CLIENTI DIFFICILI

Non tutti i clienti sono facili. Ricordo una volta in cui un cliente era particolarmente scettico e diffidente. Ho mantenuto la calma, ho ascoltato attentamente i suoi dubbi e ho risposto con fatti concreti. Alla fine, si è convinto.

Strategie per gestire clienti difficili:

- **Non reagire emotivamente** – Mantieni la calma e la professionalità.
- **Fai domande per capire meglio** – Spesso la resistenza nasce da un'esperienza negativa.
- **Mostra empatia** – Fai capire al cliente che lo comprendi.
- **Proponi soluzioni concrete** – Dimostra il valore della tua offerta con fatti.

Esercizio Pratico: Se ti trovi davanti a un cliente difficile, prova a mettere in pratica queste tecniche e osserva se il suo atteggiamento cambia.

CONCLUDERE IL PRIMO INCONTRO CON UN'ESPERIENZA MEMORABILE

La prima impressione è importante, ma anche l'ultima. Ho imparato che chiudere l'incontro nel modo giusto può fare la differenza tra un cliente che torna e uno che si dimentica di noi.

Come concludere in modo efficace?

- Ringrazia sempre per il tempo dedicato.
- Riassumi i punti chiave della conversazione.
- Proponi il prossimo passo: un follow-up o un'azione chiara.

Esercizio Pratico: Alla fine della prossima interazione con un cliente, riassumi i punti principali e lascia un'impressione positiva con un gesto di chiusura amichevole.

Il primo approccio con un cliente può determinare l'intera relazione commerciale.

Creare sintonia, ascoltare attivamente, usare una comunicazione efficace e trasmettere fiducia sono gli ingredienti chiave per un incontro di successo.

Un cliente soddisfatto non solo acquisterà da te, ma parlerà bene di te e tornerà con fiducia. La qualità delle prime interazioni definisce il futuro della relazione.

Ricorda: Un cliente felice è il miglior ambasciatore del tuo business. Inizia ogni interazione con il piede giusto!

PRESENTARE IL PRODOTTO: IL MOMENTO DECISIVO

Dopo aver stabilito una connessione con il cliente e aver costruito un rapporto di fiducia, arriva il momento cruciale: presentare il prodotto o il servizio. Questo è il punto in cui il cliente deve capire il valore reale di ciò che offri e vedere come può risolvere i suoi problemi o migliorare la sua vita.

All'inizio della mia carriera, facevo il classico errore di molti: mi perdevo nelle caratteristiche tecniche del prodotto, elencandole come se fossero la cosa più importante del mondo. La verità? Il cliente non vuole sapere quanti megabyte, pollici o algoritmi ci sono dietro un prodotto. Vuole sapere come quel prodotto può semplificargli la vita, fargli risparmiare tempo o aumentare i suoi guadagni. Ho capito che vendere non significa spiegare, ma raccontare una storia in cui il cliente si riconosce.

VENDERE BENEFICI, NON CARATTERISTICHE

Uno degli errori più comuni è concentrarsi sulle specifiche tecniche invece di mettere in evidenza i reali benefici per il cliente.

Esempio Pratico:

- *"Questa macchina fotografica ha un sensore da 50 megapixel."*

- *"Con questa macchina fotografica, puoi catturare immagini nitide e dettagliate anche di notte, trasformando ogni momento in un ricordo perfetto."*

Esercizio Pratico: Prendi un prodotto o servizio che offri e prova a riscrivere la sua descrizione trasformando le caratteristiche in benefici per il cliente.

RACCONTARE UNA STORIA COINVOLGENTE

Le persone non ricordano numeri e dati, ma storie ed emozioni. Ecco come strutturare una presentazione efficace:

- **Il problema**: Descrivi una situazione che il cliente potrebbe affrontare.
- **La soluzione**: Mostra come il tuo prodotto può risolvere quel problema.
- **Il risultato positivo**: Spiega il beneficio che il cliente otterrà grazie al tuo prodotto.

Esempio Pratico: *"Ti è mai capitato di perdere un'opportunità importante perché non avevi una presentazione pronta? Con il nostro software, puoi creare slide professionali in pochi minuti senza perdere tempo con la grafica."*

Esercizio Pratico: Scrivi una breve storia che metta in evidenza un problema comune del tuo cliente e come il tuo prodotto può risolverlo.

PERSONALIZZARE LA PRESENTAZIONE

Ogni cliente è diverso e ha esigenze specifiche. Per rendere la presentazione più efficace:

- **Ascolta prima di parlare** – Scopri le vere necessità del cliente prima di introdurre il prodotto.
- **Adatta il tuo discorso** – Evita spiegazioni generiche e rendi la tua presentazione rilevante per la situazione del cliente.

- **Usa esempi concreti** – Fai riferimento a casi simili che dimostrano come il prodotto ha già aiutato altre persone.

Esercizio Pratico: La prossima volta che presenti un prodotto, chiedi prima al cliente quali sono le sue principali sfide e personalizza la tua spiegazione di conseguenza.

USARE UN LINGUAGGIO CHIARO E ACCESSIBILE

Spesso i venditori usano un linguaggio tecnico che confonde invece di convincere. La regola è semplice: **parla come parleresti a un amico**.

Regole per una comunicazione efficace:

- **Evita il gergo tecnico** – Usa parole semplici e comprensibili.
- **Fai esempi pratici** – Aiuta il cliente a visualizzare l'uso del prodotto.
- **Sii diretto e concreto** – Troppi dettagli annoiano e confondono.

Esercizio Pratico: Prova a spiegare il tuo prodotto o servizio a un bambino di 10 anni. Se riesci a farlo in modo chiaro, significa che stai comunicando bene.

COINVOLGERE IL CLIENTE CON UNA DIMOSTRAZIONE

Vedere il prodotto in azione è il modo più efficace per far capire il suo valore.

Modi per coinvolgere il cliente:

- **Dimostrazione dal vivo** – Se possibile, mostra il prodotto in azione.
- **Prova gratuita** – Se vendi un servizio, offri una prova senza impegno.
- **Testimonianze** – Mostra esempi di clienti soddisfatti.

Esempio Pratico: *"Ti mostro in 30 secondi come il nostro software può farti risparmiare un'ora di lavoro al giorno. Vedrai subito la differenza!"*

Esercizio Pratico: Trova un modo per far provare il tuo prodotto a un cliente senza che debba fare un grande investimento iniziale.

ANTICIPARE LE OBIEZIONI E RISPONDERE CON SICUREZZA

Quando introduci un prodotto, è naturale che il cliente abbia dubbi. Invece di evitarli, affrontali con sicurezza e trasparenza.

Le obiezioni più comuni e come rispondere:

- **"Costa troppo"** → "Rispetto ai soldi che perderesti senza questa soluzione, è un investimento che si ripaga da solo."
- **"Non sono sicuro che faccia per me"** → "Capisco! Ecco perché offriamo una prova gratuita, così puoi testarlo senza rischi."
- **"Non ho tempo per imparare a usarlo"** → "Ti servono solo 5 minuti per iniziare, e ti seguiremo passo dopo passo."

Esercizio Pratico: Scrivi una lista delle obiezioni più comuni che i tuoi clienti potrebbero avere e preparati a rispondere con argomentazioni chiare e convincenti.

CONCLUDERE CON UN INVITO ALL'AZIONE

Dopo aver presentato il prodotto, è fondamentale guidare il cliente verso il passo successivo, senza lasciarlo nel dubbio su cosa fare.

Come chiudere la presentazione in modo efficace:

- **Ricapitola i benefici principali** – Ricorda al cliente perché il prodotto è la soluzione ideale per lui.
- **Dai un chiaro invito all'azione** – Chiedi in modo diretto cosa vuoi che faccia: "Vuoi provarlo subito?"

- **Crea un senso di urgenza** – Offri un incentivo limitato nel tempo, come uno sconto o un bonus.

Esempio Pratico: *"Questa offerta speciale è valida solo fino a domani. Vuoi approfittarne adesso?"*

Esercizio Pratico: Riformula la tua chiusura di vendita in modo che includa un invito all'azione chiaro e motivante.

Presentare un prodotto nel modo giusto non significa semplicemente descriverlo, ma far sì che il cliente percepisca il suo valore e capisca come può migliorare la sua vita.

Se impariamo a raccontare una storia coinvolgente, personalizzare la presentazione e coinvolgere attivamente il cliente, aumenteremo in modo significativo le nostre probabilità di successo.

Ricorda: Non vendere un prodotto. Vendi un risultato, un'emozione, una soluzione.

CONVINCERE IL CLIENTE SENZA PRESSIONI

Dopo aver introdotto il prodotto, arriva il momento cruciale: far percepire al cliente che è la scelta giusta per lui. Il convincimento non si basa sulla pressione, ma sulla capacità di dimostrare con fatti concreti che ciò che offri può migliorare la sua vita.

All'inizio della mia carriera, commettevo un errore comune: ero così entusiasta del mio prodotto che cercavo di convincere i clienti con un fiume di parole e dettagli tecnici. Mi sembrava ovvio che la mia offerta fosse vantaggiosa, ma non capivo che la vendita non è mai solo una questione logica. Le persone vogliono sentire che stanno facendo la scelta giusta, non essere spinte a comprarla. Solo quando ho iniziato a focalizzarmi su come il mio prodotto poteva realmente aiutarli, senza pressioni o tecnicismi inutili, ho visto un cambiamento drastico nei risultati.

CREARE UN'ESPERIENZA DI VALORE PER IL CLIENTE

Il cliente deve sentire che la sua decisione non è solo un acquisto, ma un investimento per il proprio benessere o successo. Invece di concentrarmi solo sul prodotto, ho imparato a spostare l'attenzione sull'esperienza complessiva che ne deriva.

Strategie per creare valore:

- **Coinvolgilo nella conversazione** – Fagli immaginare come sarà la sua vita dopo aver usato il prodotto.
- **Mostragli esempi reali** – Racconta di altri clienti che hanno beneficiato della stessa scelta.
- **Fai leva sull'emozione** – Le persone prendono decisioni basate più sulle emozioni che sulla logica.

Esempio Pratico: *Una volta ho venduto un servizio a un cliente semplicemente dicendogli: "Immagini di poter gestire la promozione della sua attività con meno stress e più efficienza. Questo strumento è progettato proprio per darti più tempo libero senza sacrificare la qualità del tuo lavoro."*

Era esattamente quello di cui aveva bisogno, ma detto in un modo che gli faceva visualizzare il risultato, non solo la funzionalità.

ELIMINARE LE INCERTEZZE DEL CLIENTE

Molti clienti esitano perché hanno dubbi irrisolti. Aiutarli a prendere una decisione significa rispondere direttamente alle loro incertezze, mostrando che hai considerato ogni possibile dubbio prima di loro.

Come dissolvere le esitazioni:

- **Anticipa le domande più comuni** – Offri subito le informazioni che potrebbero generare dubbi.
- **Dai garanzie di qualità** – Soddisfazione garantita, politiche di reso o assistenza post-vendita aumentano la fiducia.
- **Sii trasparente** – Nessuna promessa eccessiva, solo fatti concreti.

Esempio Pratico: *Una volta un cliente mi ha detto: 'Temo che questo servizio non sia adatto a me.' Invece di contraddirlo, ho risposto: 'Capisco il tuo dubbio, ed è proprio per questo che offriamo una garanzia di rimborso totale entro 30 giorni. Vogliamo che tu sia soddisfatto al 100%.'*

In realtà ho improvvisato perché non era prevista alcuna garanzia di questo tipo, ma in quel momento, ha capito che non aveva nulla da perdere e ha accettato.

CREARE UN IMPULSO ALL'AZIONE

A volte, il cliente è convinto ma rimanda la decisione per mancanza di urgenza. Senza forzare la scelta, puoi stimolarlo a prendere una decisione subito.

Strategie per spingere all'azione:

- **Offerte limitate nel tempo** – Incentivi o bonus per chi decide subito.
- **Esclusività** – Se il prodotto ha un numero limitato di disponibilità, evidenzia questo aspetto.
- **Evidenzia i costi dell'indecisione** – Spiega cosa il cliente potrebbe perdere se non agisce.

Un trucco che ho imparato con l'esperienza è dare una scadenza senza farla sembrare una strategia di marketing. *"Questa promozione scade tra 48 ore. Se vuoi ottenere il massimo vantaggio, è il momento perfetto per agire!"* Non è un ricatto, è un'opportunità reale che spinge il cliente a muoversi.

RAFFORZARE IL SENSO DI SICUREZZA DEL CLIENTE

Anche quando un cliente è vicino alla decisione, potrebbe aver bisogno di un'ultima conferma per sentirsi completamente sicuro.

Come rafforzare la sicurezza nella scelta:

- Dai un'opzione senza rischi – Se possibile, offri una prova gratuita o una garanzia.
- Mostra che non è solo una transazione – Assicura al cliente che ci sarà supporto anche dopo l'acquisto.
- Personalizza la chiusura – Adatta il tuo messaggio finale in base alle esigenze specifiche della persona.

Esempio Pratico: *Una volta un cliente mi ha chiesto: 'E se dopo l'acquisto ho domande?' Gli ho risposto: 'Sono sempre disponibile per darti supporto anche dopo l'acquisto. Se hai dubbi o domande, sai che puoi contare su di me!' Questo semplice dettaglio gli ha dato la sicurezza che cercava e ha concluso l'affare senza esitazioni.*

Convincere un cliente non significa forzarlo a comprare, ma aiutarlo a prendere la decisione migliore per lui. Quando riesci a trasmettere fiducia, dissipare i suoi dubbi e stimolare l'azione, hai creato le condizioni ideali per una scelta consapevole.

Ricorda: Un cliente convinto oggi diventa un cliente fedele domani. E, a lungo termine, un cliente fedele vale molto di più di una vendita occasionale.

LA CHIUSURA: DA INTERESSE A DECISIONE

Chiudere una vendita non significa semplicemente concludere una transazione. È il momento in cui il cliente decide di fidarsi di te, del tuo prodotto e del valore che hai trasmesso. Ho imparato che la chiusura è molto più di un atto commerciale: è l'inizio di una relazione. Se gestita nel modo giusto, porta a clienti soddisfatti che tornano e parlano bene di te.

All'inizio della mia carriera, avevo il timore di "forzare" il cliente. Pensavo che insistere fosse una forma di pressione e che il cliente avrebbe dovuto decidere da solo. Poi ho capito che aspettare passivamente non è una strategia vincente. Le persone hanno bisogno di essere guidate, rassicurate e aiutate a fare il passo finale. Se non lo fai tu, probabilmente non lo farà nessuno.

IL MOMENTO GIUSTO PER CHIUDERE

Capire quando è il momento giusto per chiudere è fondamentale. Ci sono segnali che indicano che il cliente è pronto:

- Fa domande specifiche su prezzo, garanzie o modalità di acquisto.
- Mostra interesse concreto nel modo in cui il prodotto può aiutarlo.
- Esprime entusiasmo o fa commenti positivi sul valore della tua offerta.

Se percepisci questi segnali, non aspettare che sia il cliente a chiederti come acquistare. Guida tu la chiusura in modo naturale e senza esitazioni.

Esempio Pratico: *"Vedo che questo prodotto risponde perfettamente alle tue esigenze. Vuoi procedere con la versione base o preferisci il pacchetto avanzato?"*

OFFRIRE OPZIONI CHIARE E PERSONALIZZATE

Le persone tendono a rimandare le decisioni se si trovano davanti a troppe opzioni o se non hanno chiarezza su cosa sia meglio per loro. Un cliente è più propenso a dire "sì" se ha davanti scelte ben definite.

Come strutturare le opzioni di acquisto:

- Presenta due o tre alternative con caratteristiche e prezzi differenti.
- Offri soluzioni personalizzate basate sui bisogni specifici del cliente.
- Rendi l'acquisto semplice e immediato, evitando passaggi complicati.

Esempio Pratico: *"Puoi scegliere il piano standard, perfetto per iniziare,* *oppure il premium, che offre funzionalità extra per massimizzare i benefici. Quale preferisci?"*

USARE IL LINGUAGGIO GIUSTO PER RINFORZARE LA DECISIONE

Le parole hanno un impatto enorme sulla decisione finale del cliente. Un linguaggio positivo e coinvolgente aiuta il cliente a sentirsi sicuro della sua scelta.

Frasi efficaci per la chiusura:

- "Immagina come questo prodotto migliorerà la tua vita ogni giorno."
- "Siamo certi che questa soluzione ti darà risultati eccellenti."
- "Con questa scelta, hai fatto un passo avanti verso il tuo obiettivo."

Evita espressioni incerte come "Spero che ti piaccia" o "Se vuoi pensarci", che potrebbero generare dubbi nell'acquirente.

SUPERARE LE ULTIME ESITAZIONI

Anche quando tutto sembra andare per il meglio, alcuni clienti esitano prima di prendere la decisione finale. Il tuo compito è rassicurarli senza pressarli.

Strategie per gestire le ultime incertezze:

- **Chiedi cosa li trattiene** – Capire l'ostacolo ti permette di affrontarlo direttamente.
- **Ribadisci i vantaggi** – Ricorda al cliente i benefici principali.
- **Offri una garanzia o un supporto post-vendita** – Questo elimina il rischio percepito.

Esempio Pratico: *"Capisco che vuoi essere sicuro della tua scelta. Ti ricordo che offriamo assistenza gratuita e, se hai bisogno di supporto, siamo sempre disponibili."*

RENDERE L'ACQUISTO UN'ESPERIENZA POSITIVA

La vendita non si conclude con il pagamento. È il primo passo di una relazione con il cliente. Una chiusura efficace deve lasciare una sensazione positiva e rafforzare la sua convinzione di aver fatto la scelta giusta.

Cosa fare dopo la chiusura:

- Ringrazia il cliente per la fiducia.
- Fornisci istruzioni chiare su cosa accadrà dopo l'acquisto.
- Rassicuralo sulla tua disponibilità futura per eventuali domande o dubbi.

Esempio Pratico: *"Grazie per aver scelto il nostro prodotto! Se hai bisogno di supporto, non esitare a contattarci. Ti invieremo subito tutte le informazioni necessarie."*

La chiusura non è solo la fine di una vendita, ma l'inizio di una relazione di fiducia con il cliente.

Quando il cliente percepisce valore, sicurezza e un'esperienza positiva, sarà più propenso a tornare e a consigliarti ad altri.

Ricorda: Chiudere una vendita non significa convincere con insistenza, ma accompagnare il cliente nella sua scelta migliore. E quando questo processo è gestito con attenzione, il cliente non solo compra, ma diventa un promotore spontaneo del tuo prodotto o servizio.

IN SINTESI

Imparare a sorridere sempre, sviluppare il primo approccio con il cliente, l'introduzione al prodotto, il convincimento e la chiusura sono elementi fondamentali per avere successo nelle interazioni commerciali. La capacità di creare connessioni autentiche, comunicare in modo efficace e influenzare positivamente le decisioni dei clienti sono abilità essenziali per raggiungere risultati di successo. Ricorda sempre che il sorriso è una chiave che apre molte porte e che la cura per il cliente è la priorità numero uno. Sfrutta queste competenze e sarai in grado di creare relazioni di successo che porteranno al raggiungimento dei tuoi obiettivi.

12 COME GESTIRE IL DENARO

La gestione efficace del denaro è una competenza fondamentale per raggiungere il successo nella vita. In questo capitolo, esploreremo tre aspetti cruciali della gestione finanziaria: come gestire il tuo portafoglio, l'importanza di risparmiare denaro e come trarre profitto dalle soluzioni finanziarie più vantaggiose, come l'uso delle carte di credito.

COME GESTIRE IL TUO PORTAFOGLIO IN MODO INTELLIGENTE

Uno degli errori più comuni che vedo fare, e che io stesso ho fatto in passato, è pensare che guadagnare sia sufficiente per essere finanziariamente al sicuro. In realtà, il vero gioco comincia dopo aver incassato i primi soldi: come gestirli, investirli e farli crescere nel tempo.

Per anni ho sottovalutato l'importanza di una gestione strategica del denaro. Ho fatto investimenti sbagliati, speso più del dovuto in progetti poco redditizi e, in alcune occasioni, ho dovuto rimboccarmi le maniche per recuperare. Ma quegli errori mi hanno insegnato lezioni fondamentali che ora voglio condividere.

STABILIRE OBIETTIVI FINANZIARI CHIARI

Un portafoglio finanziario efficace parte sempre da obiettivi ben definiti.

- **Obiettivi a breve termine** – Ad esempio, mettere da parte un fondo di emergenza o risparmiare per un viaggio.
- **Obiettivi a medio termine** – Accumulare capitale per un investimento immobiliare o far crescere un business.
- **Obiettivi a lungo termine** – Creare un patrimonio, assicurarsi una pensione sicura o raggiungere l'indipendenza finanziaria.

Esempio Pratico: *Quando ho deciso di avviare la mia prima società, sapevo che avrei avuto bisogno di un capitale iniziale. Ho fissato un obiettivo specifico: mettere da parte 50.000 euro in due anni, riducendo le spese superflue e diversificando i miei guadagni.*

Esercizio Pratico: Scrivi tre obiettivi finanziari (uno a breve, uno a medio e uno a lungo termine) e definisci un'azione immediata per iniziare.

CREARE UN BUDGET FUNZIONALE

Una delle migliori decisioni che abbia mai preso è stata quella di iniziare a tracciare le mie entrate e uscite. Prima, ogni mese sembrava un mistero: guadagnavo bene, ma non sapevo esattamente dove finivano i soldi.

Ecco un metodo efficace per gestire il budget:

- **Registra entrate e spese:** Sapere dove vanno i tuoi soldi è il primo passo per migliorare la gestione.
- **Applica la regola del 50/30/20:**
    - 50% per spese essenziali (affitto, bollette, cibo).
    - 30% per spese personali (hobby, viaggi, svago).
    - 20% per risparmi e investimenti.

- **Evita le spese inutili:** Se non porta valore alla tua vita o al tuo futuro, è probabilmente superfluo.

Esempio Pratico: *Una volta ho scoperto che stavo spendendo oltre 500 euro al mese in colazioni e pasti fuori. Dopo aver rivisto il mio budget, ho dimezzato quella spesa e ho reindirizzato quei soldi verso investimenti più produttivi.*

Esercizio Pratico: Analizza le tue spese degli ultimi tre mesi e individua tre categorie in cui puoi tagliare costi senza sacrificare la qualità della tua vita.

DIVERSIFICARE GLI INVESTIMENTI PER MINIMIZZARE I RISCHI

Un errore che ho fatto più volte è stato mettere troppi soldi in un'unica opportunità. Una volta ho investito tutto il mio capitale extra in un singolo progetto, senza considerare alternative. Quando il progetto ha subito ritardi, mi sono ritrovato con zero liquidità.

Ecco alcune classi di asset che puoi considerare:

- **Azioni** – Buon rendimento a lungo termine, ma con volatilità.
- **Obbligazioni** – Più sicure, ma con rendimenti più bassi.
- **Immobiliare** – Ottimo per entrate passive, ma richiede capitale iniziale.
- **Metalli preziosi** – Protezione nei periodi di incertezza economica.
- **Criptovalute** – Alto potenziale di rendimento, ma anche molto rischio.

Esempio Pratico: *Dopo l'esperienza negativa del mio investimento unico, ho iniziato a diversificare. Oggi, gran parte dei miei investimenti sono in diritti di proprietà intellettuale, una quota in immobili e un piccolo budget in startup innovative.*

Esercizio Pratico: Analizza il tuo portafoglio attuale e verifica se hai una diversificazione adeguata tra diverse asset class.

MONITORARE E OTTIMIZZARE IL PORTAFOGLIO

Un errore comune è pensare che investire sia un'azione "una tantum". Il mercato cambia, le opportunità si evolvono e anche la tua strategia deve adattarsi.

Cosa fare:

- **Controlla le performance regolarmente:** Almeno una volta al mese.
- **Ribilancia il portafoglio quando necessario:** Se un asset cresce troppo rispetto agli altri, considera di riequilibrare.
- **Aggiornati sulle novità finanziarie:** Un buon investitore è sempre informato.

Esempio Pratico: *Se il mercato azionario è in forte crescita e il tuo portafoglio diventa troppo esposto alle azioni, potresti vendere una parte e spostare quei fondi in obbligazioni per bilanciare il rischio.*

Esercizio Pratico: Fissa un promemoria per esaminare il tuo portafoglio ogni mese e apportare eventuali modifiche.

PROTEGGERE IL TUO CAPITALE DAGLI IMPREVISTI

Nessuno può prevedere il futuro, ma puoi proteggerti dagli imprevisti finanziari con strategie semplici:

- **Fondi di emergenza:** Tieni almeno 3-6 mesi di spese su un conto liquido.
- **Assicurazioni:** Proteggi il tuo patrimonio con coperture adeguate.
- **Evita investimenti troppo speculativi:** Il rischio va sempre calcolato.

Esempio Pratico: *Un mio caro amico aveva investito tutto in criptovalute senza un fondo di emergenza. Quando i mercati sono crollati, ha dovuto vendere in perdita per coprire spese impreviste. Io, invece, avendo un fondo separato, ho potuto aspettare la ripresa senza panico.*

Esercizio Pratico: Controlla se hai un fondo di emergenza sufficiente per coprire almeno tre mesi di spese essenziali.

La gestione del denaro non è solo questione di guadagno, ma di strategia. Ho imparato in prima persona che senza un piano finanziario solido, anche grandi entrate possono svanire rapidamente.

- Fissa obiettivi chiari e monitora i tuoi progressi.
- Crea un budget per mantenere il controllo sulle spese e aumentare il capitale investibile.
- Diversifica il portafoglio per ridurre i rischi e massimizzare le opportunità.
- Proteggi il tuo capitale per affrontare imprevisti senza stress.

Ricorda: Il denaro lavora per chi sa gestirlo con intelligenza. Preparati a farlo lavorare per te!

DENARO RISPARMIATO È DENARO GUADAGNATO

Molti pensano che il successo finanziario dipenda solo da quanto si guadagna. Io stesso, all'inizio della mia carriera, ero convinto che l'unico modo per stare bene economicamente fosse aumentare i miei guadagni. Ma ho scoperto a mie spese che non basta guadagnare tanto: bisogna anche sapere come gestire quei soldi.

Risparmiare non significa vivere di privazioni, ma fare scelte intelligenti per ottimizzare le spese e far crescere il proprio capitale. Un euro risparmiato oggi può diventare dieci euro domani, se investito correttamente.

CREARE UN FONDO DI EMERGENZA PER LA SICUREZZA FINANZIARIA

Uno dei più grandi errori che ho commesso all'inizio è stato non avere un fondo di emergenza. Quando un cliente mi ha lasciato a piedi con una grossa fattura non pagata, mi sono ritrovato in difficoltà e ho dovuto accettare lavori malpagati solo per coprire le spese.

Quanto mettere da parte?

- Minimo 3-6 mesi di spese essenziali (affitto, bollette, cibo, assicurazioni).
- Se hai un reddito variabile o sei un imprenditore, punta a 6-12 mesi di riserva.

Dove conservare il fondo?

- Conto di risparmio ad alta liquidità – Accessibile rapidamente in caso di necessità.
- Strumenti a basso rischio come certificati di deposito o fondi monetari.

Esempio Pratico: *Se il tuo costo della vita è di 2.000 euro al mese, dovresti accumulare almeno 6.000-12.000 euro in un fondo di emergenza per coprire imprevisti senza stress.*

Esercizio Pratico: Calcola il tuo costo mensile medio e definisci il tuo obiettivo per il fondo di emergenza.

RIDURRE LE SPESE SUPERFLUE E SMETTERE DI SPRECARE DENARO

Non è quanto guadagni, ma quanto riesci a trattenere che fa la differenza. Lo dico per esperienza: per anni ho speso soldi senza accorgermene in cose inutili, e alla fine del mese mi chiedevo dove fossero finiti i miei guadagni.

- **Analizza il tuo budget mensile** – Identifica le spese ricorrenti e individua quelle eliminabili.
- **Evita gli acquisti d'impulso** – Aspetta 24 ore prima di fare acquisti non essenziali.
- **Rivedi gli abbonamenti e i servizi inutilizzati** – Cancella quelli che non usi o cerca alternative più economiche.
- **Sostituisci le abitudini costose con alternative intelligenti** – Cucina a casa invece di mangiare fuori, usa mezzi pubblici quando possibile, acquista prodotti di qualità ma durevoli nel tempo.

Esempio Pratico: *Se tagli due caffè al bar da 2 euro al giorno, risparmi circa 1.460 euro all'anno. Se investi quel denaro, potrebbe crescere fino a 15.000 euro in dieci anni.*

Esercizio Pratico: Fai una lista delle tue spese superflue e scegli tre voci da ridurre o eliminare questo mese.

AUTOMATIZZARE IL RISPARMIO PER ACCUMULARE CAPITALE SENZA SFORZO

La chiave per risparmiare con costanza è rimuovere la tentazione di spendere tutto il denaro disponibile. Un trucco che ho adottato è stato quello di impostare un bonifico automatico dal conto corrente al conto di risparmio ogni mese.

Esempio Pratico: *Se trasferisci automaticamente 200 euro al mese in un fondo di risparmio, dopo 5 anni avrai accumulato 12.000 euro senza nemmeno accorgertene.*

Esercizio Pratico: Attiva oggi stesso un bonifico automatico verso il tuo conto di risparmio.

ATTENZIONE ALLE PICCOLE SPESE: L'EFFETTO GOCCIA A GOCCIA

Le piccole spese quotidiane si sommano e possono erodere il tuo budget senza che tu te ne accorga.

- **Registra ogni spesa per un mese** – Analizza le tue abitudini e identifica le spese inutili.
- **Evita le micro-spese giornaliere** – Caffè, snack, acquisti impulsivi: sono tutti costi nascosti.
- **Cerca alternative economiche** – Compra in stock, usa carte fedeltà, confronta i prezzi prima di acquistare.

Esempio Pratico: *Se spendi 5 euro al giorno in spese superflue, in un anno avrai sprecato oltre 1.800 euro, che avresti potuto destinare a investimenti o esperienze più significative.*

Esercizio Pratico: Tieni traccia di ogni piccola spesa per una settimana e calcola quanto potresti risparmiare eliminando quelle inutili.

RISPARMIARE NON SIGNIFICA RINUNCIARE ALLA QUALITÀ

- Molti supermercati e negozi offrono premi e sconti ai clienti abituali.
- Molti negozi e piattaforme offrono sconti e promozioni speciali che possono ridurre sensibilmente il costo degli acquisti.
- Black Friday, saldi di fine stagione, Prime Day: pianifica i tuoi acquisti per massimizzare i risparmi.

Esempio Pratico: *Se acquisti un nuovo laptop con il 40% di sconto durante il Black Friday, con i soldi risparmiati, puoi acquistare anche un software professionale che può migliorare il tuo lavoro.*

Esercizio Pratico: Scarica un'app di cashback o confronta i prezzi di un acquisto che devi fare per trovare l'opzione più conveniente.

Il risparmio è la base della libertà finanziaria. Ogni euro che conservi e investi oggi può lavorare per te nel futuro.

- Crea un fondo di emergenza per proteggerti dagli imprevisti.
- Riduci le spese inutili e diventa più consapevole delle tue abitudini di consumo.
- Automatizza il risparmio per costruire ricchezza senza sforzo.
- Fai attenzione alle piccole spese e sfrutta tutte le opportunità di risparmio.

Ricorda: Risparmiare non significa privarsi, ma investire nel proprio futuro. Fai lavorare il tuo denaro in modo più intelligente!

SFRUTTARE I PROGRAMMI FEDELTÀ, CASHBACK E PREMI

Le carte di credito possono farti guadagnare denaro attraverso premi e vantaggi se utilizzate strategicamente.

Tipologie di premi più comuni:

- **Cashback:** Una percentuale degli acquisti viene rimborsata direttamente sul conto.
- **Punti fedeltà:** Accumulabili con gli acquisti e riscattabili per premi o sconti.
- **Miglia aeree:** Ideali per chi viaggia frequentemente, permettono di ottenere voli gratuiti o upgrade.
- **Sconti esclusivi:** Alcune carte offrono accesso a eventi, promozioni speciali e assicurazioni gratuite.

Come massimizzare i vantaggi:

- Usa la carta per spese che avresti comunque (bollette, spesa, carburante).
- Scegli una carta che offre vantaggi rilevanti per il tuo stile di vita.
- Controlla le offerte esclusive e le partnership delle tue carte di credito per ottenere il massimo valore.

Esempio Pratico: *Se la tua carta offre il 3% di cashback sugli acquisti di generi alimentari e spendi 400 euro al mese in supermercato, riceverai 12 euro di cashback ogni mese, ovvero 144 euro all'anno di risparmio automatico.*

Esercizio Pratico: Controlla le opzioni di cashback e premi della tua carta attuale e verifica se puoi ottimizzarne l'utilizzo.

COME USARE LE CARTE DI CREDITO A TUO VANTAGGIO

Le carte di credito sono spesso percepite come strumenti di debito pericolosi, ma se usate in modo strategico, possono trasformarsi in un potente alleato finanziario. Possono aiutarti a gestire il flusso di cassa, accumulare premi, migliorare il tuo punteggio di credito e persino generare risparmi attraverso cashback e vantaggi esclusivi.

Tuttavia, usarle senza una strategia chiara può portare a interessi elevati, debiti fuori controllo e una cattiva gestione finanziaria. Io stesso, quando ho ricevuto la mia prima carta di credito, ero convinto di poterla usare liberamente senza conseguenze, fino a quando mi sono trovato con un saldo che faticavo a ripagare. Da quell'esperienza ho imparato a usarla con disciplina e a trasformarla in uno strumento utile piuttosto che un problema.

SCEGLIERE LA CARTA DI CREDITO GIUSTA

Non tutte le carte di credito sono uguali. La scelta della carta giusta dipende dal tuo stile di vita e dalle tue esigenze finanziarie.

Cosa considerare quando scegli una carta di credito:

- **Tasso di interesse (TAN e TAEG)** – Se non paghi il saldo completo ogni mese, il tasso di interesse è un fattore cruciale.
- **Commissioni annuali** – Alcune carte offrono vantaggi esclusivi, ma possono avere costi fissi elevati.
- **Programmi fedeltà e cashback** – Scegli carte che offrono premi in base ai tuoi acquisti abituali.
- **Assicurazioni e benefit** – Alcune carte includono assicurazioni di viaggio, protezione acquisti o accesso a lounge aeroportuali.
- **Limite di credito e flessibilità** – Valuta il limite massimo di spesa e la possibilità di rateizzazione senza interessi.

Esempio Pratico: *Se viaggi spesso, una carta di credito con accumulo miglia e accesso alle lounge può essere più vantaggiosa di una con cashback generico. Se fai molti acquisti online, una carta con protezione acquisti e rimborso per frodi può offrirti maggiore sicurezza.*

Esercizio Pratico: Analizza le tue spese mensili e scegli una carta che massimizzi i tuoi vantaggi in base alle tue abitudini di consumo.

UTILIZZARE LE CARTE DI CREDITO IN MODO RESPONSABILE

Una carta di credito può essere un'arma a doppio taglio. Usarla con disciplina evita problemi finanziari e migliora la gestione del denaro.

Regole per un utilizzo responsabile:

- Paga sempre il saldo completo ogni mese per evitare interessi elevati.
- Evita di utilizzare la carta per spese non essenziali se non hai già il denaro per coprirle.
- Mantieni un basso rapporto debito/credito – Usa meno del 30% del limite di credito disponibile per mantenere un buon punteggio di credito.
- Non usare la carta per prelevare contanti – Le commissioni

sui prelievi con carta di credito sono molto più alte rispetto a un normale prelievo bancario.

Esempio Pratico: *Se hai un limite di 5.000 euro sulla tua carta, cerca di mantenerne l'utilizzo al di sotto di 1.500 euro per migliorare il tuo punteggio di credito e dimostrare una gestione finanziaria solida.*

Esercizio Pratico: Imposta un promemoria per controllare il saldo della tua carta ogni settimana ed evitare sorprese alla fine del mese.

MONITORARE LE TRANSAZIONI E COMPRENDERE LE CONDIZIONI DELLA CARTA

Una cattiva gestione della carta di credito può costarti caro. Monitorare regolarmente le transazioni aiuta a evitare problemi.

Abitudini da adottare:

- Controlla il saldo almeno una volta alla settimana.
- Leggi sempre le condizioni della tua carta per evitare commissioni nascoste.
- Imposta avvisi di spesa per monitorare automaticamente le transazioni e ricevere notifiche in caso di attività sospette.
- Verifica sempre il tasso di cambio se usi la carta all'estero: alcune carte applicano commissioni molto alte per le transazioni internazionali.

Esempio Pratico: *Se noti una transazione sospetta sulla tua carta, contatta immediatamente la banca per bloccare eventuali frodi e ottenere un rimborso.*

Esercizio Pratico: Attiva oggi stesso gli avvisi di spesa sul tuo conto per essere notificato di ogni transazione effettuata con la carta.

EVITARE IL SOVRA-INDEBITAMENTO E I RISCHI DEL CREDITO

Il pericolo maggiore delle carte di credito è il rischio di accumulare debiti oltre le proprie possibilità.

Strategie per evitare problemi finanziari:

- Non spendere più di quanto guadagni – Usa la carta solo per acquisti che puoi permetterti di pagare subito.
- Evita di avere più carte di credito del necessario – Troppe carte possono incoraggiare spese eccessive.
- Se hai difficoltà a pagare il saldo, riduci l'uso della carta e rivedi il tuo budget.
- Non utilizzare la carta per consolidare altri debiti senza una strategia chiara.

Esempio Pratico: *Se accumuli 5.000 euro di debito su una carta con un tasso d'interesse del 20% e paghi solo la rata minima mensile, potresti impiegare anni per estinguere il debito e pagare molto più del dovuto in interessi.*

Esercizio Pratico: Verifica il tuo utilizzo della carta e, se necessario, riduci le spese per evitare accumuli di debito.

Le carte di credito possono essere strumenti finanziari estremamente vantaggiosi se usate con intelligenza.

- Scegli una carta che si adatti al tuo stile di vita e alle tue esigenze.
- Utilizzala in modo responsabile, evitando di accumulare debiti inutili.
- Massimizza i premi e i vantaggi offerti per ottenere valore aggiunto dai tuoi acquisti.
- Monitora le transazioni e leggi sempre le condizioni per evitare costi nascosti.

Ricorda: Se usata con disciplina, una carta di credito può trasformarsi in un'arma potente per la gestione finanziaria.

IN SINTESI

La gestione finanziaria è un pilastro fondamentale per il successo nella vita. Imparare a gestire il tuo portafoglio, risparmiare denaro e trarre profitto dalle soluzioni finanziarie più vantaggiose ti fornirà una base solida per raggiungere i tuoi obiettivi di successo.

Ricorda, la gestione del portafoglio richiede pianificazione, disciplina e una costante attenzione. Imposta obiettivi finanziari chiari, crea un budget che ti permetta di risparmiare e diversifica i tuoi investimenti per massimizzare le opportunità di profitto.

Il denaro risparmiato è denaro guadagnato. Sfrutta l'automazione per risparmiare in modo coerente e cerca di ridurre le spese superflue. Presta attenzione alle piccole spese quotidiane e sfrutta offerte e coupon per ottenere il massimo valore dai tuoi soldi.

Quando si tratta di carte di credito, scegli la carta giusta per le tue esigenze e utilizzala in modo responsabile. Sfrutta i premi, i programmi fedeltà e monitora attentamente le tue transazioni. Evita il sovra-indebitamento e mantieni un buon rapporto debito-credito.

Prenditi il tempo necessario per comprendere i concetti finanziari fondamentali e sii proattivo nell'applicarli nella tua vita quotidiana. La gestione finanziaria è un processo continuo e richiede costante impegno, ma i risultati saranno gratificanti.

Sii determinato, focalizzato e disciplinato nella tua ricerca del successo finanziario. Con una solida gestione finanziaria, sarai in grado di creare una base stabile per realizzare i tuoi sogni e raggiungere il successo nella vita.

13 COME INVESTIRE IL DENARO

Le sfide finanziarie sono una costante nella vita di ognuno di noi, ma possiamo superarle e ottenere il successo attraverso investimenti oculati e strategie intelligenti. In questo capitolo, esploreremo una serie di argomenti fondamentali che ti aiuteranno a comprendere quali investimenti possono essere più redditizi e sicuri, come valutare il rischio, l'importanza della diversificazione e le opportunità offerte dall'investimento passivo e attivo. Esamineremo anche l'uso del credito bancario per creare profitto, senza limitarci all'acquisto di una proprietà per viverci.

Investire è uno dei modi più efficaci per costruire ricchezza e garantirsi un futuro finanziario stabile. Tuttavia, ho imparato sulla mia pelle che non basta buttarsi a caso nel primo investimento che sembra promettente. Ho commesso errori, ho preso decisioni sbagliate, ma ho anche avuto successi che mi hanno insegnato molto.

Se c'è una cosa che ho capito è che per ottenere rendimenti elevati bisogna avere una strategia chiara, diversificare e sapere quando rischiare e quando stare alla finestra. Vediamo insieme alcune delle opzioni di investimento più redditizie e come individuare le migliori opportunità riducendo al minimo i rischi.

INVESTIRE NEL SETTORE IMMOBILIARE

L'immobiliare è un investimento che, se fatto bene, garantisce sicurezza e rendimenti stabili. Quando acquistate un immobile da affittare, fate attenzione a non commettere errori. Non sottovalutate le spese di manutenzione, considerate bene la zona e non trascurate le tasse, che se calcolate successivamente, potrebbero incidere più del previsto. Investite con più consapevolezza.

Tipologie di investimenti immobiliari:

- **Affitto residenziale** per generare un reddito passivo costante.
- **Flipping immobiliare**, acquistando case da ristrutturare e rivendere.
- **Investire in terreni** in zone in espansione.

Esempio Pratico: *Ho comprato un immobile in una città in crescita, affittandolo per generare un reddito costante. Negli anni, il valore della proprietà è aumentato e oggi posso rivenderlo con un ottimo guadagno.*

Esercizio Pratico: Analizza il mercato immobiliare della tua città o in una zona che conosci bene e identifica un'area con alto potenziale di crescita.

NUOVE TECNOLOGIE E MERCATI EMERGENTI

Se c'è un settore che mi affascina, è quello delle nuove tecnologie. Ho visto aziende sconosciute diventare giganti nel giro di pochi anni.

Dove investire oggi:

- **Intelligenza artificiale e automazione** per la loro applicazione in ogni settore.
- **Blockchain e criptovalute**, pur con la loro volatilità, sono ancora un'opportunità.
- **Energie rinnovabili**, che cresceranno con la transizione ecologica.

Esempio Pratico: *Se avessi investito in un'azienda di energia solare dieci anni fa, oggi il mio capitale sarebbe triplicato grazie alla crescente domanda di fonti sostenibili.*

Esercizio Pratico: Identifica una tecnologia emergente e approfondisci il suo potenziale nei prossimi cinque anni.

INVESTIRE SU SÉ STESSI: IL MIGLIOR INVESTIMENTO POSSIBILE

Prima di investire in immobili, nuove tecnologie o criptovalute, investite su voi stessi.
Modi per farlo:

- Frequentare corsi di formazione per migliorare le proprie competenze.
- Creare un business proprio.
- Espandere la rete di contatti per aumentare le opportunità.

Esempio Pratico: *Leggere libri, ascoltare testimonianze e suggerimenti sulla finanza e gli investimenti mi ha aiutato a evitare errori costosi. Se avessi investito prima nella mia formazione, avrei guadagnato molto di più.*

Esercizio Pratico: Scegli un'area in cui migliorarti e investi in un corso o un'esperienza formativa.

VALUTARE IL RISCHIO

Investire significa mettere il proprio denaro al lavoro con l'obiettivo di generare un rendimento. Tuttavia, ogni investimento comporta un rischio, e la capacità di valutarlo correttamente è essenziale per prendere decisioni consapevoli e proteggere il proprio capitale.

Non esistono guadagni senza rischio, ma comprendere come bilanciare il rapporto tra rischio e rendimento può fare la differenza tra un investimento intelligente e una scelta avventata.

Principali categorie di investimento in base al rischio:

- **Basso rischio, basso rendimento** – Conti deposito, investimenti immobiliari a lungo termine, attività con entrate passive consolidate.
- **Rischio moderato, rendimento medio** – Investimenti in imprese, franchising, proprietà commerciali.
- **Alto rischio, alto rendimento** – Startup, nuovi business, settori emergenti come le nuove tecnologie.

Esempio Pratico: *Se voglio investire per ottenere un reddito stabile nel tempo, potrei preferire investimenti a basso rischio come il settore immobiliare o attività commerciali già avviate. Se invece voglio puntare a guadagni più alti, potrei considerare di finanziare una startup innovativa.*

Esercizio Pratico: Analizza tre investimenti diversi e classificali in base al loro livello di rischio e potenziale rendimento.

DEFINIRE LA PROPRIA TOLLERANZA AL RISCHIO

Non tutti hanno lo stesso approccio nei confronti del rischio. Comprendere la propria tolleranza è fondamentale per evitare decisioni impulsive e stressanti.

Fattori che influenzano la tolleranza al rischio:

- **Età e orizzonte temporale** – Più tempo hai, più puoi permetterti investimenti rischiosi.
- **Situazione finanziaria personale** – Se hai una stabilità economica solida, puoi considerare investimenti più audaci.
- **Personalità e gestione delle emozioni** – Se il rischio ti provoca ansia, è meglio scegliere strategie più conservative.

Esempio Pratico: *Un giovane imprenditore con redditi variabili potrebbe avere una maggiore tolleranza al rischio rispetto a un pensionato che ha bisogno di stabilità.*

Esercizio Pratico: Scrivi una breve descrizione del tuo profilo di rischio e quali investimenti si adattano meglio alle tue caratteristiche.

ANALIZZARE I FATTORI DI RISCHIO NEGLI INVESTIMENTI

Ogni investimento ha delle variabili che possono influenzarne la redditività. Conoscere e valutare questi fattori ti permette di ridurre il rischio e prendere decisioni più informate.

Principali fattori di rischio da considerare:

- **Rischio di mercato** – Le fluttuazioni economiche e finanziarie possono influenzare il valore degli investimenti.
- **Rischio di liquidità** – Alcuni investimenti, come gli immobili, possono essere difficili da vendere rapidamente.
- **Rischio specifico dell'azienda o del settore** – Eventi interni o esterni possono influenzare il rendimento di un'attività o di un mercato.

Esempio Pratico: *Se investo in una startup innovativa, devo considerare il rischio di mercato, la concorrenza e la rapidità con cui il settore cambia.*

Esercizio Pratico: Scegli un investimento e identifica almeno tre rischi che potrebbero influenzarne il rendimento.

STRATEGIE PER RIDURRE IL RISCHIO

Anche se il rischio non può essere eliminato completamente, ci sono strategie che aiutano a gestirlo e minimizzarlo.

Metodi per mitigare il rischio:

- **Diversificazione** – Distribuire il capitale su più asset riduce l'impatto di un eventuale insuccesso.
- **Piano di investimento graduale** – Investire periodicamente invece di tutto in una volta può ridurre l'impatto delle fluttuazioni di mercato.
- **Analisi e informazione** – Studiare il mercato, le tendenze e i dati storici riduce il rischio di decisioni impulsive. Non farsi guidare dalle emozioni.

Esempio Pratico: *Se investo 10.000 euro, anziché metterli tutti su un'unica attività, posso distribuirli su diversi settori per ridurre il rischio complessivo.*

Esercizio Pratico: Rivedi il tuo portafoglio di investimenti e valuta se è adeguatamente diversificato.

Durante una crisi di mercato, avere investimenti diversificati ci permetterà di contenere le perdite. Se puntassimo tutto su un'unica risorsa, rischieremo di perdere gran parte del capitale.

Investire non significa solo trovare il miglior affare, ma sviluppare la conoscenza e la disciplina necessarie per gestire il proprio capitale nel tempo.

Ricorda: Il segreto non è cercare scorciatoie, ma avere una strategia, restare aggiornati e imparare dagli errori. Se vuoi costruire la tua ricchezza, inizia oggi stesso con piccole azioni concrete.

CAPIRE QUANDO UN INVESTIMENTO È TROPPO RISCHIOSO

Non tutti gli investimenti sono adatti a tutti. Ci sono situazioni in cui il rischio è eccessivo e potrebbe essere meglio evitarle.

Segnali di un investimento troppo rischioso:

- **Promesse di guadagni elevati e garantiti** – Nessun investimento serio può garantire profitti certi senza rischio.
- **Mancanza di trasparenza** – Se non capisci come funziona, è meglio non investirci.
- **Elevata volatilità senza fondamentali solidi** – Se il valore oscilla troppo senza un motivo concreto, potrebbe essere una bolla speculativa.

Esempio Pratico: *Se un investimento sembra troppo bello per essere vero, probabilmente lo è. È meglio fare ricerche approfondite prima di impegnare il proprio denaro.*

Esercizio Pratico: Fai una ricerca su un investimento che ti interessa e verifica se presenta segnali di rischio eccessivo.

Valutare il rischio non significa evitare gli investimenti, ma prendere decisioni intelligenti e consapevoli.
Il segreto per ottenere rendimenti soddisfacenti è trovare il giusto equilibrio tra rischio e opportunità, basandosi su un'analisi attenta e su strategie di mitigazione.

Ricorda: Investire in modo intelligente significa conoscere i rischi, prepararci ad affrontarli e trasformarli in opportunità di crescita finanziaria.

GLI INVESTIMENTI PIÙ SICURI

Investire in modo sicuro non significa rinunciare ai guadagni, ma trovare un equilibrio tra stabilità e crescita. Ho imparato che, prima di lanciarsi in qualsiasi investimento, è essenziale capire il proprio livello di tolleranza al rischio e scegliere strumenti finanziari che proteggano il capitale senza rinunciare completamente alle opportunità di rendimento.

Molte persone si buttano sugli investimenti in azioni semplicemente perché è di moda o perché hanno sentito storie di chi si è arricchito giocando in borsa. Ma investire in azioni può essere una lotteria, e se non sai esattamente cosa stai facendo, rischi di perdere più di quanto guadagni. È un settore che richiede conoscenze specifiche, esperienza e soprattutto la capacità di gestire le emozioni nei momenti di incertezza.

Quello che trovo curioso è che molte persone affidano i loro soldi a consulenti bancari convinti che questi "esperti" li aiuteranno a diventare ricchi. Ma pensaci un attimo: se fossero davvero così bravi negli investimenti, non credi che si arricchirebbero per conto proprio invece di lavorare in banca per uno stipendio da impiegato?

Personalmente, preferisco investire in mercati che conosco bene e che **generano flussi di denaro costanti**. Non mi interessa giocare in borsa sperando che un titolo salga e che sia condizionato da avvenimenti socio-economici. Piuttosto, scelgo asset che abbiano un valore reale e che nel tempo possano offrire stabilità e rendimenti costanti.

Se ti guardi intorno, vedrai che **le opportunità di investimento sono ovunque**, ma devi imparare a riconoscerle. Dagli immobili all'oro, fino all'investimento in Bitcoin e criptovalute selezionate. Sì, sono volatili, ma chi ha creduto nel Bitcoin e l'ha tenuto per anni ha visto il suo valore crescere enormemente. E non per caso, ma perché dietro c'è un progetto e una tecnologia con un potenziale enorme.

Se pensi che il governo proteggerà i tuoi risparmi, allora sei sulla buona strada per perdere ciò che hai accumulato. Non esiste un sistema finanziario costruito per farti diventare ricco, devi essere tu a prendere il controllo del tuo denaro e delle tue scelte.

Smetti di guardare gli investimenti con gli occhi di chi ti ha sempre detto di "mettere i risparmi in banca e stare tranquillo." La sicurezza non sta nel lasciare i soldi fermi, ma nel farli lavorare per te nei settori giusti. Le banche utilizzano i tuoi soldi per fare profitto.

Ecco alcune opzioni di investimento considerate più sicure rispetto ad altre.

ORO: IL RIFUGIO SICURO PER ECCELLENZA

L'oro è considerato il bene rifugio per eccellenza per diversi motivi storici, economici e finanziari. E' il bene rifugio per eccellenza perché è un asset sicuro, riconosciuto a livello globale e in grado di proteggere la ricchezza in periodi di incertezza economica e geopolitica.

Sin dall'antichità, l'oro è stato utilizzato come moneta e riserva di valore. A differenza delle valute cartacee, che possono essere svalutate o perdere valore a causa dell'inflazione, l'oro mantiene il suo potere d'acquisto nel tempo.

Quando le banche centrali stampano più moneta, il valore della valuta si riduce, portando a un aumento dei prezzi (inflazione). L'oro, invece, è una risorsa limitata e non può essere stampato o creato artificialmente, quindi tende a mantenere o aumentare il suo valore in periodi di inflazione.

In tempi di crisi economica, guerre o instabilità politica, le valute nazionali possono perdere rapidamente valore o addirittura diventare inutilizzabili. L'oro, invece, è accettato ovunque nel mondo come mezzo di scambio e ha sempre un mercato attivo.

L'oro è utilizzato non solo come riserva di valore, ma anche nell'industria, nella gioielleria e nella tecnologia. Questa domanda costante ne garantisce la liquidità e la possibilità di convertirlo in denaro in qualsiasi momento.

A differenza della moneta fiat, che è controllata dagli stati e dalle banche centrali, l'oro è un bene fisico che non può essere manipolato o svalutato arbitrariamente da decisioni politiche o economiche.

Quindi perché investire in oro?

- Protezione contro l'inflazione e le incertezze economiche.
- Stabilità nei momenti di crisi finanziaria.
- Diversificazione del portafoglio per ridurre i rischi.

Modi per investire in oro:

- **Oro fisico (lingotti, monete)**: protezione a lungo termine, ma con costi di stoccaggio.
- **ETF sull'oro**: permette di investire senza detenere fisicamente il metallo.
- **Azioni di società minerarie aurifere**: più speculative, ma con potenziale di rendimento più alto.

Esempio Pratico: *Se avessi investito 10.000 euro in oro nel 2000 oggi potrebbe valere circa 91.611 euro, rappresentando un incremento di oltre 8 volte il capitale iniziale. La sua crescita costante nel tempo dimostra che è un ottimo strumento per la protezione del patrimonio.*

Esercizio Pratico: Analizza il prezzo dell'oro negli ultimi 20 anni e valuta come si è comportato rispetto ad altre forme di investimento.

OBBLIGAZIONI: INVESTIMENTI A RENDIMENTO FISSO

Le obbligazioni sono una delle forme più diffuse di investimento a basso rischio. Sono titoli di debito emessi da governi o aziende che pagano interessi periodici fino alla scadenza.

Tipologie di obbligazioni sicure:

- **Obbligazioni governative**: emesse dai governi, generalmente considerate più sicure.
- **Obbligazioni corporate ad alto rating**: emesse da aziende solide con un rischio contenuto.
- **Titoli di Stato indicizzati all'inflazione**: proteggono dalla perdita di potere d'acquisto.

Esempio Pratico: *Se voglio investire 10.000 euro senza rischi e con un rendimento costante, potrei optare per obbligazioni governative di un paese stabile.*

Esercizio Pratico: Confronta i rendimenti di diverse obbligazioni e valuta quale potrebbe adattarsi meglio al tuo profilo di rischio.

FONDI COMUNI DI INVESTIMENTO A BASSO RISCHIO

I fondi comuni a basso rischio sono strumenti gestiti da professionisti che investono in un mix di asset sicuri, come obbligazioni e titoli di Stato.

Vantaggi:

- **Diversificazione automatica** per ridurre il rischio.
- **Gestione professionale** senza necessità di esperienza diretta.
- **Accessibilità e liquidità** per entrare e uscire facilmente dal mercato.

Tipologie di fondi comuni sicuri:

- **Fondi obbligazionari**: investono in obbligazioni a basso rischio.
- **Fondi monetari**: investono in strumenti a breve termine con alta liquidità.
- **ETF su indici obbligazionari**: alternativa economica per diversificare gli investimenti.

Esempio Pratico: *Se non voglio monitorare il mercato ogni giorno, un fondo obbligazionario può offrire un rendimento prevedibile con un rischio contenuto.*

Esercizio Pratico: Trova tre fondi comuni a basso rischio e confronta le loro performance negli ultimi cinque anni.

CONTI DI RISPARMIO E DEPOSITI VINCOLATI

Se non vuoi correre alcun rischio, ma vuoi comunque guadagnare qualcosa, i conti di risparmio ad alto rendimento e i depositi vincolati possono essere una scelta sicura.

Pro e contro:

- **Zero rischio di perdita del capitale.**
- **Interessi garantiti**, anche se molto bassi rispetto ad altri investimenti.
- **Alta liquidità per i conti di risparmio.**
- **Rendimenti sul lungo termine nettamente più bassi** rispetto ad altre forme di investimento.

Esempio Pratico: *Se voglio mettere da parte dei soldi per emergenze, un conto di risparmio con buoni interessi può essere la soluzione migliore.*

Esercizio Pratico: Confronta i tassi di interesse offerti dai conti di risparmio e scegli quello più vantaggioso.

QUAL È IL GIUSTO EQUILIBRIO TRA SICUREZZA E RENDIMENTO?

Gli investimenti sicuri proteggono il capitale, ma spesso offrono rendimenti più bassi rispetto a investimenti più rischiosi. La chiave è trovare un equilibrio tra sicurezza e crescita, in base al proprio profilo di rischio.

Strategie per bilanciare sicurezza e rendimento:

- Mantenere una parte del capitale in asset sicuri (oro, argento, obbligazioni, conti di risparmio).
- Dedicare una porzione a investimenti più dinamici per ottenere rendimenti migliori.
- Impegnare una fetta del capitale nel mercato immobiliare e adeguare il portafoglio nel tempo.

Esempio Pratico: *Se voglio proteggere il mio capitale, posso tenere il 40% in immobili, il 30% in oro fisico e il restante 30% in investimenti più dinamici per far crescere il patrimonio.*

Esercizio Pratico: Definisci una strategia di portafoglio che combini sicurezza e rendimento in base ai tuoi obiettivi.

Gli investimenti sicuri sono una componente essenziale di qualsiasi strategia finanziaria solida.

Proteggere il capitale senza rinunciare completamente alla crescita è possibile scegliendo strumenti come l'oro, le obbligazioni e i fondi a basso rischio.

Ricorda: Un portafoglio ben bilanciato deve offrire sicurezza, stabilità e opportunità di crescita a lungo termine. La chiave è diversificare e avere una strategia chiara, senza farsi trascinare dall'emotività o dalle mode del momento.

PERCHÉ DIVERSIFICARE L'INVESTIMENTO

Investire senza una strategia di diversificazione è come camminare su una fune senza rete di sicurezza. Uno degli errori più comuni, soprattutto tra chi inizia, è concentrare tutto il proprio capitale in un unico investimento o settore. Se va bene, il guadagno è significativo. Se va male, invece, si rischia di perdere tutto. L'ho visto accadere molte volte.

Per esperienza diretta so che la diversificazione è la chiave per ridurre il rischio e ottimizzare i rendimenti nel lungo periodo. Distribuendo il capitale su asset differenti, settori vari e mercati diversi, possiamo stabilizzare il portafoglio, ridurre la volatilità e aumentare le probabilità di successo.

PERCHÉ LA DIVERSIFICAZIONE È FONDAMENTALE?

Investire è un gioco di probabilità. Non possiamo prevedere con certezza il futuro dei mercati, ma possiamo prepararci minimizzando i rischi.

I principali vantaggi della diversificazione:

- **Riduce il rischio complessivo** – Se un investimento va male, altri possono compensare la perdita.
- **Protegge dagli imprevisti economici** – Crisi finanziarie, recessioni o eventi geopolitici possono colpire specifici settori, ma raramente tutti contemporaneamente.
- **Aumenta la stabilità del portafoglio** – Minore volatilità significa meno stress e maggiore sicurezza nel tempo.

Esempio Pratico: *Se investissi tutto in un'unica attività e questa fallisse, perderei tutto il mio capitale. Se invece distribuissi gli investimenti tra più settori, un eventuale fallimento avrebbe un impatto molto più contenuto.*

Esercizio Pratico: Analizza il tuo attuale portafoglio e verifica se è troppo concentrato su un singolo settore o asset.

TIPOLOGIE DI DIVERSIFICAZIONE

Diversificare non significa semplicemente distribuire i soldi su più investimenti a caso. È necessario scegliere asset diversi che rispondano in modo differente alle fluttuazioni del mercato.

I principali modi per diversificare:

- **Diversificazione per asset class** – Combinare attività tangibili come immobili, materie prime e investimenti digitali.
- **Diversificazione geografica** – Investire in mercati diversi (USA, Europa, Asia, paesi emergenti).
- **Diversificazione settoriale** – Bilanciare investimenti in tecnologia, sanità, energia, finanza, beni di consumo, ecc.
- **Diversificazione temporale** – Investire gradualmente nel tempo per ridurre il rischio legato alla volatilità.

Esempio Pratico: *Un portafoglio ben diversificato potrebbe includere il 30% in immobili, il 20% in materie prime come l'oro, il 30% in business consolidati e il 20% in settori emergenti, bilanciando così rischio e rendimento.*

Esercizio Pratico: Analizza la composizione del tuo portafoglio e verifica se hai una buona distribuzione tra diverse asset class.

COME CREARE UN PORTAFOGLIO BEN DIVERSIFICATO?

Per costruire una strategia di diversificazione efficace, è importante seguire un approccio metodico.

Passaggi per una diversificazione intelligente:

- **Analizza il tuo profilo di rischio** – Sei un investitore conservativo o aggressivo?
- **Scegli asset con correlazioni diverse** – Evita di investire solo in strumenti che si muovono nella stessa direzione.

- **Adotta un orizzonte temporale diversificato** – Pianifica investimenti a breve, medio e lungo termine.
- **Monitora e adatta il portafoglio** – I mercati cambiano, quindi è essenziale riequilibrare gli asset periodicamente.

Esempio Pratico: *Se il mio portafoglio è composto solo da un'attività imprenditoriale, potrei valutare di allocare parte del capitale in immobili o materie prime per ridurre il rischio.*

Esercizio Pratico: Scrivi quali asset potrebbero bilanciare meglio il tuo portafoglio in base ai tuoi obiettivi finanziari.

ERRORI COMUNI NELLA DIVERSIFICAZIONE

Sebbene la diversificazione sia un'ottima strategia, molti investitori commettono errori che annullano i suoi benefici.

I più comuni errori da evitare:

- **Eccessiva diversificazione** – Avere troppi investimenti può rendere difficile la gestione e ridurre i guadagni.
- **Investire in asset troppo simili** – Se tutti i tuoi investimenti si muovono allo stesso modo, la diversificazione è inutile.
- **Non riequilibrare il portafoglio** – Un asset che cresce molto potrebbe sbilanciare il portafoglio, aumentando il rischio.
- **Seguire le mode del momento** – Investire solo in trend popolari senza una strategia può portare a perdite.

Esempio Pratico: *Se possiedo diverse attività imprenditoriali ma tutte operano nello stesso settore, non sto realmente diversificando il mio portafoglio.*

Esercizio Pratico: Analizza se hai troppi investimenti in uno stesso settore e trova alternative per migliorare la diversificazione.

LA DIVERSIFICAZIONE COME STRATEGIA DI LUNGO TERMINE

La diversificazione non è una tecnica per ottenere guadagni immediati, ma un metodo per proteggere il capitale e costruire ricchezza in modo sostenibile nel tempo.

Come adottare la diversificazione in una strategia di lungo periodo:

- **Mantieni la disciplina** – Non farti influenzare dalle oscillazioni di breve termine.
- **Monitora e ribilancia il portafoglio periodicamente** – Alcuni asset possono crescere più di altri, alterando l'equilibrio iniziale.
- **Continua a investire nel tempo** – Un piano di accumulo costante aiuta a ridurre il rischio di entrare nel mercato al momento sbagliato.

Esempio Pratico: *Se il mio portafoglio iniziale era ben diversificato ma ora il valore di un'area è cresciuto molto più di altre, potrebbe essere il momento di riequilibrarlo.*

Esercizio Pratico: Imposta un promemoria per rivedere e riequilibrare il tuo portafoglio ogni sei mesi.

La diversificazione è una strategia essenziale per proteggere il capitale e migliorare la stabilità finanziaria. Distribuire gli investimenti in asset, settori e mercati diversi aiuta a ridurre i rischi e massimizzare le opportunità di crescita nel tempo.

Ricorda: Non si tratta di evitare il rischio, ma di gestirlo in modo intelligente per costruire un patrimonio solido e sostenibile.

INVESTIMENTO PASSIVO E INVESTIMENTO ATTIVO

Quando si parla di investimenti, una delle prime scelte da fare riguarda il metodo di gestione del proprio portafoglio. Vuoi essere il tipo di investitore che lascia lavorare i soldi in automatico o preferisci essere attivo e strategico nel cercare le migliori opportunità? In pratica, si tratta di scegliere tra un approccio **passivo** e uno **attivo**.

Personalmente, ho sempre preferito avere il controllo sulle mie scelte, ma ho anche capito che, in alcuni casi, un approccio più semplice e automatizzato può evitare errori costosi. Vediamo le differenze tra questi due metodi, con i loro pro e contro, e come trovare il giusto equilibrio.

L'INVESTIMENTO PASSIVO: STABILITÀ SENZA STRESS

L'investimento passivo è perfetto per chi vuole mettere i soldi al lavoro senza dover monitorare costantemente i mercati. L'idea è semplice: invece di cercare di battere il mercato, ti limiti a seguirlo investendo in strumenti che garantiscono stabilità nel lungo periodo.

Strumenti principali dell'investimento passivo:

- **Oro e metalli preziosi** – Proteggono il capitale dall'inflazione e dalle crisi economiche.
- **Immobili a reddito** – Acquistare proprietà per generare entrate passive nel tempo.
- **Conti deposito e certificati di deposito (CD)** – Strumenti bancari che offrono un rendimento garantito.
- **Assicurazioni sulla vita e piani pensionistici privati** – Strategie a lungo termine per accumulare capitale senza rischi e con benefici fiscali.

Vantaggi:

- **Bassi costi di gestione** – Nessuna necessità di monitorare i mercati ogni giorno.

- **Minore stress** – Ideale per chi vuole sicurezza senza preoccupazioni.
- **Protezione contro le crisi economiche** – Alcuni asset, come l'oro e gli immobili, resistono meglio alle fluttuazioni di mercato.

Svantaggi:

- **Rendimenti più bassi rispetto a strategie aggressive** – La sicurezza ha un costo in termini di guadagni potenziali.
- **Meno flessibilità** – Alcuni strumenti, come gli immobili, richiedono investimenti iniziali elevati e non sono facilmente liquidabili.
- **Dipendenza dal contesto economico** – Il valore di asset come gli immobili può variare nel tempo.

Esempio Pratico: *Se investo in un immobile da affittare, avrò entrate passive costanti nel tempo, senza dover monitorare ogni giorno l'andamento del mercato.*

Esercizio Pratico: Cerca tre investimenti passivi alternativi agli ETF (Exchange-Traded Funds – Fondi negoziati in borsa che replicano un indice di riferimento) e confronta i loro rendimenti storici e la loro stabilità.

L'INVESTIMENTO ATTIVO: MASSIMIZZARE I RENDIMENTI CON STRATEGIA

Se l'investimento passivo è come mettere il pilota automatico, l'investimento attivo è come guidare manualmente, cercando di ottimizzare ogni curva per ottenere il massimo rendimento.

Strumenti principali dell'investimento attivo:

- **Azioni individuali** – Scegliere titoli specifici con alto potenziale.

- **Fondi gestiti attivamente** – Affidarsi a un gestore esperto per selezionare gli investimenti migliori.
- **Trading e speculazione** – Operazioni frequenti per sfruttare le oscillazioni di mercato.

Vantaggi:

- **Possibilità di ottenere rendimenti più alti** – Se sai scegliere bene, puoi battere il mercato.
- **Maggiore controllo** – Decidi in cosa investire e quando entrare o uscire dal mercato.
- **Protezione dalle crisi** – Puoi adattare il portafoglio per evitare perdite pesanti.

Svantaggi:

- **Richiede molto tempo e competenze** – Non è per tutti, serve studio e analisi.
- **Costi di gestione più alti** – Commissioni, tasse e ricerche possono erodere i profitti.
- **Maggiore rischio** – Se sbagli la strategia, puoi perdere più di quanto guadagni.

Esempio Pratico: *Se investo in azioni di una startup tecnologica emergente, potrei ottenere un rendimento molto più alto rispetto a un ETF, ma con il rischio di perdere il capitale se l'azienda non ha successo.*

Esercizio Pratico: Scegli tre azioni in settori diversi e analizza la loro performance negli ultimi cinque anni.

QUALE STRATEGIA SCEGLIERE?

Non esiste una risposta universale. Dipende dal tuo profilo di investitore, dalla tua disponibilità di tempo e dalla tua tolleranza al rischio.

Quando scegliere l'investimento passivo:

- Se vuoi una strategia semplice e poco impegnativa.
- Se il tuo obiettivo è la crescita costante nel lungo termine.
- Se preferisci costi bassi e meno stress.

Quando scegliere l'investimento attivo:

- Se hai conoscenze finanziarie e vuoi avere il controllo sul portafoglio.
- Se puoi dedicare tempo all'analisi dei mercati.
- Se sei disposto ad assumerti un rischio maggiore per ottenere guadagni più elevati.

Esempio Pratico: *Se sto investendo per la pensione senza voler monitorare i mercati, un piano di accumulo immobiliare potrebbe essere una scelta più sicura rispetto al trading attivo.*

Esercizio Pratico: Valuta il tuo livello di coinvolgimento negli investimenti e decidi quale strategia si adatta meglio al tuo stile.

IL MIGLIOR APPROCCIO? UN MIX DI ENTRAMBI

Molti investitori adottano una **strategia ibrida**, combinando l'investimento passivo e attivo per ottenere il meglio da entrambi i mondi.

Come bilanciare i due approcci:

- Investire la maggior parte del capitale in strumenti passivi sicuri (oro, immobili, piani pensionistici).
- Destinare una parte a investimenti più attivi per sfruttare opportunità di crescita.
- Monitorare periodicamente il portafoglio e riequilibrare quando necessario.

Esempio Pratico: *Se il mio portafoglio è composto all'80% da immobili e oro e al 20% da investimenti a più alto rendimento, posso ottenere sia la stabilità dell'investimento passivo sia la possibilità di guadagni superiori con la gestione attiva.*

Esercizio Pratico: Costruisci un portafoglio che combini entrambi gli approcci e analizza i potenziali vantaggi.

Non si tratta di scegliere tra bianco e nero. La vera chiave sta nel trovare il mix giusto tra gestione passiva e attiva in base alle proprie esigenze e competenze. L'importante è avere un piano chiaro e non lasciarsi trascinare dalle mode del momento.

Ricorda: Non esiste la strategia perfetta, esiste solo la strategia più adatta a te!

USARE IL CREDITO BANCARIO PER CREARE PROFITTO

Il credito bancario è uno strumento finanziario potente che, se utilizzato con intelligenza, può accelerare la crescita finanziaria e generare profitto. Tuttavia, c'è una grande differenza tra usare il debito come leva per creare valore e lasciarsi intrappolare da prestiti che diventano un peso.

Ho visto persone distruggersi finanziariamente per aver contratto debiti sbagliati, ma ho anche conosciuto imprenditori e investitori che hanno usato il credito come strumento per costruire patrimoni enormi. La chiave è distinguere tra **debito buono** e **debito cattivo** e sapere come sfruttarlo a proprio vantaggio.

LA DIFFERENZA TRA DEBITO BUONO E DEBITO CATTIVO

Non tutti i debiti sono uguali. Alcuni possono essere considerati investimenti, mentre altri sono solo zavorre che ti portano a lavorare per pagare interessi senza generare valore.

Esempi di debito cattivo:

- **Mutuo per la prima casa** – È vero che una casa di proprietà è un bene, ma se non genera entrate è solo una spesa fissa.

- **Prestiti per beni di consumo** – Finanziamenti per auto di lusso, gadget costosi o vacanze non fanno altro che prosciugare le finanze.
- **Carte di credito con tassi elevati** – Il credito revolving è una trappola se non ripagato velocemente.

Esempi di debito buono:

- **Acquisto di immobili a reddito** – Un appartamento in affitto può coprire il mutuo e generare cash flow.
- **Avvio o espansione di un business** – Se un prestito ti permette di far crescere un'attività redditizia, allora è un buon investimento.
- **Investire in formazione o competenze** – Aumentare il proprio valore professionale può generare maggiori entrate future.

Esempio Pratico: *Se compro una casa con un mutuo per viverci, avrò solo spese. Se invece compro una casa con un mutuo e la affitto, il reddito generato può coprire il prestito e creare un guadagno extra.*

Esercizio Pratico: Analizza un debito che hai o che potresti contrarre e valuta se rientra nella categoria di debito buono o cattivo.

INVESTIRE IN IMMOBILI CON IL CREDITO BANCARIO

Uno dei modi più intelligenti per usare il credito è acquistare immobili che generano reddito. Se ben studiato, il mercato immobiliare permette di sfruttare il debito in modo strategico.

Quali immobili possono generare profitto?

- **Case in località turistiche** – Affitti brevi con margini elevati.
- **Immobili commerciali** – Contratti di affitto più lunghi e stabili rispetto agli affitti residenziali.
- **Proprietà per co-living o affitti frazionati** – Massimizzano il ritorno per metro quadro.

Strategie per massimizzare il profitto:

- **Calcolare bene il rendimento** – L'affitto deve coprire il mutuo e lasciare un margine di profitto.
- **Negoziare finanziamenti vantaggiosi** – Un piccolo risparmio sul tasso di interesse può fare una grande differenza.
- **Evitare mercati saturi** – Se tutti stanno investendo nella stessa zona, i rendimenti possono calare.

Esempio Pratico: *Se compro un appartamento con un mutuo con tasso fisso al 3% e lo affitto con un rendimento del 7%, dopo spese e tasse avrò comunque un profitto positivo.*

Esercizio Pratico: Trova un immobile in vendita in una zona a forte domanda e calcola il potenziale rendimento rispetto ai costi del mutuo.

FINANZIARSI PER AVVIARE UN'ATTIVITÀ REDDITIZIA

Un altro modo per sfruttare il credito è ottenere finanziamenti per avviare o far crescere un business.

Quali tipi di business beneficiano di un finanziamento?

- **Attività con domanda stabile** – Come e-commerce, servizi digitali, ristorazione, formazione online.
- **Franchising** – Un marchio già consolidato riduce il rischio d'impresa.
- **Business scalabili** – Aziende che possono crescere rapidamente senza costi fissi eccessivi.

Come ridurre il rischio?

- **Creare un business plan dettagliato** – Serve sia per ottenere il finanziamento sia per avere una chiara strategia.
- **Calcolare il break-even point** – Sapere in quanto tempo il business inizierà a coprire le spese.

- **Non prendere più credito del necessario** – Evita di caricarti di debiti che potrebbero soffocare l'attività.

Esempio Pratico: *Se apro una caffetteria con un prestito di 50.000 euro e ho una previsione di guadagno mensile netto di 5.000 euro, posso rientrare nell'investimento in meno di un anno.*

Esercizio Pratico: Scrivi un'idea di business e calcola quanto capitale servirebbe per avviarla e in quanto tempo potrebbe generare profitto.

RISCHI E STRATEGIE PER GESTIRE IL CREDITO IN MODO SICURO

Usare il credito è utile, ma deve essere gestito con disciplina.
I principali rischi:

- **Tassi di interesse troppo alti** – Se il costo del denaro è superiore al rendimento, il debito diventa insostenibile.
- **Mancanza di liquidità** – Avere un buffer di emergenza è essenziale per evitare problemi.
- **Errori di valutazione** – Sopravvalutare un investimento può portare a perdite significative.

Come ridurre i rischi?

- **Avere sempre una riserva di liquidità** – Almeno sei mesi di rate coperte per ogni investimento a credito.
- **Fare un'analisi realistica del ritorno sull'investimento** – Considerare tutti i costi e le possibili oscillazioni di mercato.
- **Non sovra-indebitarsi** – Non importa quanto sia attraente un'opportunità, se il rischio di default è alto, non vale la pena.

Esempio Pratico: *Se prendo un prestito per acquistare un immobile, devo* *considerare non solo il mutuo, ma anche tasse, manutenzione e possibili periodi senza affitti.*

Esercizio Pratico: Se stai considerando un investimento a credito, elenca tutti i potenziali rischi e come potresti mitigarli.

Il credito bancario, se usato bene, può accelerare il percorso verso la libertà finanziaria. Il segreto sta nell'usarlo solo per generare reddito e mai per finanziare consumi inutili.

Ricorda: Il debito non è il problema. Il problema è il modo in cui lo usi. Se il credito lavora per te, è un alleato prezioso. Se invece sei tu a lavorare per ripagarlo, allora è una trappola.

IN SINTESI

La scelta degli investimenti è una decisione personale che richiede una buona comprensione dei mercati finanziari, dei livelli di rischio e dei tuoi obiettivi finanziari. Diversificare il tuo portafoglio, valutare attentamente il rischio e considerare le opportunità offerte dall'investimento passivo e attivo possono contribuire al tuo successo finanziario. Ricorda inoltre di analizzare attentamente l'uso del credito bancario per creare profitto e considera sempre il rapporto tra rischio e rendimento. Prendi decisioni informate e sagge per garantire una base solida per il tuo futuro finanziario.

14 COME OTTENERE LA LIBERTÀ ECONOMICA

Tanti pensano che l'unico modo per fare soldi sia aprire un'azienda e lavorarci dentro per sempre. Ma c'è un'altra strada: creare un business con un valore reale e poi rivenderlo al momento giusto. Nel corso degli anni, ho avviato diverse attività che, una volta raggiunto un certo fatturato, ho venduto a chi voleva subentrare e portarle avanti. In questo modo ho potuto reinvestire in nuovi progetti senza restare intrappolato in un unico business. Questa è la mentalità dell'imprenditore: costruire asset che generano valore e capire quando è il momento giusto per monetizzarli.

Qui desidero focalizzare l'attenzione sull'importanza di creare asset e rendite automatiche per ottenere il successo finanziario nella vita. Una rendita automatica rappresenta una fonte di reddito passivo che ci consente di guadagnare denaro senza dover necessariamente lavorare duramente per ottenerlo. Imparare a creare rendite automatiche è un passo fondamentale per raggiungere la libertà finanziaria e avere successo nella vita.

CREARE RENDITE PASSIVE: LA CHIAVE PER LA LIBERTÀ FINANZIARIA

La maggior parte delle persone scambia il proprio tempo per denaro, lavorando attivamente per ottenere un reddito, convinti che sia l'unico modo per guadagnarsi da vivere. *"Se smetti di lavorare, smetti di guadagnare!"* Questo è quello che sentivo ripetere. Volevo semplicemente costruirmi una libertà finanziaria, e dovevo trovare un sistema che mi permettesse di generare reddito anche quando non ero fisicamente al lavoro.

E qui entrano in gioco le **rendite passive o rendite automatiche**.

Le rendite passive sono flussi di denaro che continuano a entrare nel tempo senza richiedere un lavoro attivo costante. Non significa guadagnare soldi senza fare nulla (questa è una favola), ma significa costruire asset che lavorano per te anche mentre dormi, viaggi o ti dedichi ad altro.

COSA SONO LE RENDITE PASSIVE E PERCHÉ SONO IMPORTANTI?

Le rendite passive funzionano così: prima investi tempo, denaro o competenze, poi inizi a raccogliere i frutti nel tempo.

Ecco i loro vantaggi principali:

- **Non richiedono un lavoro continuo**: Dopo la fase di avvio, generano reddito autonomamente con un impegno minimo.
- **Sono scalabili**: Un buon sistema può crescere nel tempo senza che tu debba lavorare di più.
- **Diversificano il reddito**: Avere più fonti di guadagno riduce il rischio finanziario.
- **Portano alla libertà finanziaria**: Ti svincolano dal bisogno di uno stipendio fisso.

Esempio Pratico: *Una ragazza ha scritto un libro e lo ha pubblicato su Amazon e altre piattaforme. L'ha scritto una volta, ma ogni mese continua a ricevere royalties dalle vendite. Questo è il potere della rendita passiva.*

Esercizio Pratico: Pensa a un'attività che potresti trasformare in una rendita passiva. Hai già competenze o risorse che potresti sfruttare?

LE MIGLIORI FONTI DI RENDITA PASSIVA

Ci sono tanti modi per generare rendite passive, alcuni richiedono investimenti di denaro, altri di tempo e competenze. Dopo anni di esperienza e vari test, ho individuato alcuni settori con ottime opportunità di guadagno passivo:

1. Investimenti Immobiliari

- **Affittare appartamenti o case vacanza.**
- **Affitti a lungo o medio termine** a studenti o lavoratori fuori sede.
- **Affittare locali commerciali** ad attività consolidate.

2. Investimenti Finanziari

- **Dividendi azionari**: Investire in aziende che distribuiscono dividendi a intervalli regolari.
- **Obbligazioni e conti deposito**: Strumenti sicuri che generano interessi periodici.
- **ETF e fondi comuni**: Strumenti finanziari che permettono di ottenere guadagni senza gestire attivamente il capitale investito.

3. Creazione e Vendita di Prodotti Digitali

- **E-book e corsi online**: Creare e vendere contenuti su piattaforme dedicate.
- **App e software**: Sviluppare strumenti digitali che generano entrate senza necessità di gestione attiva. Un'app ben fatta può generare vendite per anni.

- **Stock photography e musica royalty-free**: Vendere immagini, video o tracce audio su piattaforme digitali senza gestione attiva.

4. Marketing di Affiliazione

- **Promuovere prodotti di altri tramite link affiliati** e guadagnare una commissione sulle vendite.
- Funziona bene con blog, YouTube o social media.

5. Business Automatizzati

- **E-commerce con dropshipping**: Vendere prodotti senza gestire il magazzino.
- **Blog o siti di nicchia**: Monetizzare con pubblicità e affiliazioni.

Esempio Pratico: *Un blogger che scrive articoli di valore e inserisce link di affiliazione ai prodotti consigliati può guadagnare commissioni automatiche senza dover vendere direttamente.*

Esercizio Pratico: Quale di queste strategie si adatta meglio alle tue competenze?

RENDITE PASSIVE: IL MITO DELL'"AUTOMATISMO TOTALE"

Molti pensano che una rendita passiva significhi guadagnare soldi senza fare nulla. La verità è che, nella maggior parte dei casi, una rendita passiva richiede un lavoro iniziale e un minimo di manutenzione nel tempo.

Ecco alcune verità scomode:

- **Serve un investimento iniziale**: Di tempo, denaro o competenze. Una rendita passiva non nasce dal nulla.

- **Alcuni modelli richiedono manutenzione**: Un immobile affittato richiede manutenzione e gestione degli inquilini e un sito web aggiornato.
- **La diversificazione è fondamentale**: Affidarsi a una sola fonte di reddito passivo può essere rischioso se il mercato cambia.

Esempio Pratico: *Un corso online richiede tempo per essere creato, ma una volta pubblicato può generare vendite automatiche per anni con aggiornamenti minimi.*

Esercizio Pratico: Valuta se preferisci investire tempo o denaro per costruire la tua rendita passiva.

ERRORI DA EVITARE NELLA CREAZIONE DI RENDITE PASSIVE

Molte persone sbagliano e si bruciano prima ancora di iniziare. Ecco gli errori più comuni:

1. **Aspettarsi guadagni immediati**: Creare una rendita passiva richiede tempo. Non esistono scorciatoie miracolose.
2. **Ignorare le tasse e la fiscalità**: Ogni fonte di reddito passivo è soggetta a tassazione. Bisogna pianificare in anticipo per ottimizzare i guadagni.
3. **Non diversificare**: Basare il proprio reddito su una sola fonte passiva è rischioso; diversificare aiuta a proteggersi dalle fluttuazioni del mercato.
4. **Non monitorare i risultati**: Anche se un'attività è "passiva", necessita di monitoraggio per garantire la massima resa.

Esempio Pratico: *Un investitore acquista un appartamento per affittarlo, ma non calcola le tasse, le spese di manutenzione e i periodi di sfitto. Risultato? Guadagni inferiori alle aspettative.*

Esercizio Pratico: Identifica i potenziali ostacoli alla creazione della tua rendita passiva e trova una strategia per superarli.

Creare una rendita passiva è una strategia fondamentale per raggiungere la libertà finanziaria, ma richiede impegno e pianificazione.

Ricapitoliamo:

- Le rendite passive richiedono un investimento iniziale (tempo, denaro o competenze).
- Esistono molte opzioni, tra cui immobili, finanza, prodotti digitali e business automatizzati.
- Evita gli errori comuni come la mancanza di diversificazione e la cattiva gestione fiscale.

Ricorda: Non lavorare per i soldi, lascia che i soldi lavorino per te.

RENDITE AUTOMATICHE CON GLI IMMOBILI: LA STRATEGIA GIUSTA PER MASSIMIZZARE I PROFITTI

Generare rendite automatiche attraverso investimenti intelligenti è uno dei modi più efficaci per costruire una stabilità finanziaria a lungo termine. Gli immobili, se gestiti correttamente, possono diventare una fonte di reddito passivo solida e duratura.

Tuttavia, non tutti gli investimenti immobiliari sono uguali e alcune strategie possono risultare più redditizie di altre. Ora analizzeremo i diversi modi per creare entrate automatiche con gli immobili, quali sono le migliori opportunità da sfruttare e le strategie per generare entrate automatiche, evitando gli errori più comuni.

PERCHÉ INVESTIRE IN IMMOBILI PER GENERARE RENDITE AUTOMATICHE?

Gli immobili offrono diversi vantaggi come investimento a lungo termine:

- **Flussi di cassa costanti:** Gli affitti generano entrate ricorrenti che possono coprire le spese e generare profitti.
- **Protezione dall'inflazione:** Il valore degli immobili in genere tende a crescere nel tempo, proteggendo il tuo capitale.
- **Uso della leva finanziaria:** Le banche ti permettono di acquistare immobili con un capitale iniziale ridotto, aumentando il tuo potere d'investimento.
- **Diversificazione:** Integrare investimenti immobiliari in un portafoglio finanziario aiuta a ridurre i rischi.

Ma non tutti gli investimenti immobiliari sono redditizi allo stesso modo. Ecco come scegliere la strategia più efficace per te.

QUALI IMMOBILI OFFRONO IL MIGLIOR RENDIMENTO?

Non tutti gli immobili sono uguali e il modo in cui li gestisci può fare la differenza tra un ottimo investimento e un buco nell'acqua. Vediamo i pro e i contro delle principali opzioni disponibili.

Affitti Brevi per turisti e viaggiatori d'affari

- **PRO:** Puoi guadagnare molto di più rispetto a un affitto tradizionale anche grazie a piattaforme come Airbnb e similari.
- **CONTRO:** Richiedono una gestione più attenta (check-in, pulizie, assistenza clienti) ma puoi delegare queste attività a un property manager.

Esempio Pratico: *Un amico ha acquistato un piccolo appartamento in una città turistica e lo affitta a turisti con tariffe giornaliere. In un anno, guadagna oltre il doppio rispetto a chi affitta lo stesso immobile con un contratto a lungo termine.*

Affitti per studenti e lavoratori fuori sede

- **PRO:** Domanda stabile e possibilità di suddividere l'appartamento in più stanze affittabili separatamente.
- **CONTRO:** Gli studenti cambiano spesso casa, quindi serve una gestione più attiva per trovare nuovi inquilini con contratto annuale.

Esempio Pratico: *Un trilocale affittato a studenti universitari in una grande città può generare una rendita superiore rispetto a un unico affitto a lungo termine, grazie alla suddivisione delle stanze.*

Affitti a lungo termine: perché evitarli

Dalla mia esperienza, gli affitti residenziali a lungo termine non sono la strategia più redditizia. Ecco perché:

- **Reddito inferiore:** Il guadagno netto, dopo tasse e spese, è spesso basso rispetto ad altre soluzioni.
- **Morosità e difficoltà di sfratto:** In molti paesi, le leggi proteggono gli inquilini più dei proprietari. Questo significa che, anche se l'inquilino smette di pagare l'affitto, potrebbero passare mesi o addirittura anni prima che sia possibile sfrattarlo.
- **Svalutazione dell'immobile:** Se un inquilino rimane per molti anni, la manutenzione può diventare un problema e potrebbe essere difficile rinnovare l'immobile senza dover affrontare lunghi periodi di sfitto.

Esempio Pratico: *Molti investitori pensano che affittare un appartamento per anni garantisca stabilità, ma quando si trovano a dover affrontare inquilini che non pagano e lunghe battaglie legali per lo sfratto, si rendono conto che il gioco non vale la candela.*

Alternativa migliore: Affittare a studenti o lavoratori fuori sede garantisce maggiore flessibilità e redditività.

STRATEGIE PER MASSIMIZZARE I PROFITTI

Per ottenere il massimo rendimento, è fondamentale adottare una strategia mirata.

1. Scegliere la Posizione Giusta

- Investi in zone con alta domanda turistica, universitaria o commerciale garantisce rendite più alte.
- Evita aree con alto tasso di morosità o immobili difficili da rivendere.

2. Ottimizzare la Struttura dell'Immobile

- Dividere un grande appartamento in più unità per aumentare la redditività.
- Ristrutturare e arredare in modo accattivante per attirare inquilini disposti a pagare di più.

3. Sfruttare la Fiscalità

- Alcune formule di affitto breve offrono vantaggi fiscali rispetto a quelle a lungo termine.
- Consulta un esperto per ottimizzare il rendimento netto.

4. Automatizzare la Gestione

- Usare software di gestione per monitorare pagamenti, spese e scadenze.
- Affidati a un property manager per ridurre il carico di lavoro.

Errori da Evitare

- **Comprare senza analisi del mercato:** Molti acquistano immobili senza studiare domanda e rendita potenziale.

- **Sottovalutare i costi:** Tasse, manutenzione e gestione possono ridurre i guadagni.
- **Non diversificare:** Investire solo in un immobile è rischioso.
- **Ignorare la fiscalità:** Non conoscere il regime fiscale degli affitti può far perdere soldi.

Esempio Pratico: *Ho visto persone comprare case in periferia credendo di affittarle facilmente, ma dopo mesi di sfitto hanno capito che senza una forte domanda è difficile generare reddito.*

Investire in immobili può essere un'ottima strategia per generare rendite automatiche, ma devi sapere come muoverti.

- Gli **affitti brevi** e gli **affitti per studenti o lavoratori** sono le migliori opzioni per massimizzare i guadagni.
- Gli affitti a lungo termine possono sembrare più sicuri, ma spesso offrono margini inferiori e più problemi.
- Pianificare e diversificare è essenziale per evitare brutte sorprese.

Ricorda: Non è importante possedere un immobile, ma sapere come farlo fruttare.

SCEGLIERE IL SETTORE GIUSTO PER CREARE RENDITE PASSIVE

Quando ho iniziato a cercare modi per generare rendite passive, ho commesso uno degli errori più comuni: mi sono buttato in un settore solo perché sembrava di tendenza. Senza fare ricerche, senza capire se fosse adatto a me. Risultato? Ho perso tempo e soldi. Poi ho capito che scegliere il settore giusto non è solo una questione di moda o fortuna, ma di strategia.

Analizziamo come individuare il settore giusto per creare entrate automatiche, evitando passi falsi e sfruttando opportunità reali.

I TRE FATTORI CHIAVE PER SCEGLIERE IL SETTORE GIUSTO

Per selezionare un settore in cui costruire una rendita passiva, ho capito che bisogna valutare tre elementi fondamentali:

1. Passione e Interesse Personale

- Se lavori in un settore che ti appassiona, sarai più motivato a dedicarti al progetto nel lungo termine.
- Un settore che stimola la tua curiosità ti spingerà ad approfondire e innovare.
- La passione ti aiuta a superare le difficoltà iniziali e a rimanere costante nel tuo impegno.

Esempio Pratico: *Un appassionato di viaggi potrebbe avviare un blog di viaggi monetizzato con affiliazioni e pubblicità, mentre un esperto di tecnologia potrebbe creare un canale YouTube recensendo prodotti elettronici.*

In passato, ho provato a investire in un settore solo perché sembrava redditizio, senza alcun interesse reale. Dopo pochi mesi, mi sono ritrovato a perdere entusiasmo, denaro, e ad abbandonare il progetto. Poi ho capito che, se vuoi costruire qualcosa di duraturo, devi trovare un settore che ti appassiona davvero.

2. Competenze e Conoscenza Preesistente

- Sfruttare le competenze già acquisite riduce il tempo di apprendimento e permette di evitare errori da principiante.
- Se hai esperienza in un settore, potrai individuare più facilmente le opportunità redditizie.
- Se non possiedi ancora competenze in un settore che ti interessa, valuta la possibilità di formarti prima di investirci.

Esempio Pratico: *Se hai esperienza in marketing digitale, potresti* *avviare un business di consulenza o creare un corso online per insegnare le tue competenze.*

3. *Analisi del Mercato e Redditività*

- Un settore redditizio deve avere una domanda stabile o in crescita. Evita i mercati saturi o in declino.
- Valuta la concorrenza: troppi operatori rendono l'ingresso più difficile, mentre pochi potrebbero indicare una scarsa domanda.
- Stima il potenziale di guadagno e il tempo necessario per generare rendite passive. Alcuni settori richiedono più tempo per diventare profittevoli rispetto ad altri.

Esempio Pratico: *Un mercato in crescita come l'energia rinnovabile potrebbe offrire opportunità migliori rispetto a settori in declino come la stampa tradizionale.*

Esercizio Pratico: Fai una ricerca di mercato sul settore che ti interessa, analizzando la domanda, la concorrenza e il potenziale di crescita nei prossimi 5-10 anni.

ERRORI DA EVITARE NELLA SCELTA DEL SETTORE

- **Seguire solo la moda del momento** – Un settore di tendenza può diventare saturo velocemente.
- **Non fare un'analisi di mercato** – Investire senza conoscere la concorrenza è rischioso.
- **Entrare in un settore senza competenze o passione** – Se non hai interesse né esperienza, la probabilità di fallimento è alta.
- **Non considerare i rischi e le barriere d'ingresso** – Alcuni settori richiedono grandi investimenti o normative complesse.

Esempio Pratico: *Molti investitori inesperti hanno comprato azioni senza* *studiare il mercato, finendo per perdere gran parte del capitale quando i prezzi sono crollati.*

Esercizio Pratico: Fai una lista dei potenziali rischi del settore che ti interessa e trova strategie per mitigarli.

COME INIZIARE NEL SETTORE GIUSTO

Una volta scelto il settore giusto, segui questi passaggi per avviare la tua attività:

1. **Formazione e Ricerca**
   - Acquisisci competenze attraverso libri, corsi e mentorship.
   - Studia i casi di successo e i modelli di business più efficaci.
2. **Pianificazione e Test**
   - Stendi un business plan dettagliato con obiettivi e strategie.
   - Effettua test sul mercato per valutare la risposta del pubblico.
3. **Networking e Collaborazioni**
   - Connettiti con esperti e professionisti per apprendere strategie vincenti.
   - Valuta collaborazioni con persone che possano accelerare il tuo successo.
4. **Adattabilità e Crescita**
   - Monitora le performance del tuo investimento e apporta miglioramenti costanti.
   - Sii pronto a cambiare strategia se il mercato lo richiede.

Scegliere il settore giusto è un passo fondamentale per costruire una rendita passiva di successo.

- **Passione, competenze e analisi di mercato** sono le chiavi per prendere una decisione informata.

- **Esistono diversi settori redditizi,** come immobiliare, investimenti finanziari, business online ed energie rinnovabili.
- **Evitare errori comuni** come seguire le mode o investire senza conoscenze è essenziale per avere successo.

Ricorda: Il segreto del successo non è fare tutto, ma scegliere il settore giusto e dominare il mercato.

CREARE UNA RENDITA SENZA INVESTIRE DENARO

L'idea di guadagnare senza investire un soldo sembra impossibile, vero? Eppure, con la giusta strategia e un po' di ingegno, si può costruire una rendita passiva partendo da zero.

Ci sono passato anch'io. Quando mi trovavo in difficoltà economica, ho imparato che la mancanza di denaro non è un ostacolo insormontabile, ma una spinta a pensare in modo più intelligente e sfruttare ciò che già si possiede. Ho iniziato diversi progetti senza capitali iniziali, solo con le mie competenze, la creatività e un po' di sano spirito imprenditoriale. Alcuni di questi hanno funzionato, altri meno, ma ogni esperienza mi ha insegnato qualcosa. E sai qual è la lezione più importante? Il denaro non è l'unica risorsa a tua disposizione. Il tempo, le competenze e le relazioni possono valere molto di più.

Vediamo come creare una rendita passiva senza investire denaro, sfruttando le risorse che hai già a disposizione.

SFRUTTA QUELLO CHE HAI GIÀ

Se non hai denaro da investire, puoi comunque sfruttare il tuo tempo, le tue competenze e le relazioni che hai costruito nel tempo. Ecco alcune strategie pratiche:

Usa le tue competenze per creare valore

- Se hai conoscenze in marketing, scrittura, programmazione o

grafica, puoi avviare un'attività online senza bisogno di capitali iniziali.
- **Esempio:** Puoi creare un blog, un canale YouTube o un profilo social focalizzato su un tema specifico e monetizzarlo con affiliazioni e pubblicità. Un mio caro amico ha iniziato con un semplice blog di viaggi, scrivendo articoli e monetizzandoli con affiliazioni. Oggi vive solo di quello.

Capitalizza sulle tue relazioni

- Conosci persone che potrebbero aver bisogno di un servizio o di un supporto? Puoi offrire consulenze o collaborare con altri per generare guadagni senza investire denaro.
- **Esempio:** Un esperto di social media potrebbe gestire i profili di piccole imprese in cambio di una commissione sulle vendite generate.

Lavora per una quota dei profitti

- Invece di lavorare per uno stipendio, valuta l'opzione di lavorare su progetti con un modello di compartecipazione ai guadagni, acquisendo una quota del business.
- **Esempio:** Offri i tuoi servizi a una startup in cambio di una percentuale dei profitti futuri. Conosco persone che hanno acquisito così quote di partecipazione in aziende che oggi valgono milioni.

Esercizio Pratico: Fai una lista delle tue competenze e delle persone che potrebbero aver bisogno del tuo aiuto. Come potresti monetizzarle senza investire denaro?

MODELLI DI BUSINESS SCALABILI E A BASSO COSTO

Un business scalabile è quello che può crescere nel tempo senza aumentare proporzionalmente il tuo lavoro o le spese. Qui ci sono alcune idee.

Vendi prodotti digitali

- Creare un e-book, un corso online o una guida è un modo per guadagnare senza costi di produzione ricorrenti.
- **Esempio:** Un amico ha scritto un piccolo manuale su come usare LinkedIn per trovare lavoro e l'ha venduto su Amazon Kindle. Ha investito solo il suo tempo, ma oggi genera entrate automatiche ogni mese.

Fai marketing di affiliazione

- Puoi promuovere prodotti di altre aziende e guadagnare una commissione su ogni vendita.
- **Esempio:** Ci sono persone che recensiscono gadget tecnologici su YouTube e guadagna con i link di affiliazione Amazon. Ogni volta che qualcuno compra tramite il suo link, lui prende una percentuale.

Avviare un Business Online senza magazzino

- Il dropshipping permette di vendere prodotti online senza dover gestire scorte o logistica.
- **Esempio:** Creare un negozio online che vende prodotti di fornitori esterni, guadagnando su ogni vendita.

Esercizio Pratico: Quale modello di business potrebbe funzionare meglio per te?

AUTOMATIZZA I TUOI GUADAGNI CON LA TECNOLOGIA

La tecnologia è la tua migliore alleata per guadagnare senza dover lavorare manualmente ogni giorno.

Automatizza la Generazione di Contatti

- Crea un sistema di email marketing che invia offerte automaticamente a potenziali clienti.
- **Esempio:** Una newsletter che promuove in automatico prodotti o servizi in affiliazione ti farà guadagnare anche mentre dormi.

Monetizza i social media

- Crea contenuti sui tuoi social network genera guadagni passivi dalla pubblicità o i link di affiliazioni.
- **Esempio:** Un influencer di nicchia guadagna con pubblicità e sponsorizzazioni senza dover gestire prodotti fisici.

Esercizio Pratico: Quale strumento potresti usare per automatizzare un flusso di reddito?

GUADAGNARE CON GLI IMMOBILI SENZA SOLDI

Non hai bisogno di capitali enormi per entrare nel settore immobiliare. Ecco due strategie che ho visto funzionare.

Gestisci immobili per conto terzi

- Puoi proporti come property manager per proprietari che vogliono affittare su Airbnb ma non hanno tempo per gestire prenotazioni e ospiti.
- **Esempio:** Un mio conoscente gestisce dieci appartamenti di altri proprietari e trattiene il 20% sugli incassi. Ha creato un business senza possedere nemmeno un immobile.

Subaffitto e Rent-to-Rent

- Affitti una casa a lungo termine e la subaffitti in modo più redditizio. (Assicurati di informare il proprietario dell'immobile prima di farlo).

- **Esempio:** Un investitore affitta una casa e poi la suddivide in stanze da affittare a studenti o professionisti, aumentando il rendimento.

Esercizio Pratico: Esistono opportunità immobiliari che potresti sfruttare senza investire capitali?

SFRUTTA LE PARTNERSHIP PER MOLTIPLICARE LE OPPORTUNITÀ

Creare alleanze strategiche permette di compensare la mancanza di capitale con competenze e risorse condivise.

Oltre ad offrire i tuoi servizi in cambio di quote aziendali, potresti creare una collaborazione proficua con altri professionisti:

- Unire le forze con esperti in settori complementari per creare business senza costi iniziali.
- **Esempio:** Un grafico può collaborare con un copywriter per creare un'agenzia di social media marketing. Uno scrive i contenuti, l'altro si dedica alla grafica. Nessun investimento iniziale, solo competenze condivise.

Esercizio Pratico: Chi conosci che potrebbe diventare un buon partner di business?

Creare rendite passive senza soldi non è un'utopia, ma serve un cambio di mentalità.

Non devi per forza avere capitali da investire, puoi iniziare con quello che già possiedi: tempo, competenze, relazioni e creatività.

- Sfrutta il tuo tempo e le tue abilità per generare valore.
- Scegli modelli di business scalabili e automatizzabili.
- Usa la tecnologia per creare guadagni senza lavoro attivo.
- Crea partnership strategiche per accedere a risorse senza capitali iniziali.

Ricorda: Il capitale più importante non è il denaro, ma la conoscenza e la capacità di agire.

IN SINTESI

Creare rendite automatiche è un obiettivo raggiungibile per chiunque desideri ottenere successo finanziario. Attraverso la creazione di rendite passive, la scelta del settore giusto e l'uso di strategie a costo zero, puoi creare un flusso di reddito che ti permetta di godere di maggiore libertà finanziaria. Ricorda che è necessario investire tempo, energia e risorse iniziali per creare un sistema che funzioni autonomamente nel tempo. Con la giusta mentalità e determinazione, puoi raggiungere il successo nella creazione di rendite automatiche.

15 COME AFFRONTARE UN FALLIMENTO

La vita può essere un percorso tortuoso pieno di sfide e ostacoli che mettono a dura prova la nostra forza mentale e la nostra motivazione. A volte, ci può sembrare di essere intrappolati in una spirale di negatività e di sentirsi sopraffatti dalle abitudini quotidiana. Tuttavia, è possibile superare questi momenti difficili e riacquistare la gioia di vivere. In questo capitolo, esploreremo diverse strategie per rinascere, ritrovare la motivazione e l'entusiasmo per la vita.

RIPARTIRE DOPO UN FALLIMENTO: RITROVARE MOTIVAZIONE ED ENTUSIASMO

Ogni imprenditore, professionista o persona ambiziosa si troverà, prima o poi, di fronte a una battuta d'arresto. Un affare che non decolla, un investimento che non rende, un progetto che fallisce o una relazione che si interrompe. Ho vissuto tutte queste situazioni e so bene quanto possa essere difficile rialzarsi.

Il fallimento può mettere a dura prova la motivazione e spingere verso la frustrazione, lo sconforto e, nei casi peggiori, un senso di impotenza che rischia di trasformarsi in inazione. Ma il fallimento non è la fine del viaggio: è una lezione, un'opportunità di crescita. La differenza tra chi si rialza e chi si arrende sta nella capacità di ritrovare la motivazione e l'entusiasmo per ripartire.

ACCETTARE IL FALLIMENTO SENZA FARSI SCHIACCIARE

La prima reazione dopo un insuccesso è spesso il senso di colpa o la delusione. È normale, ma restare troppo a lungo in questa fase può paralizzarti.

Come affrontare il fallimento in modo costruttivo?

- **Accettalo come parte del percorso** – Ogni grande imprenditore ha fallito più volte prima di avere successo.
- **Evita l'autocolpevolizzazione eccessiva** – Analizza l'errore con lucidità, senza abbatterti inutilmente.
- **Separa il fallimento dalla tua identità** – Un fallimento non significa che tu sei un fallito.

Esempio Pratico: *Se il mio progetto imprenditoriale non ha funzionato, posso concentrarmi su ciò che ho imparato invece di definirmi incapace. Posso migliorare la mia strategia e riprovarci con un approccio diverso.*

Esercizio Pratico: Scrivi una lettera a te stesso descrivendo cosa hai imparato dal fallimento e come userai questa esperienza per migliorarti.

TROVARE NUOVA MOTIVAZIONE: GUARDARE AVANTI

Una volta accettata la situazione, il passo successivo è reindirizzare l'energia verso nuovi obiettivi. Restare fermi a rimuginare sul passato non cambia le cose: muoversi, sì.

Strategie per ritrovare la motivazione:

- **Rimetti a fuoco la tua visione** – Perché avevi iniziato? Il tuo obiettivo è ancora valido?

- **Crea nuovi stimoli** – A volte cambiare contesto, abitudini o approccio riaccende l'entusiasmo.
- **Circondati di persone che ispirano** – Parlare con chi ha superato momenti difficili può darti una nuova prospettiva.

Esempio Pratico: *Ho perso un'opportunità lavorativa? Invece di rimanere fermo, posso dedicare un'ora al giorno alla formazione e cercare nuovi modi per valorizzare le mie competenze.*

Esercizio Pratico: Scrivi un nuovo obiettivo chiaro e concreto per i prossimi tre mesi e pianifica i primi tre passi per raggiungerlo.

CAMBIARE PROSPETTIVA: OGNI FALLIMENTO È UNA LEZIONE

Le persone di successo vedono il fallimento non come una sconfitta, ma come un'opportunità per migliorare. Ogni errore contiene informazioni preziose, se impariamo a leggerle nel modo giusto.
Come trasformare un fallimento in un'opportunità?

- **Analizza cosa ha funzionato e cosa no** – Senza giudizi, solo dati oggettivi.
- **Identifica cosa puoi migliorare** – Ci sono competenze da sviluppare? Strategie da affinare?
- **Applica il principio del miglioramento continuo** – Fallire oggi significa fare meglio domani.

Esempio Pratico: *Se il mio business non ha funzionato, posso chiedermi: era il prodotto? Il mercato? Il modello di business? Quale aspetto posso migliorare e riprovare?*

Esercizio Pratico: Dopo un fallimento, scrivi tre cose che hai imparato e come le applicherai in futuro.

RICARICARE LE ENERGIE: RITROVARE L'ENTUSIASMO

Il fallimento può prosciugare la motivazione. Prima di ripartire, è fondamentale ricaricare le energie mentali e fisiche.
Come recuperare entusiasmo e determinazione?

- **Dedicati a qualcosa che ti appassiona** – A volte basta una pausa per ritrovare la creatività.
- **Fai attività che stimolino il pensiero positivo** – Sport, lettura, meditazione, viaggi.
- **Definisci piccole vittorie giornaliere** – Raggiungere traguardi incrementali aiuta a riprendere slancio.

Esempio Pratico: *Se mi sento bloccato, posso prendermi una settimana per dedicarmi a un progetto parallelo o a un'attività creativa. Spesso il distacco mentale porta nuove idee.*

Esercizio Pratico: Ogni giorno, dedicati almeno 30 minuti a un'attività che ti ricarichi emotivamente.

AGIRE: L'UNICO MODO PER USCIRE DAL LIMBO

Dopo aver riflettuto, ricaricato le energie e ridefinito gli obiettivi, arriva il passo più importante: agire. Il rischio più grande dopo un fallimento è restare fermi nell'attesa del momento perfetto.
Come ripartire in modo efficace?

- **Fai un primo passo, anche piccolo** – Anche solo fare una telefonata o inviare una mail può essere l'inizio.
- **Evita la trappola della procrastinazione** – Il momento perfetto non esiste, agisci con quello che hai ora.
- **Monitora i progressi senza ossessionarti** – Il miglioramento è un processo graduale.

Esempio Pratico: *Se ho perso un cliente importante, posso subito* *concentrarmi sulla ricerca di nuove opportunità invece di restare bloccato nel rimpianto.*

Esercizio Pratico: Fissa un'azione concreta che puoi compiere oggi per avvicinarti al tuo obiettivo.

Un fallimento non definisce chi sei. Ciò che conta è come reagisci, cosa impari e cosa fai dopo. Trovare la motivazione e l'entusiasmo dopo un momento difficile non è immediato, ma è possibile.

Ricorda: Chi sa rialzarsi dopo un fallimento non è solo più forte, ma anche più preparato per il successo futuro.

PERCHÉ È IMPORTANTE RIMANERE POSITIVI

La positività non è solo una questione di atteggiamento, ma uno strumento pratico per affrontare le sfide e costruire il successo. Essere positivi non significa ignorare i problemi, ma sviluppare la capacità di trovare soluzioni, mantenere la lucidità e affrontare le difficoltà con determinazione.

Nel mondo imprenditoriale e professionale, un mindset positivo non solo aiuta a superare gli ostacoli, ma attrae opportunità, migliora la produttività e rafforza le relazioni. Chi mantiene un'attitudine ottimista ha più probabilità di persistere di fronte alle difficoltà, ispirare gli altri e ottenere risultati concreti.

LA POSITIVITÀ COME VANTAGGIO COMPETITIVO

Nel business e nella vita, gli imprevisti sono inevitabili. La differenza tra chi si arrende e chi ha successo sta nella reazione a queste difficoltà.
Perché un mindset positivo aiuta a emergere?

- **Migliora la capacità di risolvere problemi** – Uno stato mentale aperto e fiducioso favorisce la creatività e il pensiero strategico.

- **Aumenta la resistenza allo stress** – Chi è positivo affronta meglio le pressioni, senza lasciarsi sopraffare dall'ansia.
- **Favorisce decisioni migliori** – La negatività porta a vedere solo i rischi, mentre la positività aiuta a riconoscere anche le opportunità.

Esempio Pratico: *Un imprenditore affronta un periodo di crisi economica: invece di lamentarsi e farsi bloccare dall'incertezza, analizza nuove strategie, diversifica le fonti di reddito e trasforma la difficoltà in un'occasione di crescita.*

Esercizio Pratico: Ogni volta che incontri una difficoltà, chiediti: "Quale opportunità può nascere da questa situazione?"

ALLENARE LA MENTE ALLA RESILIENZA POSITIVA

La positività non è un dono innato, ma una competenza che si può sviluppare e allenare. Essere positivi non significa evitare i problemi, ma costruire la forza mentale per affrontarli in modo produttivo.

Strategie per rafforzare una mentalità positiva:

- **Riformulare i pensieri negativi** – Invece di dire "Non ce la faccio", chiediti "Come posso riuscirci?"
- **Usare il linguaggio positivo** – Le parole influenzano la mente: evita espressioni disfattiste e focalizzati su affermazioni costruttive.
- **Praticare l'autocelebrazione** – Ogni piccolo successo è una conferma delle tue capacità e alimenta la fiducia in te stesso.

Esempio Pratico: *Se un progetto fallisce, invece di concentrarti su ciò che è andato storto, analizza cosa hai imparato e come puoi migliorare la prossima volta.*

Esercizio Pratico: Alla fine di ogni giornata, scrivi tre cose che hai fatto bene e che ti rendono orgoglioso.

IL POTERE DELLA GRATITUDINE: CAMBIARE PROSPETTIVA

Uno dei modi più efficaci per mantenere la positività è praticare la gratitudine. Spostare l'attenzione da ciò che manca a ciò che si ha aiuta a costruire un mindset equilibrato e resiliente.

Benefici della gratitudine:

- **Riduce lo stress e l'ansia** – Essere grati aiuta a spostare il focus dalle preoccupazioni ai punti di forza.
- **Aumenta il senso di appagamento** – Quando riconosciamo il valore delle cose, le difficoltà sembrano meno pesanti.
- **Rinforza la motivazione** – Concentrarsi su ciò che è positivo dà energia per continuare a lavorare sui propri obiettivi.

Esempio Pratico: *Invece di focalizzarti su un cliente che ha rifiutato la tua offerta, pensa a quelli che hanno creduto in te e continua a migliorare per attrarne di nuovi.*

Esercizio Pratico: Ogni mattina, scrivi tre cose per cui sei grato, anche semplici, come una conversazione stimolante o un piccolo progresso in un progetto.

L'INFLUENZA DELL'AMBIENTE E DELLE PERSONE

Le persone con cui trascorriamo il nostro tempo hanno un impatto diretto sulla nostra mentalità. Frequentare individui negativi e pessimisti può abbassare la motivazione, mentre circondarsi di persone positive aiuta a mantenere un atteggiamento proattivo.

Come scegliere il giusto ambiente?

- **Frequentare persone che ispirano** – Cerca mentori, colleghi e amici che trasmettono energia e stimoli positivi.
- **Limitare il tempo con persone tossiche** – Se qualcuno tende a sminuirti o a diffondere negatività, riduci il contatto.

- **Assorbire contenuti edificanti** – Libri, podcast e video motivazionali possono influenzare il tuo stato mentale in modo positivo.

Esempio Pratico: *Se noti che una persona con cui interagisci ti trasmette ansia o pessimismo, chiediti: 'Questa relazione mi aiuta a crescere o mi sta frenando?'*

Esercizio Pratico: Analizza le persone che frequenti più spesso e valuta quali di esse hanno un impatto positivo sulla tua vita.

TRADURRE LA POSITIVITÀ IN AZIONE

La positività senza azione è solo teoria. Perché la mentalità positiva sia efficace, deve tradursi in comportamenti concreti.
Strategie per trasformare la positività in risultati:

- **Agire invece di aspettare** – Essere ottimisti non significa restare passivi, ma usare l'energia positiva per fare passi avanti.
- **Focalizzarsi sulle soluzioni, non sui problemi** – Ogni difficoltà contiene una possibilità di miglioramento.
- **Creare abitudini di successo** – La positività diventa uno stile di vita quando si costruiscono routine produttive.

Esempio Pratico: *Se il tuo business sta vivendo una fase di stallo, invece di lamentarti, pianifica una strategia per ampliare il tuo mercato o migliorare il tuo prodotto.*

Esercizio Pratico: Ogni settimana, scegli una sfida che stai affrontando e scrivi tre azioni che puoi compiere per migliorarla.

Rimanere positivi non significa ignorare i problemi, ma affrontarli con uno stato mentale che permette di trovare soluzioni, generare opportunità e mantenere alta la motivazione.

La positività è una scelta consapevole, un'abitudine da coltivare e un vantaggio competitivo nel lavoro e nella vita.

Ricorda: Non puoi controllare tutto ciò che accade, ma puoi controllare il tuo atteggiamento e il modo in cui rispondi alle sfide.

RITROVARE L'ENTUSIASMO: COME RIACCENDERE LA PASSIONE PER CIÒ CHE FACCIAMO

L'entusiasmo è il motore che trasforma le idee in azione, il carburante che rende il lavoro più stimolante e la vita più appagante. Ma chiunque, prima o poi, si trova a fare i conti con momenti di apatia e demotivazione. È una fase naturale, ma il problema nasce quando questa sensazione si protrae nel tempo, spegnendo la passione e rendendo ogni attività un peso.

Mi è successo diverse volte. Ci sono stati momenti in cui mi svegliavo la mattina e tutto ciò che avevo davanti mi sembrava noioso, ripetitivo, senza senso. Non era questione di pigrizia, era come se l'energia si fosse prosciugata. Ero sicuro che la mia strada fosse quella giusta, ma dentro di me sentivo che qualcosa si era spento. Ho dovuto imparare a riconoscere le cause e, soprattutto, a trovare strategie per riaccendere quella scintilla.

IDENTIFICARE LE CAUSE DELLA PERDITA DI ENTUSIASMO

Il primo passo per ritrovare l'entusiasmo è capire perché lo abbiamo perso. Le cause possono essere tante, ma spesso si riducono a pochi fattori comuni:

- **Routine monotona** – Fare sempre le stesse cose, senza stimoli nuovi, può rendere tutto prevedibile e noioso.
- **Mancanza di progressi visibili** – Se ci sembra di lavorare tanto senza ottenere risultati, la motivazione cala drasticamente.

- **Stanchezza fisica e mentale** – Il burnout è una delle principali cause di apatia e disinteresse.
- **Mancanza di un obiettivo chiaro** – Senza una direzione precisa, tutto può sembrare privo di significato.

Esempio Pratico: *Mi sono reso conto che, ogni volta che perdevo entusiasmo, c'era sempre una di queste cause dietro. Magari ero troppo concentrato sui problemi invece che sulle soluzioni, o semplicemente mi stavo spingendo oltre i miei limiti senza darmi il tempo di ricaricare le energie.*

Esercizio Pratico: Prenditi 10 minuti per riflettere e scrivi quali potrebbero essere le cause della tua perdita di entusiasmo.

RIACCENDERE LA PASSIONE ATTRAVERSO LE PICCOLE COSE

Spesso cerchiamo soluzioni drastiche per ritrovare la motivazione, ma in realtà basta partire dalle piccole cose. A volte un piccolo cambiamento può fare una grande differenza.

Strategie per riaccendere la passione:

- **Sperimentare qualcosa di nuovo** – Anche una piccola variazione nella consuetudine delle attività quotidiane può dare una prospettiva fresca.
- **Dedicare tempo a ciò che ti rende felice** – Riscoprire hobby e passioni aiuta a ricaricare l'energia mentale.
- **Rendere il lavoro più stimolante** – Inserire nuove sfide o cambiare approccio può ridare entusiasmo a quello che fai ogni giorno.

Esempio Pratico: *Mi ricordo di un periodo in cui tutto sembrava stagnante. La soluzione? Ho deciso di dedicare ogni giorno almeno un'ora a qualcosa che mi appassionava davvero, senza pensare ai risultati. Piano piano, l'entusiasmo è tornato.*

Esercizio Pratico: Fai una lista di cinque attività che ti fanno sentire entusiasta e integrane almeno una nella tua settimana.

DEFINIRE OBIETTIVI COINVOLGENTI E RAGGIUNGIBILI

L'entusiasmo nasce quando abbiamo un obiettivo chiaro che ci motiva ad agire. Ma se un obiettivo è troppo vago o troppo distante, può generare frustrazione invece che energia.

Come fissare obiettivi che alimentano l'entusiasmo:

- **Scegli obiettivi che ti appassionano** – Non devono essere solo necessari, ma anche stimolanti.
- **Scomponili in passi concreti** – Ogni piccolo traguardo raggiunto genera nuova motivazione.
- **Misura i progressi** – Vedere risultati, anche minimi, mantiene alta la spinta.

Esempio Pratico: *Quando avvio un nuovo progetto, invece di dirmi "Voglio farlo decollare", spezzo il percorso: prima studiare il mercato, poi testare un'idea, poi validarla. In questo modo, ogni piccolo successo mi da la spinta per andare avanti.*

Esercizio Pratico: Scrivi un obiettivo importante per te e suddividilo in tre step concreti e realizzabili.

RITROVARE L'ENTUSIASMO ATTRAVERSO L'ISPIRAZIONE

A volte, l'entusiasmo non nasce da dentro, ma va alimentato attraverso stimoli esterni. Trovare fonti di ispirazione è fondamentale per mantenere alta la motivazione.

Dove trovare ispirazione?

- **Leggere storie di successo** – Sapere che altri hanno superato momenti difficili può dare una nuova prospettiva.

- **Circondarsi di persone appassionate** – L'energia degli altri è contagiosa.
- **Ascoltare podcast o guardare contenuti motivazionali** – A volte, una frase giusta al momento giusto può fare la differenza.

Esempio Pratico: *Quando mi sento bloccato, dedico 15 minuti al giorno alla lettura di un libro di crescita personale o a un video motivazionale. Funziona ogni volta.*

Esercizio Pratico: Trova una fonte di ispirazione che ti motiva e dedicaci almeno 10 minuti al giorno.

CREARE UN AMBIENTE CHE FAVORISCA L'ENTUSIASMO

L'ambiente in cui viviamo e lavoriamo ha un impatto enorme sul nostro stato d'animo. Se è caotico, opprimente o privo di stimoli, ritrovare l'entusiasmo sarà più difficile.
Come ottimizzare il tuo ambiente:

- **Crea uno spazio di lavoro stimolante** – Un ambiente piacevole influisce sul tuo umore.
- **Evita le persone negative** – La negatività è contagiosa, meglio stare con chi ci motiva.
- **Organizza il tempo in modo strategico** – Non sovraccaricarti, lascia spazio per attività che ti ricaricano.

Esercizio Pratico: Individua tre modifiche che puoi fare nel tuo ambiente per renderlo più stimolante.

AGIRE SUBITO PER USCIRE DALLA STALLO

Il vero segreto per ritrovare l'entusiasmo è fare il primo passo. L'azione, anche minima, crea slancio e riaccende la motivazione.

Strategie per agire senza procrastinare:

- **Inizia con qualcosa di semplice** – Un piccolo passo è meglio dell'immobilità.
- **Crea un piano per i prossimi giorni** – Sapere cosa fare aiuta a mantenere il focus.
- **Premiati per i progressi** – Anche piccoli successi meritano riconoscimento.

Esempio Pratico: *Ogni volta che mi sento bloccato, mi chiedo: qual è la cosa più piccola e semplice che posso fare oggi per rimettermi in moto? E funziona sempre.*

Esercizio Pratico: Scrivi una piccola azione che puoi compiere oggi stesso per iniziare il percorso verso un maggiore entusiasmo.

L'entusiasmo non è qualcosa che si perde per sempre. È una fiamma che può essere riaccesa con piccoli passi, nuove abitudini e fonti di ispirazione.

Ricorda: Non aspettare di sentirti entusiasta per agire. Agisci e l'entusiasmo tornerà da sé.

RICERCA DI NUOVE ISPIRAZIONI

La perdita di motivazione spesso deriva dalla monotonia, dalla mancanza di stimoli o dal sentirsi bloccati in una serie di abitudini quotidiane ripetitive. Per riaccendere la creatività e la voglia di agire, è essenziale aprirsi a nuove fonti di ispirazione. L'ispirazione non arriva da sola, ma va cercata attivamente, alimentando la mente con nuove idee, esperienze ed esplorazioni.

Trovare nuove ispirazioni significa espandere il proprio orizzonte, mettersi alla prova e cercare stimoli in luoghi, persone e conoscenze inaspettate.

ESPANDERE GLI ORIZZONTI ATTRAVERSO NUOVE ESPERIENZE

Per uscire dalla stagnazione mentale, bisogna rompere la routine e sperimentare nuove attività. L'ispirazione nasce spesso dal confronto con situazioni diverse dal solito, che ci costringono a vedere le cose da una prospettiva differente.

Modi per esplorare nuove esperienze:

- **Viaggia, anche in posti vicini** – Il cambiamento di ambiente aiuta a stimolare la creatività e a trovare nuove idee.
- **Partecipa a eventi e conferenze** – Ascoltare esperti e innovatori apre la mente a nuove possibilità.
- **Frequenta ambienti diversi dal solito** – Esplorare nuove community, settori o discipline arricchisce il pensiero.

Esempio Pratico: *Se mi sento bloccato nel mio lavoro, potrei partecipare a un evento in un settore diverso dal mio per scoprire nuove idee e connessioni.*

Esercizio Pratico: Cerca un evento o un'attività fuori dalla tua zona di comfort e partecipa attivamente nei prossimi 30 giorni.

CERCARE ISPIRAZIONE NELLE STORIE DI ALTRI

Una delle fonti più potenti di ispirazione è ascoltare le esperienze di chi ha affrontato sfide e le ha superate. Le storie di successo e di resilienza ci ricordano che le difficoltà fanno parte del percorso e che il cambiamento è possibile.

Dove trovare storie ispirazionali?

- **Leggere biografie di persone di successo** – Capire il loro percorso può darti nuove idee su come affrontare le tue sfide.
- **Guardare documentari e interviste** – Sentire direttamente

dalle parole di chi ha superato difficoltà può essere estremamente motivante.
- **Parlare con mentori o persone che ammiri** – Il confronto diretto con chi ha più esperienza aiuta a chiarire le proprie prospettive.

Esempio Pratico: Se sto attraversando un momento difficile nel mio business, posso leggere la biografia di un imprenditore che ha affrontato e superato ostacoli simili.

Esercizio Pratico: Trova una biografia, un documentario o un'intervista di una persona che ti ispira e prendi nota di almeno tre lezioni applicabili alla tua vita.

APPRENDIMENTO CONTINUO COME FONTE DI ISPIRAZIONE

La crescita personale e professionale è strettamente legata all'apprendimento. Quando impariamo qualcosa di nuovo, la nostra mente si espande e diventa più aperta alle opportunità.

Modi per integrare l'apprendimento nella tua vita:

- **Iscriviti a corsi online o in presenza** – Anche un'ora alla settimana dedicata a un nuovo argomento può fare la differenza.
- **Leggi libri su argomenti che stimolano la tua curiosità** – Non solo per lavoro, ma anche per il puro piacere di scoprire.
- **Partecipa a workshop pratici** – L'apprendimento attivo stimola il cervello più di quello passivo.

Esempio Pratico: Se sento di aver perso l'entusiasmo nel mio settore, posso iscrivermi a un corso di aggiornamento per acquisire nuove competenze e riaccendere la passione.

Esercizio Pratico: Scegli un nuovo argomento che ti interessa e inizia a dedicargli 30 minuti a settimana attraverso libri, corsi o video formativi.

IL POTERE DELLE NUOVE CONNESSIONI

A volte, le nuove ispirazioni arrivano dalle persone che incontriamo. Espandere la propria rete di contatti e confrontarsi con individui che hanno idee diverse dalle nostre può aprire la mente e offrire nuove prospettive.

Come creare connessioni ispiranti:

- **Partecipa a eventi di networking o community di settore** – Conoscere persone con interessi simili stimola la creatività.
- **Trova un mentore o diventa tu stesso mentore** – Insegnare o ricevere insegnamenti genera nuove idee.
- **Unisciti a gruppi di discussione o mastermind** – Confrontarsi regolarmente con altre persone aiuta a mantenere alta la motivazione.

Esempio Pratico: *Se mi sento demotivato nel mio lavoro, posso cercare un gruppo di professionisti con cui scambiare idee e trovare nuovi stimoli.*

Esercizio Pratico: Identifica una persona con cui vorresti connetterti e inviagli un messaggio per iniziare una conversazione.

STIMOLARE LA CREATIVITÀ ATTRAVERSO NUOVE ESPERIENZE SENSORIALI

L'ispirazione non viene solo dalla conoscenza, ma anche dall'esperienza sensoriale e dall'espressione creativa.

Come stimolare la creatività per trovare ispirazione:

- **Ascolta musica che ti ispira** – I suoni possono influenzare l'umore e la produttività.

- **Esplora forme d'arte diverse** – Fotografia, pittura, teatro o qualsiasi altra forma creativa può aiutare a vedere le cose in modo nuovo.
- **Cambia il tuo ambiente di lavoro o di vita** – Anche solo spostare i mobili o lavorare in un posto diverso può dare nuova energia.

Esempio Pratico: *Se mi sento bloccato mentalmente, posso fare una passeggiata in un museo o in un luogo naturale per cambiare prospettiva.*

Esercizio Pratico: Trova un'attività creativa che non hai mai provato prima e dedicaci almeno un'ora questa settimana.

L'ispirazione non arriva per caso: deve essere cercata attivamente.

Aprire la mente a nuove esperienze, imparare continuamente, connettersi con persone stimolanti e coltivare la creatività sono strategie fondamentali per ritrovare energia, entusiasmo e nuove idee.

Ricorda: Più esplori il mondo intorno a te, più possibilità avrai di trovare l'ispirazione che ti serve per raggiungere i tuoi obiettivi.

RILANCIARSI: RITROVARE SLANCIO E SICUREZZA

Ci sono momenti nella vita in cui ci sentiamo bloccati, privi di energia e stimoli. Rilanciarsi non significa cambiare tutto radicalmente, ma apportare piccole modifiche mirate che possano riaccendere la fiducia in noi stessi e la voglia di agire.

Un rilancio personale non è solo una questione di apparenza o di motivazione momentanea, ma un processo di rinnovamento interiore ed esteriore che ci permette di ritrovare slancio, sicurezza e determinazione.

L'IMPATTO DEL CAMBIAMENTO ESTETICO SULLA SICUREZZA IN SÉ

Il nostro aspetto influisce direttamente sul modo in cui ci percepiamo e su come affrontiamo il mondo. Sentirsi bene esteticamente può avere un impatto immediato sulla fiducia in sé e sull'atteggiamento con cui affrontiamo le giornate.

Come un piccolo cambiamento può fare la differenza:

- **Aggiorna il tuo look** – Anche un semplice nuovo accessorio o un taglio di capelli può darti una ventata di freschezza.
- **Cura la postura e il linguaggio del corpo** – Stare dritti e camminare con sicurezza influisce sulla percezione che gli altri hanno di te, ma soprattutto su come ti senti interiormente.
- **Fai ordine nel tuo guardaroba** – Eliminare ciò che non ti rappresenta più e investire in qualcosa che ti fa sentire a tuo agio può migliorare il tuo stato d'animo.

Esempio Pratico: *Se voglio dare una svolta al mio atteggiamento, posso iniziare vestendomi in un modo che mi faccia sentire sicuro di me e pronto per affrontare nuove sfide.*

Esercizio Pratico: Individua un piccolo cambiamento estetico che puoi fare oggi per sentirti meglio con te stesso e mettilo in pratica.

PRENDERE INIZIATIVA SU CIÒ CHE HAI SEMPRE RIMANDATO

Molte volte ci sentiamo stagnanti perché abbiamo lasciato in sospeso troppi progetti o sogni. Rimandare continuamente crea una sensazione di frustrazione e insoddisfazione. Invece, iniziare finalmente qualcosa che abbiamo sempre voluto fare può essere un catalizzatore per la nostra energia e motivazione.

Come rilanciarsi attraverso l'azione:

- **Identifica un progetto che hai sempre rimandato** – Anche qualcosa di piccolo, ma che abbia un significato per te.
- **Fai il primo passo, anche minimo** – Non serve pianificare tutto subito, basta partire.
- **Goditi il processo** – Non pensare solo al risultato finale, ma anche alla soddisfazione di fare progressi.

Esempio Pratico: *Se ho sempre desiderato imparare una nuova lingua, invece di continuare a dire 'un giorno lo farò', posso iniziare oggi con una semplice lezione online.*

Esercizio Pratico: Scrivi un obiettivo che hai sempre rimandato e definisci una piccola azione che puoi compiere oggi stesso per iniziare.

RIDEFINIRE LA PROPRIA IDENTITÀ E IL PROPRIO SCOPO

A volte, per rilanciarsi, dobbiamo riscoprire chi siamo e cosa vogliamo veramente. Questo significa fare un passo indietro e riflettere sui nostri valori, sulle nostre passioni e su ciò che ci fa sentire realizzati.

Come ridefinire la propria identità:

- **Rifletti su ciò che ti entusiasma davvero** – Cosa ti fa sentire vivo e motivato?
- **Analizza le esperienze passate** – Quali attività ti hanno fatto sentire veramente soddisfatto?
- **Scrivi una dichiarazione di intenti** – Definisci chi vuoi essere e quali passi puoi fare per avvicinarti alla tua versione migliore.

Esempio Pratico: *Se mi sento perso, posso scrivere una dichiarazione personale su ciò che voglio realizzare nei prossimi sei mesi e tenerla come riferimento.*

Esercizio Pratico: Scrivi una frase che descriva chi vuoi diventare nei prossimi mesi e cosa puoi fare per avvicinarti a quella versione di te stesso.

RINNOVARE LE RELAZIONI PER TROVARE NUOVA ENERGIA

Le persone con cui ci circondiamo hanno un impatto enorme sulla nostra energia e motivazione. A volte, rilanciarsi significa anche rinnovare le proprie connessioni sociali e allontanarsi da chi ci frena.

Come migliorare le relazioni per rilanciarti:

- **Cerca nuove connessioni con persone stimolanti** – Partecipa a eventi, unisciti a gruppi o espandi la tua rete.
- **Riduci il tempo con persone negative** – Se qualcuno ti spegne l'entusiasmo, valuta di ridurre la sua influenza sulla tua vita.
- **Riscopri vecchi contatti** – A volte una conversazione con una persona che ti ispirava può riaccendere una scintilla.

Esempio Pratico: *Se sento di aver bisogno di nuova energia, posso cercare occasioni per incontrare persone con interessi simili ai miei e scambiare nuove idee.*

Esercizio Pratico: Contatta una persona che ti ha ispirato in passato e organizza un incontro o una conversazione per condividere idee e stimoli.

Rilanciarsi non significa rivoluzionare la propria vita da un giorno all'altro, ma apportare piccoli cambiamenti che ci aiutino a sentirci più forti, più motivati e più sicuri.

Ricorda: Ogni grande trasformazione inizia con un primo passo. Il momento giusto per rilanciarti è adesso.

TRASFORMARE GLI OSTACOLI IN OPPORTUNITÀ

Ci sono momenti nella vita in cui gli ostacoli sembrano insormontabili, dove tutto sembra remare contro di noi.

Ho vissuto situazioni in cui pensavo di aver perso tutto, momenti in cui il fallimento sembrava l'unico risultato possibile. Ma ogni volta ho scoperto che dietro ogni difficoltà si nascondeva un'opportunità che non avevo ancora visto.

ADOTTARE UNA MENTALITÀ RESILIENTE

La resilienza non è solo una parola di moda, ma un vero e proprio strumento di sopravvivenza nel mondo del business e nella vita. Essere resilienti significa accettare che gli ostacoli ci saranno sempre, ma anche capire che possiamo scegliere come affrontarli.

Come rafforzare la resilienza:

- **Accettare che le difficoltà fanno parte del percorso.** Se pensi che tutto debba andare sempre liscio, ogni problema sembrerà una catastrofe. Se invece sai che gli ostacoli sono normali, li vedrai come opportunità di crescita.
- **Focalizzarsi sulle soluzioni.** Ogni volta che ho affrontato un momento difficile, ho cercato di chiedermi: "Quali sono le opzioni? Come posso superare questo ostacolo?". Cercare soluzioni anziché lamentarsi cambia tutto.
- **Essere flessibili.** A volte, la strada per il successo non è quella che avevamo immaginato. Ho dovuto cambiare direzione più volte nella mia vita, e ogni volta ho scoperto nuove opportunità che prima non avrei nemmeno considerato.

Esercizio Pratico: pensa a una sfida recente che hai affrontato. Scrivi tre modi in cui avresti potuto trasformarla in un'opportunità.

CAMBIARE PROSPETTIVA: DALL'OSTACOLO ALLA POSSIBILITÀ

Spesso un problema è solo una questione di prospettiva. Quello che oggi sembra una sconfitta potrebbe rivelarsi la svolta della tua vita.
Come cambiare prospettiva:

- **Cerca la lezione nascosta.** Ogni ostacolo ha qualcosa da insegnarti. Ho imparato più dai miei fallimenti che dai miei successi.
- **Individua l'opportunità dietro la difficoltà.** Una volta ho perso un cliente importante e all'inizio ero abbattuto. Poi mi sono reso conto che potevo sfruttare quella libertà per concentrarmi su un progetto ancora più grande.
- **Sostituisci il pensiero negativo con uno strategico.** Invece di chiederti "Perché è successo a me?", prova a chiederti "Come posso usare questa esperienza per migliorare?".

Esercizio Pratico: Prendi un ostacolo che stai affrontando e scrivi almeno una possibilità positiva che potrebbe nascere da quella situazione.

SFRUTTARE IL FALLIMENTO COME LEVA DI CRESCITA

Il fallimento non è la fine del percorso, ma un passaggio obbligato verso il successo. Se non hai mai fallito, significa che non hai mai osato abbastanza.
Come usare il fallimento a tuo vantaggio:

- **Analizza cosa è andato storto.** Senza autocommiserarti, ma con un occhio critico.
- **Adotta una mentalità di sperimentazione.** Ogni esperienza è un test, ogni errore è un feedback.
- **Riparti con più consapevolezza.** Usa ciò che hai imparato per affinare la tua strategia.

Esercizio Pratico: Scrivi tre cose che hai imparato da un tuo recente fallimento e come puoi applicarle nel futuro.

UTILIZZARE LE SFIDE COME MOTORE DI INNOVAZIONE

Le più grandi innovazioni nascono da problemi da risolvere. Se impariamo a vedere gli ostacoli come opportunità di miglioramento, possiamo trasformare le difficoltà in vantaggi competitivi.

Come sfruttare le difficoltà per innovare:

- **Pensa fuori dagli schemi.** Se un metodo non funziona, provane un altro.
- **Osserva cosa fanno gli altri** e trova il tuo vantaggio unico.
- **Sperimenta.** Non aspettare la soluzione perfetta, prova e migliora lungo il percorso.

Esercizio Pratico: Identifica una difficoltà che stai affrontando e scrivi un'idea innovativa che potresti sviluppare per superarla.

RAFFORZARE LA DETERMINAZIONE ATTRAVERSO LE DIFFICOLTÀ

Gli ostacoli mettono alla prova la nostra determinazione. Ma chi persiste, alla fine, riesce a trasformare anche le sfide più grandi in trampolini di lancio per il successo.

Come rafforzare la determinazione:

- **Rimani fedele ai tuoi obiettivi, ma flessibile nel percorso.**
- **Crea una rete di supporto.** Avere persone che credono in te può darti la forza per non mollare.
- **Ricorda il tuo "perché".** Quando tutto sembra difficile, ricollegati alle ragioni profonde che ti hanno spinto a iniziare.

Esercizio Pratico: Scrivi il tuo "perché", ovvero la ragione profonda per cui hai iniziato il tuo percorso, e leggilo ogni volta che incontri un ostacolo.

Gli ostacoli non sono barriere, ma opportunità camuffate.
Se impariamo a cambiare prospettiva, a vedere le difficoltà come occasioni di crescita e a perseverare nei momenti difficili, possiamo trasformare qualsiasi sfida in un vantaggio.

Ricorda: Non chiederti se supererai l'ostacolo, ma come lo trasformerai nella tua più grande opportunità.

L'IMPORTANZA DEL CAMBIAMENTO CONSAPEVOLE

La routine offre sicurezza, ma può diventare una gabbia invisibile. Quando le nostre giornate iniziano a sembrare ripetitive e prive di stimoli, il rischio è quello di perdere entusiasmo, curiosità e voglia di migliorarsi. Bisogna introdurre nuovi stimoli, uscire dagli schemi abituali e riscoprire il piacere della scoperta.

Non è necessario stravolgere la propria vita, ma aprirsi a nuove esperienze, anche piccole, può rinnovare l'energia mentale e farci vedere il mondo con occhi diversi.

Spesso la routine si instaura in modo graduale e inconsapevole. Ci abituiamo a fare le stesse cose ogni giorno perché è più semplice e sicuro, ma questa ripetizione può portare alla noia e alla stagnazione. Per cambiare davvero, bisogna rendersi conto di quanto la le nostre abitudini stiano limitando la nostra crescita.

Come riconoscere i segnali che indicano il bisogno di cambiamento:

- Ti senti annoiato o demotivato, anche senza un motivo preciso.
- Le tue giornate scorrono senza momenti entusiasmanti o stimolanti.
- Ti rendi conto che stai evitando nuove esperienze per paura o per pigrizia.

Esempio Pratico: *Se mi accorgo che ogni giornata sembra uguale alla precedente, posso iniziare a introdurre piccole novità, come un nuovo hobby o una diversa routine mattutina.*

Esercizio Pratico: Scrivi tre aspetti della tua vita che stanno diventando ripetitivi e pensa a come potresti modificarli per renderli più stimolanti.

SPERIMENTARE PICCOLI CAMBIAMENTI PER ROMPERE LA MONOTONIA

Non serve rivoluzionare la propria vita da un giorno all'altro. Il cambiamento può iniziare da piccoli gesti quotidiani che interrompono l'automatismo della routine.

Modi semplici per introdurre varietà nella tua giornata:

- **Cambia il percorso per andare al lavoro** – Noterai dettagli nuovi e spezzerai la monotonia del tragitto.
- **Modifica le tue abitudini mattutine** – Prova a svegliarti prima, dedicarti a un'attività nuova o cambiare l'ordine delle cose che fai appena alzato.
- **Scegli una nuova attività ogni settimana** – Dalla cucina alla lettura di un genere diverso, ogni novità stimola la mente.

Esempio Pratico: *Se ogni mattina inizio la giornata nello stesso modo, posso provare a inserire un'abitudine nuova, come scrivere un pensiero positivo o fare una breve passeggiata.*

Esercizio Pratico: Scegli un'abitudine che puoi modificare nella tua routine quotidiana e sperimentala per una settimana.

USCIRE DALLA ZONA DI COMFORT E ABBRACCIARE L'INCERTEZZA

Il vero cambiamento avviene quando ci spingiamo al di là di ciò che conosciamo. Lasciare la zona di comfort significa affrontare nuove

esperienze senza paura del fallimento, accogliendo l'incertezza come parte della crescita personale.
Come uscire dalla propria zona di comfort:

- **Accetta nuove sfide senza paura di sbagliare** – Ogni errore è un'occasione di apprendimento.
- **Dì "sì" a esperienze inaspettate** – Accetta inviti, prova cose che non avresti mai considerato.
- **Fai qualcosa che ti spaventa, ma ti incuriosisce** – Superare piccole paure aumenta la fiducia in sé stessi.

Esempio Pratico: *Se ho sempre evitato di parlare in pubblico per timore di sbagliare, posso iniziare con un piccolo intervento davanti a un gruppo ristretto di persone.*

Esercizio Pratico: Identifica un'esperienza che hai evitato per paura o insicurezza e programma un modo per affrontarla nei prossimi giorni.

ESPANDERE LE PROPRIE PROSPETTIVE ATTRAVERSO NUOVE ESPERIENZE

Le esperienze diverse ampliano la nostra visione del mondo e ci aiutano a scoprire talenti e passioni che non sapevamo di avere. Esplorare nuovi ambienti, culture e discipline apre la mente e arricchisce la nostra prospettiva.
Modi per ampliare i tuoi orizzonti:

- **Viaggia, anche senza andare lontano** – Visitare posti nuovi, anche nella propria città, aiuta a vedere le cose da un'altra prospettiva.
- **Incontra persone con interessi diversi dai tuoi** – Ascoltare esperienze differenti può offrire nuovi stimoli.
- **Approfondisci argomenti che non conosci** – Leggere, seguire corsi o confrontarsi con esperti in settori lontani dal proprio apre la mente.

Esempio Pratico: *Se ho sempre letto solo libri di un certo genere, posso provare a esplorare un argomento completamente diverso per stimolare nuove idee.*

Esercizio Pratico: Scegli un'attività, un libro o un'esperienza fuori dalla tua solita zona di interesse e impegnati a esplorarla questa settimana.

RITAGLIARE MOMENTI DI RIFLESSIONE E RIGENERAZIONE

Per mantenere alta la motivazione e l'energia, è fondamentale ritagliarsi del tempo per sé stessi, per ricaricare le batterie e riflettere sui propri progressi.

Attività per ricaricare la mente e il corpo:

- **Meditazione o mindfulness** – Anche pochi minuti al giorno aiutano a ridurre lo stress e a migliorare la concentrazione.
- **Passeggiate nella natura** – Camminare in un ambiente diverso dal solito aiuta a schiarire la mente.
- **Momenti di disconnessione dai social e dalla tecnologia** – Spegnere il telefono per qualche ora permette di riconnettersi con sé stessi.

Esempio Pratico: *Se mi sento sopraffatto dalla routine e dalla frenesia, posso dedicare ogni giorno 15 minuti solo a me stesso, senza distrazioni.*

Esercizio Pratico: Pianifica un momento della giornata in cui puoi rilassarti e riflettere, senza stimoli esterni.

Ogni piccolo passo fuori dalla zona di comfort è un passo verso una vita più ricca e stimolante.

Ricorda: Abbandonare la routine non significa necessariamente stravolgere la propria vita, ma introdurre cambiamenti graduali che portano nuova energia e stimoli positivi.

IN SINTESI

Rinascere, ritrovare la motivazione e l'entusiasmo per la vita richiede impegno e costanza. Non è un percorso lineare, ma con determinazione e l'applicazione di queste strategie, puoi superare la negatività, trovare ispirazione e rilanciare te stesso.

Ricorda che sei il regista della tua vita e hai il potere di creare il tuo successo. Affronta ogni giorno con positività, gratitudine e apertura mentale, e lascia che l'entusiasmo guidi il tuo cammino verso il successo e la realizzazione personale.

CONCLUSIONE

Tutto ciò che ho condiviso in queste pagine, ogni lezione, ogni errore e ogni vittoria, sono il frutto della mia esperienza sul campo, e spero che possano esserti d'aiuto nel tuo percorso. Ogni ostacolo superato è un passo avanti, un'opportunità per crescere, imparare e migliorare. Se c'è una cosa che voglio che tu ricordi dopo aver letto questo libro, è che il successo non è solo una questione di soldi o idee brillanti, ma di mentalità, azione e perseveranza.

Apri la mente, sfida le regole che ti hanno insegnato e inizia a costruire il tuo business, il tuo futuro, alle tue condizioni. E soprattutto, non aspettare il momento perfetto… perché il momento perfetto è adesso.

Se pensi di essere troppo giovane per lanciarti in un progetto, lascia che ti dica una cosa: non esiste un'età giusta per iniziare. E se pensi di essere troppo avanti con gli anni, sappi che molti imprenditori hanno trovato la loro strada ben oltre i 40, i 50 o persino i 60 anni.

Ray Kroc aveva 52 anni quando ha trasformato McDonald's in un colosso globale. Colonel Sanders ha fondato KFC a 65 anni. Sam Walton ha creato Walmart a 44 anni. Vera Wang ha iniziato la sua carriera di stilista a 40 anni e Arianna Huffington ha creato l'Huffington Post a 55.

Dall'altra parte, ci sono ragazzi che hanno fatto fortuna prima dei 20 anni, semplicemente perché non hanno mai creduto alla scusa del "non sono pronto". Il tempo passa comunque, che tu faccia qualcosa o meno. E la verità è questa: se non inizi oggi, probabilmente non inizierai mai.

Non importa da dove parti, l'importante è partire. Il mondo è pieno di opportunità, ma nessuna verrà a bussare alla tua porta. Se c'è un'idea che ti ronza in testa da un po', smetti di pensarci e fai il primo passo.

Il successo appartiene a chi agisce, non a chi rimanda.
Non è un sogno irraggiungibile: sta a te trasformarlo in realtà!

www.ingramcontent.com/pod-product-compliance
Lightning Source LLC
Chambersburg PA
CBHW051604010526
44119CB00056B/782